创业守业与股权激励

毛明星 ◎ 编著

中国财富出版社有限公司

图书在版编目（CIP）数据

创业守业与股权激励／毛明星编著．—北京：中国财富出版社有限公司，2021.8
ISBN 978－7－5047－7497－2

Ⅰ.①创… Ⅱ.①毛… Ⅲ.①股权激励－研究 Ⅳ.①F272.923

中国版本图书馆 CIP 数据核字（2021）第 159004 号

策划编辑	郑晓雯	责任编辑	张红燕 王蓓佳		
责任印制	尚立业	责任校对	卓闪闪	责任发行	董倩

出版发行	中国财富出版社有限公司		
社　　址	北京市丰台区南四环西路 188 号 5 区 20 楼	邮政编码	100070
电　　话	010－52227588 转 2098（发行部）	010－52227588 转 321（总编室）	
	010－52227566（24 小时读者服务）	010－52227588 转 305（质检部）	
网　　址	http：//www.cfpress.com.cn	排　　版	宝蕾元
经　　销	新华书店	印　　刷	宝蕾元仁浩（天津）印刷有限公司
书　　号	ISBN 978－7－5047－7497－2/F・3333		
开　　本	710mm×1000mm　1/16	版　　次	2021 年 11 月第 1 版
印　　张	22.25	印　　次	2021 年 11 月第 1 次印刷
字　　数	376 千字	定　　价	68.00 元

推荐序

股权激励，是指企业家在创业、守业的过程中，为提高工作效率，降低经营风险，通过给予高级管理人员、核心员工分红权、增值权等权利的方式，使员工既能够共享企业发展红利，又能够与企业共担经营风险，从而使员工在处理企业事务时，以主人翁的心态去工作，更好地为企业服务，达成企业与员工双赢、共同发展的目标。境内外的长期实践经验证明，股权激励手段的有效性在很大程度上取决于经理人市场的健全程度，只有在合适的条件下，股权激励才能发挥其引导经理人长期行为的积极作用。经理人的行为是否符合股东的长期利益，除其内在的利益驱动以外，同时受到各种外在机制的影响，经理人的行为最终是其内在利益驱动和外在机制影响的平衡结果。股权激励制度是以员工获得公司股权的形式给予其一定的民商事权益，使其能够以股东的身份参与企业决策、利润分享，并承担经营风险，使员工自身利益与企业利益更大程度地保持一致，从而勤勉尽责地为公司的长期发展而服务的一种制度。股权激励对改善公司治理结构、降低代理成本、提升管理效率、增强公司凝聚力和市场竞争力都起到了非常积极的作用。

"创业难，守业更难。"股权激励是很多新兴企业成长过程中"二次创业"的必修课，也是新兴企业家阶层必备的知识体系。成功的股权激励设计方案以及坚定不移的实施落地，助力很多企业实现了腾飞，成就了创业、守业的辉煌故事。著名企业家牛根生对此深有体会地说：野蛮社会，体力可以统驭财力和智力；资本社会，财力可以雇用体力和智力；信息社会，智力可以整合财力和体力。

我国现阶段正处在转型社会时期，政商关系复杂，挑战性强，这给企业家的创业、守业带来了前所未有的巨大压力与尖锐挑战。创业不易，守业更难。在企业家遭遇瓶颈、经受磨难之时，能够帮助他的除了团队伙伴、亲朋好友，还有精通企业创业、投融资业务的商事律师。股权激励只是各种外在因素的一部分，它的适用需要各种机制、环境的支持，这些机制、环境可以归纳为市场选择机制、市场评价机制、控制约束机制、综合激励机制和政府提供的营商法律环境。这就需要具有深厚理论功底与丰富实践经验的商事律师精到的法律服务。

基于此，谙熟法律条文及企业法律风险管理的毛明星律师撰写了这本《创业守业与股权激励》，着重介绍了股权激励的多种模式及配套案例，通过对不同案例的阐述，为读者提供落地的问题解决工具和方案。从结构和内容来看，本书主要涉及了法律知识和企业管理知识两大方面，讲解了众多大小企业或成功或失败的案例，供读者参考学习，是一本既精致又全面的法律和企业风险管理类书籍，值得大家畅读。遍读本书，可以发现作者力图为创业、守业过程中实施股权激励的企业家展示以下四个图景。

1. 建立利益共同体

企业的所有者与员工之间的利益不完全一致，前者注重企业的长远发展和投资收益，后者更关注在职期间的工作业绩和个人收益，价值取向的不同必然导致双方在企业运营管理中行为方式的不同。实施股权激励可以使管理者、关键技术人员成为企业的股东，个人利益与公司利益趋于一致，有效弱化二者之间的矛盾，从而使二者形成利益共同体。由此可见，实施股权激励也是实现中国共产党中央委员会提出的"共同富裕"的一条捷径，具有深远的社会意义与时代价值。

2. 业绩激励

实施股权激励后，企业的管理人员、技术人员成为股东，具有分享企业利润的权利，这种预期的利润具有一种明确的导向作用，使管理人员、技术人员的工作积极性、主动性和创造性得以提升，潜力得以激发。这就会促使经营者大胆进行技术创新和管理创新，采用各种新技术降低成本，从而提高企业的经营业绩和核心竞争能力。彼得·德鲁克说："创新就是创造一种资源。"基于此，创新可期，创业可成。

3. 约束经营管理者短期行为

传统的激励方式如年度奖金等，对经理人的考核集中在短期财务数据，无法反映长期投资的收益，客观上刺激了经营管理者的短期行为，影响企业长期稳定的发展。股权激励对企业业绩的考核不但关注本年度的财务数据，而且会更关注企业将来的价值创造能力。

4. 留住人才，吸引人才

从正面来讲，股权激励机制可以让员工分享企业成长所带来的收益，增强员工的归属感和认同感；从反面来讲，员工离开企业或有不利于企业的行为时，将会失去这部分的收益，这就提高了员工离开公司或"犯错误"的成本。

本书作者毛明星，是河南省一位资深商事律师，任多所大学法学院研究生实务导师、兼职教授，法学理论功底深厚；他从事律师业务近20年，深耕公司法务领域，尤其是在投融资、公司治理业务方面具有丰富的实践经验，对于股权激励的方案设计与落地实施具有独到的见解。正是基于在该领域的丰厚知识积累，他在繁忙的业务之余，笔耕不辍，写成《创业守业与股权激励》一书。这本书面向创业者、企业家、公司高管、企业法律顾问等相关人员，以具体案例为指引，介绍了企业类型及各自的优缺点、持股比例的意义、股权代持、劳动关系构建、股权激励的作用与方法、企业法律风险防控等内容，同时，结合我国现行法规的具体内容，以专业律师解析的方式，为读者提供创业以及守业过程中防控风险必备的法律知识。

阿瑞斯·德格对企业家说："唯一持久的竞争优势，也许就是比你的竞争对手学习得更快的能力。"本书作者多年来坚守"修身律己，谨行致远"的价值取向，为客户提供高效优质的服务。这样的商事律师是创业守业企业家身边不可多得的可以信赖的律师朋友，从其身上不仅可以获得实用的法律专业知识，更能够获得持久的知识资源与学习能力。这本法律实务书，就是明证之一。

2021 年 9 月 1 日于京西寓所

自　序

　　每个时代都有不同的经济发展模式，而法律对经济发展产生规范和促进作用，对企业生产依赖的各种要素形成约束与激励机制。如今，企业的发展与竞争，对人才和法律的依赖程度愈来愈高。创业者自身素质以及企业经营管理团队的综合素质，对企业的生存和发展足以起到决定性作用。

　　"不积跬步，无以至千里；不积小流，无以成江海。"本书从企业家创业、守业的必备知识入手，提炼精华案例，添加律师解析和法律依据，帮助企业家和企业管理者了解以下重要知识点：企业存在的类型及优缺点、股东持股比例的意义、股权代持的法律关系、劳动关系构建、股权激励的作用与方法、印章管理、公司法律风险防控等内容，助力企业家实现从掌握一个个知识点到形成知识体系的质的飞跃。

　　为便于实操，本书在企业股权激励模式方面提供了相关案例并作了较详细的介绍，提供了公司章程等与股权持有及转让有关的范本，为创业者、合伙人、高级管理人员、法务、律师等对股权设计感兴趣的人群，提供问题解决工具和方案。

　　本书对股权的四项法定权能——占有（持股比例）、使用（表决权）、收益（分红权）、处分（转让或质押）的集合运用和分置设计进行案例剖析，全方位助力读者深度理解股权设计运用之妙，助力读者掌握股权激励的核心技巧，助力读者量身定制法律风险防控方案，助力读者对企业内外部资源要素的统筹、整合，助力读者打造企业核心竞争力，趋利避害，让企业在市场经济的汪洋大海里始终保持正确的航向，顺利到达理想的彼岸。

　　在此，特别感谢为本书出版默默奉献的本所律师范建锋、刘晓玲、李孟波、黄萍萍、崔小玉、崔辰、邵琳和我的家人！

毛明星

2021 年 8 月于郑州

目 录
Contents

第 一 章

创业及经营管理基础

创业守业与股权激励

01

主要企业类型及优缺点对比

主要企业类型及优缺点对比如表 1 – 1 所示。

表 1 – 1　　　　　　　　　主要企业类型及优缺点对比

企业类型	公司制企业			合伙企业		个体工商户	个人独资企业
	有限责任公司	股份有限公司	一人有限责任公司	普通合伙企业	有限合伙企业		
注册资本	全体股东认缴的出资额。不得以劳务出资	发起设立方式：全体发起人认购的股本总额。募集方式：实收股本总额。不得以劳务出资	认缴出资额，不得以劳务出资	合伙人可以用货币、实物、知识产权、土地使用权或者其他财产权利出资，也可以以劳务出资	有限合伙人不得以劳务出资	无出资金额和出资形式的限制	注册企业时，需要明确投资人的出资额和出资方式
投资者数量	2 到 50 自然人或法人	2 到 200 自然人或法人	1 个自然人股东或者 1 个法人股东	2 个以上的自然人或法人作为普通合伙人	至少 1 个自然人或法人作为普通合伙人和 1 个有限合伙人	1 个自然人或 1 个家庭	1 个自然人

企业类型	公司制企业			合伙企业		个体工商户	个人独资企业
	有限责任公司	股份有限公司	一人有限责任公司	普通合伙企业	有限合伙企业		
责任承担	公司以其全部财产对公司债务承担责任，股东以其认缴的出资额为限对公司债务承担有限责任	公司以其全部财产对公司债务承担责任，股东以其认购的股份为限承担有限责任	以出资额为限承担有限责任	无限连带责任	普通合伙人对债务承担无限连带责任，有限合伙人以其认缴的出资额为限承担有限责任	无限连带责任	投资人承担无限连带责任；在企业设立登记时明确以其家庭共有财产作为个人出资的，应当以家庭共有财产对企业债务承担无限责任
税负高低	企业所得税25%+股息、红利税20%	企业所得税25%+股息、红利税20%	企业所得税25%+股息、红利税20%	生产经营所得税5%~35%	生产经营所得税5%~35%	生产经营所得税5%~35%	生产经营所得税5%~35%
组织灵活性	组织机构基本完备，但简单，股东变化小，凝聚力强，股权相对集中	组织机构更加完备，股东变化大，凝聚力弱，股权相对分散	组织机构不完备，股权绝对集中	基于合伙人之间的信任而成立，凝聚力强，股权相对分散	只有普通合伙人执行企业事务，股权相对集中	组织机构不完备，股权绝对集中	组织机构不完备，股权绝对集中

续 表

企业类型	公司制企业			合伙企业		个体工商户	个人独资企业
	有限责任公司	股份有限公司	一人有限责任公司	普通合伙企业	有限合伙企业		
投资者进退	由于其人合性特征，股权转让受到严格限制，对外转让股权须经半数以上股东同意	由于其资合性特征，股权转让自由	由于一人有限责任公司的性质，转让股权，公司所有权也将变更	在合伙人内部转让财产份额只需尽到通知义务，对外转让财产份额须全体合伙人一致同意，转让全部财产份额视为退伙，受让视为入伙	有限合伙人对外转让财产份额只需尽通知义务，普通合伙人转让财产份额与普通合伙企业相同	个体工商户登记注销即可	投资人变更，企业的所有权也随之变更
对外形象	企业信赖度较强，对外形象较好	企业信赖度强，对外形象好	企业信赖度一般，对外形象一般	企业信赖度强，对外形象好	企业信赖度强，对外形象好	企业信赖度低，对外形象一般	企业信赖度低，对外形象一般

企业按商业组织形式的分类如图 1-1 所示。

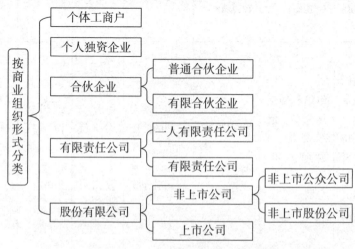

图 1-1   企业按商业组织形式的分类

02

有限责任公司与股份有限公司的区别

 律师解析

1. 有限责任公司

有限责任公司是由 50 人以下股东出资设立的，公司全体股东以其认缴的出资额为限对公司债务承担有限责任，公司以全部财产对其债务承担责任的法人。

其特点如下。

（1）公司的全部财产不按照固定的份额划分，股东只需按协议确定的出资比例出资。

（2）公司只能在出资者范围内募股集资，不得向社会公开招股集资。

（3）公司不能发行股票，股东的出资证明书不能转让流通。

（4）公司的股东以其认缴的出资额为限对公司承担有限责任。

（5）公司因其具有一定的人合性，以股东之间一定的信任为基础。

2. 股份有限公司

股份有限公司是由 2 人以上 200 人以下的股东出资设立的，全体股东以其各自持有的股份为限对公司债务承担责任，公司以全部财产对其债务承担责任的法人。

其特点如下。

（1）公司的股东人数不得少于法律规定的数目，即不应少于 2 人，也不得超过 200 人（公众股份公司除外）。

（2）公司可以公开募集资金，任何人在缴纳股款后都可以成为公司股东。

（3）公司可以公开发行股票。

（4）公司全部资本划分为等额股份，股东以其所持有的股份对公司承担有限责任。

（5）公众股份公司账目需要向社会公开，以便投资人了解公司情况。

（6）公司股份可以自由转让，但不能退股。

（7）公司设立和解散有严格的法律程序，手续繁杂。

3. 有限责任公司和股份有限公司的区别

（1）人合性与资合性的区别。有限责任公司的股东以出资为限，享受权利并承担责任，具有资合的性质；股东之间关系较密切，又有一定的人合性质。股份有限公司是彻底的资合公司，其本身的信用基础是公司的资本，与股东的个人人身性（信誉、地位、声望）没有联系，股东个人也不得以个人信用和劳务投资，这种完全的资合性与有限责任公司不同。

（2）股份是否为等额。有限责任公司的全部资产不分为等额股份，股东只需按照协议确定的出资比例出资，并以此比例享受权利，承担义务。而股份有限公司必须将股份分为等额股份，来保证股份有限公司的广泛性、公开性和平等性。

（3）股东数额不同。有限责任公司因具有一定的人合性，以股东之间一定的信任为基础，所以股东数量不宜过多。《中华人民共和国公司法》规定有限责任公司由 50 个以下股东出资设立。而股份有限公司的发起人数为 2 ~ 200 人，这就使股份有限公司的股东具有相当高的广泛性和不确定性。

（4）募股集资是公开的还是封闭的。有限责任公司只能在出资者范围内募股集资，公司不得向社会公开招股集资，公司为出资者所发的出资证明不同于股票，不得在市场上流通转让。募股集资的封闭性决定了有限责任公司的财务会计无须向社会公开信息。与有限责任公司的封闭性不同，股份有限公司募股集资的方式是公开的，无论是发起设立还是募集设立，都须向社会公开或在一定范围内公开募集资本，公开招股，亦公开财务经营状况。

（5）股份转让的自由度不同。有限责任公司的出资证明不能转让流通。股东的出资可以在股东之间相互转让，也可向股东以外的人转让；但人合性决定了其转让要受到严格限制。按照《中华人民共和国公司法》的规定，股东向股东以外的人转让股权，应当经其他股东过半数同意，在同等条件下，其他股东有优先购买权。股份有限公司的股份的表现形式为股票。这种在经济上代表一定价值、在法律上体现一定资格和权利义务的有价证券，一般来说，与持有者人身并无特定联系，法律允许其自由转让，这就必然加强股份有限公司的活跃性和竞争性，同时也必然招致其盲目性和投机性。

（6）股权证明形式不同。有限责任公司的股权证明形式是公司签发的出资证明书，而股份有限公司的股权证明形式是公司签发的股票。

（7）公司的组织机构权限不同。有限责任公司的股东人数少，组织结构较为简单，所以公司不是必须要设立董事会和监事会，可以只设立执行董事，执行董事也往往由股东个人兼任，机动性权限较大。而股份有限公司设立程序和组织复杂，必须设立股东大会、董事会和监事会。股份公司股东人数较多且相对分散，因此，股东可使用的权限受到一定限制，董事会权限集中，同时股份有限公司必须设立股东大会，股东大会是公司的权力机构。

 法律依据

《中华人民共和国公司法》

第三条　公司是企业法人，有独立的法人财产，享有法人财产权。公司以其全部财产对公司的债务承担责任。

有限责任公司的股东以其认缴的出资额为限对公司承担责任；股份有限公司的股东以其认购的股份为限对公司承担责任。

第二十四条　有限责任公司由五十个以下股东出资设立。

第二十六条　有限责任公司的注册资本为在公司登记机关登记的全体股东认缴的出资额。

法律、行政法规以及国务院决定对有限责任公司注册资本实缴、注册资本最低限额另有规定的，从其规定。

第三十一条　有限责任公司成立后，应当向股东签发出资证明书。

出资证明书应当载明下列事项：

（一）公司名称；

（二）公司成立日期；

（三）公司注册资本；

（四）股东的姓名或者名称、缴纳的出资额和出资日期；

（五）出资证明书的编号和核发日期。

出资证明书由公司盖章。

第五十条　股东人数较少或者规模较小的有限责任公司，可以设一名执行董事，不设董事会。执行董事可以兼任公司经理。

第五十一条　有限责任公司设监事会，其成员不得少于三人。股东人数较少或者规模较小的有限责任公司，可以设一至二名监事，不设监事会。

第七十七条　股份有限公司的设立，可以采取发起设立或者募集设立的方式。

发起设立，是指由发起人认购公司应发行的全部股份而设立公司。募集设立，是指由发起人认购公司应发行股份的一部分，其余股份向社会公开募集或者向特定对象募集而设立公司。

第七十八条　设立股份有限公司，应当有二人以上二百人以下为发起人，其中须有半数以上的发起人在中国境内有住所。

第九十八条　股份有限公司股东大会由全体股东组成。股东大会是公司的权力机构，依照本法行使职权。

第一百零八条　股份有限公司设董事会，其成员为五人至十九人。

董事会成员中可以有公司职工代表。董事会中的职工代表由公司职工通过职工代表大会、职工大会或者其他形式民主选举产生

第一百一十七条　股份有限公司设监事会，其成员不得少于三人。

监事会应当包括股东代表和适当比例的公司职工代表，其中职工代表的比例不得低于三分之一，具体比例由公司章程规定。监事会中的职工代表由公司职工通过职工代表大会、职工大会或者其他形式民主选举产生。

监事会设主席一人，可以设副主席。监事会主席和副主席由全体监事过半数选举产生。监事会主席召集和主持监事会会议；监事会主席不能履行职务或者不履行职务的，由监事会副主席召集和主持监事会会议；监事会副主席不能履行职务或者不履行职务的，由半数以上监事共同推举一名监事召集和主持监事会会议。

董事、高级管理人员不得兼任监事。

第一百二十五条　股份有限公司的资本划分为股份，每一股的金额相等。公司的股份采取股票的形式。股票是公司签发的证明股东所持股份的凭证。

03

普通合伙企业与有限合伙企业的区别

 律师解析

1. 普通合伙企业

普通合伙企业是指由 2 个以上普通合伙人签订合伙协议设立，合伙人对

合伙企业债务承担无限连带责任的合伙企业。

普通合伙企业的特点如下。

（1）由 2 个或以上的普通合伙人组成，合伙人在合伙企业中对债务承担无限连带责任。

（2）合伙企业名称中应标明"普通合伙"字样。

（3）无民事行为能力人和限制民事行为能力人不能成为普通合伙人，国有独资公司、国有企业、上市公司以及公益性的事业单位、社会团体不得成为普通合伙人。

（4）普通合伙人可以用货币、实物、知识产权、土地使用权或者其他财产权利出资，也可以用劳务出资。

2. 有限合伙企业

有限合伙企业是指由至少 1 个普通合伙人和至少 1 个有限合伙人最多 50 个合伙人签订合伙协议设立，普通合伙人对合伙企业债务承担无限连带责任，有限合伙人以其认缴的出资额为限对合伙企业债务承担责任的合伙企业。

有限合伙企业的特点如下。

（1）由 2 个以上最多 50 个的合伙人组成，合伙企业中最少有 1 个普通合伙人和 1 个有限合伙人，普通合伙人在合伙企业中对债务承担无限连带责任，有限合伙人以其认缴的出资额为限对合伙企业债务承担责任。

（2）合伙企业名称中应标明"有限合伙"字样。

（3）无民事行为能力人和限制民事行为能力人不能成为普通合伙人但可以成为有限合伙人，国有独资公司、国有企业、上市公司以及公益性的事业单位、社会团体不得成为普通合伙人但可以成为有限合伙人。

（4）普通合伙人可以用货币、实物、知识产权、土地使用权或者其他财产权利出资，也可以用劳务出资，有限合伙人不得以劳务出资。

3. 普通合伙企业与有限合伙企业的区别

（1）普通合伙企业的合伙人数为 2 人以上，即对投资人数没有上限规定；而有限合伙企业的投资人数为 2 人以上 50 人以下且至少有 1 个普通合伙人。

（2）普通合伙企业的合伙人对执行合伙事务享有同等的权利。当然，根据合伙协议约定或经全体合伙人决定，可委托一个或数个合伙人为执行人，对外代表合伙企业，执行合伙事务；而有限合伙企业中的有限合伙人不得执行合伙企业中的事务，对外也不得代表企业。

（3）普通合伙企业的出资人不得在合伙协议中约定将全部利润分配给部分合伙人或由部分合伙人承担企业的全部亏损；而有限合伙企业根据合伙协议的约定可以将全部利润分配给部分合伙人，但不得约定由部分合伙人承担企业全部亏损。

（4）普通合伙人不得自营或与他人合作经营与合伙企业相竞争的业务；有限合伙人可自营或与他人合作经营与合伙企业相竞争的业务，合伙协议另有约定的除外。

（5）普通合伙人不得同合伙企业进行交易，但合伙协议另有约定或经全体合伙人一致同意的除外；有限合伙人可以与合伙企业进行交易，合伙协议约定不能进行交易的除外。

（6）普通合伙企业的合伙人以其出资份额出质，须经全体合伙人一致同意，否则其出资行为无效；有限合伙人可将出资份额出质，但合伙协议约定有限合伙人不能以其出资份额出质的除外。

📖 法律依据

《中华人民共和国合伙企业法》

第二条　本法所称合伙企业，是指自然人、法人和其他组织依照本法在中国境内设立的普通合伙企业和有限合伙企业。

普通合伙企业由普通合伙人组成，合伙人对合伙企业债务承担无限连带责任。本法对普通合伙人承担责任的形式有特别规定的，从其规定。

有限合伙企业由普通合伙人和有限合伙人组成，普通合伙人对合伙企业债务承担无限连带责任，有限合伙人以其认缴的出资额为限对合伙企业债务承担责任。

第三条　国有独资公司、国有企业、上市公司以及公益性的事业单位、社会团体不得成为普通合伙人。

第十六条　合伙人可以用货币、实物、知识产权、土地使用权或者其他财产权利出资，也可以用劳务出资。

合伙人以实物、知识产权、土地使用权或者其他财产权利出资，需要评估作价的，可以由全体合伙人协商确定，也可以由全体合伙人委托法定评估机构评估。

合伙人以劳务出资的，其评估办法由全体合伙人协商确定，并在合伙协议中载明。

第六十一条　有限合伙企业由二个以上五十个以下合伙人设立；但是，法律另有规定的除外。

有限合伙企业至少应当有一个普通合伙人。

第六十四条　有限合伙人可以用货币、实物、知识产权、土地使用权或者其他财产权利作价出资。

有限合伙人不得以劳务出资。

第六十五条　有限合伙人应当按照合伙协议的约定按期足额缴纳出资；未按期足额缴纳的，应当承担补缴义务，并对其他合伙人承担违约责任。

第六十七条　有限合伙企业由普通合伙人执行合伙事务。执行事务合伙人可以要求在合伙协议中确定执行事务的报酬及报酬提取方式。

第六十八条　有限合伙人不执行合伙事务，不得对外代表有限合伙企业。

04

分公司与子公司的区别

案例

　　甲公司是一家在北京创立多年且实力雄厚的股份公司，为开拓业务和扩展外地市场，在上海设立了甲公司上海分公司，并收购了上海一家属于同一行业的乙公司作为子公司。后因当地政策调整，行业利润大幅降低。甲公司上海分公司和乙公司先后负债。问：甲公司上海分公司和乙公司的债务应当如何如何清偿？

律师解析

分公司是公司的分支机构，对应的是总公司，分公司没有独立的法人资格，不是独立的公司，不能独立承担责任，其产生的责任最终由总公司承担。故甲公司上海分公司的债务应当由甲公司北京总公司进行清偿。

子公司是独立承担责任的公司，有独立的法人资格，对应的是母公司，母公司是子公司的股东。故乙公司的债务应当由乙公司独立赔偿。

通俗点说，分公司就像是人身体的一个组成部分，如胳膊、腿；子公司就像是一个人的儿子，具有独立的人格。

 法律依据

《中华人民共和国公司法》

第十四条　公司可以设立分公司。设立分公司，应当向公司登记机关申请登记，领取营业执照。分公司不具有法人资格，其民事责任由公司承担。

公司可以设立子公司，子公司具有法人资格，依法独立承担民事责任。

05

成立公司需要具备的条件

 **律师解析**

公司可以分为两大类，即有限责任公司和股份有限公司。

1. 有限责任公司的设立条件

（1）股东符合法定人数要求，即股东人数为 2 ~ 50 人。

（2）有符合公司章程规定的全体股东认缴的出资额，即公司成立时的注册资本，注册资本除特殊行业外，可以认缴，也可以实缴。

（3）有股东共同制定的公司章程。

（4）有公司名称、组织机构（如股东会、董事会或执行董事、监事会或监事）和公司经营场所。

2. 股份有限公司的设立条件

（1）股东符合法定人数要求，即股东人数在 2 人以上 200 人以下。可采用发起设立——发起人认购公司应发行的全部股份，或募集设立——发起人认购公司应发行股份的一部分，其余股份向社会公开募集或者向特定对象募集。

（2）有符合公司章程规定的全体发起人认购的股本总额或者募集的实收股本总额。

（3）有发起人制定的公司章程。采用募集方式设立的须经创立大会通过。

（4）有公司名称、组织机构和公司经营场所。

 法律依据

《中华人民共和国公司法》

第二十三条　设立有限责任公司，应当具备下列条件：

（一）股东符合法定人数；

（二）有符合公司章程规定的全体股东认缴的出资额；

（三）股东共同制定公司章程；

（四）有公司名称，建立符合有限责任公司要求的组织机构；

（五）有公司住所。

第七十六条　设立股份有限公司，应当具备下列条件：

（一）发起人符合法定人数；

（二）有符合公司章程规定的全体发起人认购的股本总额或者募集的实收股本总额；

（三）股份发行、筹办事项符合法律规定；

（四）发起人制订公司章程，采用募集方式设立的经创立大会通过；

（五）有公司名称，建立符合股份有限公司要求的组织机构；

（六）有公司住所。

第八十三条　以发起设立方式设立股份有限公司的，发起人应当书面认足公司章程规定其认购的股份，并按照公司章程规定缴纳出资。以非货币财产出资的，应当依法办理其财产权的转移手续。

发起人不依照前款规定缴纳出资的，应当按照发起人协议承担违约责任。

发起人认足公司章程规定的出资后，应当选举董事会和监事会，由董事会向公司登记机关报送公司章程以及法律、行政法规规定的其他文件，申请设立登记。

第八十四条　以募集设立方式设立股份有限公司的，发起人认购的股份不得少于公司股份总数的百分之三十五；但是，法律、行政法规另有规定的，从其规定。

06

有限责任公司的法定出资方式

甲、乙、丙、丁准备共同投资设立一家婚庆公司，甲计划出资 200 万元，但手头只有 80 万元现金。乙以自己在 A 写字楼购买的一间工作室（价值 150 万元）出资作为公司的办公地点。丙口才优秀想要给婚庆公司做专职司仪来入股公司。丁计划用家中一套品质优良的音响设备（市场价为 50 万元）入股并以自己拥有使用权的一块郊区闲置荒地出资，让公司作为室外婚礼的场地。

律师解析

1. 注册资本的形式

根据法律规定，公司股东可以用货币出资，也可以实物、知识产权、不动产等出资，但以非货币财产出资时，该资产必须具备合法评估作价的条件，股东不得以劳务、信用、自然人姓名、商誉或设定担保的财产等作价出资。因此，本案例中，甲、乙、丁的出资方式均符合法律规定，而丙以劳务形式出资不合法，不是合法的股东。

2. 出资的时间

股东出资实行认缴制，即在公司章程规定的出资期限内，股东应足额缴纳认缴的出资额。甲认缴的出资额为 200 万元，甲手头只有 80 万元，剩下的 120 万元可以在公司章程规定的时间内分期缴纳。

法律依据

《中华人民共和国公司法》

第二十七条　股东可以用货币出资，也可以用实物、知识产权、土地使用权等可以用货币估价并可以依法转让的非货币财产作价出资；但是，法律、行政法规规定不得作为出资的财产除外。对作为出资的非货币财产应当评估作价，核实财产，不得高估或者低估作价。法律、行政法规对评估作价有规定的，从其规定。

第二十八条　股东应当按期足额缴纳公司章程中规定的各自所认缴的出资额。股东以货币出资的，应当将货币出资足额存入有限责任公司在银行开设的账户；以非货币财产出资的，应当依法办理其财产权的转移手续。

股东不按照前款规定缴纳出资的，除应当向公司足额缴纳外，还应当向已按期足额缴纳出资的股东承担违约责任。

《中华人民共和国公司登记管理条例》

第十四条　股东的出资方式应当符合《公司法》第二十七条的规定，但股东不得以劳务、信用、自然人姓名、商誉、特许经营权或者设定担保的财产等作价出资。

07

什么是股东、股权、股份？

案例

陈某、王某、赵某是朋友，2018 年 3 月三人计划共同出资设立郑州某科技发展有限公司（以下简称某科技公司），并签订了投资协议书，陈某支付给王某人民币 10 万元，王某出具了收据，该收据上注明款项的性质是对某科技公司的投资款。由于陈某当时是其他企业的员工，不宜开公司，故公司工商登记股东为王某和赵某，王某是法定代表人。陈某在原工作单位离职后，在某科技公司工作。年底时，陈某要求公司分红，王、赵二人称，陈某不是公司的股东，其在公司没有股份，没有股权，其支付的 10 万元是借款，且公司亏损不能分红，只愿意返还借款 10 万元，遂发生纠纷。

律师解析

狭义的股东，特指按照《中华人民共和国公司法》的规定设立的有限责任公司或股份有限公司的出资人（投资人），是公司存在的基础。广义的股东也包括其他企业的投资人。

股权是股东对公司享有的人身权和财产权益的一种综合性权利。按照《中华人民共和国公司法》的规定，公司股东依法享有资产收益、参与重大决策和选择管理者等权利。

法律意义上的股份，是指按照《中华人民共和国公司法》的规定设立的股份有限公司的出资平均分割后的份额，每一股都代表股东相应份额的权利，该权利包括依法享有资产收益、参与重大决策和选择管理者等。每一股份是不可以再分割的。股份有限公司的股份类型分为普通股、优先股。在日常生活中，许多人也将有限责任公司的出资额及其他类型企业的出资称为"股份"，但这实际上是不准确的，依法理解更是错误的。

本案中的焦点是，陈某投入资金的性质是借款还是投资款。从三人签订的投资协议来看，陈某是公司设立时的成员之一；从陈某持有的收据来看，注明的是投资款；此外陈某在公司成立后也在公司工作过一段时间，参与了公司的经营和管理。如果仅因为原告的名字没有在工商登记部门登记而认定陈某所投入的 10 万元是借款是缺乏依据的。公司登记材料是证明股东资格的表面证据，但在出现纠纷时，股东的确认不能仅以工商登记为准，工商登记并非确定股东地位的唯一依据，虽然《中华人民共和国公司法》明确规定对出资人要发出资证明书，要进行工商登记，但并没有规定凡是未经过以上程序的出资人所出资金就不是投资款。本案中王某开具的收据、陈某曾在公司工作的经历以及三人签订的投资协议书，都表明陈某实际是公司的隐名股东，隐名股东和显名股东发生股权纠纷时，应当根据当事人之间的真实意思表示对股东资格进行认定。综上所述，陈某可以取得股东身份，并且享有该公司的股权和分红权，但该公司的性质是有限责任公司。因此，不能将陈某或王某、赵某的出资称为"股份"。

法律依据

《中华人民共和国公司法》

第三条　有限责任公司的股东以其认缴的出资额为限对公司承担责任；股份有限公司的股东以其认购的股份为限对公司承担责任。

第四条　公司股东依法享有资产收益、参与重大决策和选择管理者等权利。

《国务院关于开展优先股试点的指导意见》

一、优先股股东的权利与义务

（一）优先股的含义。优先股是指依照公司法，在一般规定的普通种类股份之外，另行规定的其他种类股份，其股份持有人优先于普通股股东分配公司利润和剩余财产，但参与公司决策管理等权利受到限制。

08

有限责任公司及其股东的对外责任

案例

2015年5月，李总、褚总、关总三人共同出资设立某风险投资有限责任公司，注册资本共1000万元。其中，李总认缴500万元，占公司注册资本的50%，首期出资实缴300万元；褚总认缴350万元，占公司注册资本的35%，首期出资实缴200万元；关总认缴150万元，占公司注册资本的15%，首期出资实缴150万元。公司章程规定，李总和褚总的剩余出资须在5年内缴清。公司成立后，前期经营良好，运营半年即实现盈利。为扩大业务范围，公司需要大量资金支持，但三人均表示自有资金紧张，经股东会决议同意，公司对外借款。

2017年年初，以公司为借款人向关总的朋友王总借款200万元，年化利率为12%，以公司为借款人向姜某借款300万元，年化利率为10%。此后一年，公司对外投资的两个大项目失败，资金打了水漂，导致公司亏损严重，无力偿还王总和姜某的款项。

2018年6月，姜某向某区法院提起诉讼，要求公司偿还借款本息，并要求李总和褚总在未出资的范围内承担赔偿责任。

🔍 律师解析

有限责任公司以全部财产对公司债务承担责任，在公司的资产足以清偿公司债务的情况下，股东无须承担赔偿责任。股东对其认缴的出资足额缴纳的，即使在公司的资产不足以清偿公司债务的情况下，股东也无须承担赔偿责任。股东对其认缴的出资未能足额缴纳的，如公司的资产不足以清偿公司债务的，股东须在未出资的范围内，对公司债务不能清偿的部分承担补充赔偿责任。本案中，因公司无力偿还借款本息，故法院判决李总和褚总在未实缴出资的范围内，对姜某承担赔偿责任。

但如果此案件发生在现在，可能判决结果会有不同，因为根据公司章程的规定，李总和褚总的剩余出资须在公司成立后 5 年内缴清，即在 2020 年 5 月前缴清。但 2018 年姜某向法院起诉时，李总和褚总的出资实缴的期限未届满，根据 2019 年 11 月 8 日开始实施的《全国法院民商事审判工作会议纪要》的规定，债权人以公司不能清偿到期债务为由，请求未届出资期限的股东在未出资范围内对公司不能清偿的债务承担补充赔偿责任的，人民法院不予支持。但也有例外情形，具体见下文法律依据。

 法律依据

《中华人民共和国公司法》

第三条　公司是企业法人，有独立的法人财产，享有法人财产权。公司以其全部财产对公司的债务承担责任。

有限责任公司的股东以其认缴的出资额为限对公司承担责任；股份有限公司的股东以其认购的股份为限对公司承担责任。

《最高人民法院关于适用〈中华人民共和国公司法〉若干问题的规定（三）》

第十三条　股东未履行或者未全面履行出资义务，公司或者其他股东请求其向公司依法全面履行出资义务的，人民法院应予支持。

公司债权人请求未履行或者未全面履行出资义务的股东在未出资本息范围内对公司债务不能清偿的部分承担补充赔偿责任的，人民法院应予支持；未履行或者未全面履行出资义务的股东已经承担上述责任，其他债权人提出相同请求的，人民法院不予支持。

《全国法院民商事审判工作会议纪要》

6. ［股东出资应否加速到期］在注册资本认缴制下，股东依法享有期限利益。债权人以公司不能清偿到期债务为由，请求未届出资期限的股东在未出资范围内对公司不能清偿的债务承担补充赔偿责任的，人民法院不予支持。但是，下列情形除外：

（1）公司作为被执行人的案件，人民法院穷尽执行措施无财产可供执行，已具备破产原因，但不申请破产的；

（2）在公司债务产生后，公司股东（大）会决议或以其他方式延长股东出资期限的。

09

股东出资不足或抽逃出资需要补缴吗？

案例

王总拥有资金，褚某和贾某是艺术品收藏家，三人经过商议后，共同出资设立河南某艺术品有限公司，公司注册资本为 500 万元。王总以 300 万元现金作为出资，但首次出资 200 万元，褚某以 15 件古董作价 100 万元出资，贾某以收藏的 20 幅绘画作品作价 100 万元出资，但古董和绘画均未经评估机构的评估，也未将财产的所有权转移至公司名下。后公司经营不善倒闭，公司清算时，王总的 100 万元出资未实缴，另外，王总通过掌握公司的经营权，以广告费的名义，将 35 万元公司资金转到自己实际控制的另一家公司，实际上并没有将这笔资金用于做广告。褚某和贾某的出资物品大部分已经出售，但褚某出资的一件古董花瓶为赝品，出资时作价 10 万元，实际价值仅为 0.5 万元。

律师解析

当股东出资不足或抽逃出资时，不仅出资不足或抽逃出资的股东有补缴义务，并且，其他股东甚至公司高级管理人员也需要承担相应的责任。具体到本案，王总应当对自己所认缴的 300 万元中未能实缴的 100 万元，向公司承担补足责任，褚某也应当向公司补齐差额 9.5 万元。若褚某的个人财产无法补足这 9.5 万元，或拒不补足，则王总和贾某需要对债权人承担 9.5 万元的连带责任。对于王总未能出资到位的 100 万元，以及以广告费的名义抽逃的出资 35 万元，王总有补足的责任，如果个人财产无法补足或拒不补足的，则褚某和贾某需要对债权人承担 135 万元的连带责任。

法律依据

《中华人民共和国公司法》

第二十八条　股东应当按期足额缴纳公司章程中规定的各自所认缴的出资额。股东以货币出资的，应当将货币出资足额存入有限责任公司在银行开设的账户；以非货币财产出资的，应当依法办理其财产权的转移手续。

股东不按照前款规定缴纳出资的，除应当向公司足额缴纳外，还应当向已按期足额缴纳出资的股东承担违约责任。

第三十条　有限责任公司成立后，发现作为设立公司出资的非货币财产的实际价额显著低于公司章程所定价额的，应当由交付该出资的股东补足其差额；公司设立时的其他股东承担连带责任。

第三十五条　公司成立后，股东不得抽逃出资。

第二百条　公司的发起人、股东在公司成立后，抽逃其出资的，由公司登记机关责令改正，处以所抽逃出资金额百分之五以上百分之十五以下的罚款。

《最高人民法院关于适用〈中华人民共和国公司法〉若干问题的规定（三）》

第十二条　公司成立后，公司、股东或者公司债权人以相关股东的行为符合下列情形之一且损害公司权益为由，请求认定该股东抽逃出资的，人民法院应予支持：

（一）制作虚假财务会计报表虚增利润进行分配；

（二）通过虚构债权债务关系将其出资转出；

（三）利用关联交易将出资转出；

（四）其他未经法定程序将出资抽回的行为。

第十四条　股东抽逃出资，公司或者其他股东请求其向公司返还出资本息、协助抽逃出资的其他股东、董事、高级管理人员或者实际控制人对此承担连带责任的，人民法院应予支持。

10

"抽逃出资"与"股东借款"的区别

　　2010 年 7 月，甲、乙作为股东向工商部门申请设立 A 公司，注册资本为 1000 万元，甲持股比例为 30%，出资 300 万元，乙持股比例为 70%，出资 700 万元。2010 年 7 月两人首次出资，甲认缴出资 275 万元，乙认缴出资 225 万元，2012 年 7 月两人第二次出资，甲认缴出资 150 万元，乙认缴出资 350 万元。二人两次出资均由乙找的"代办公司"操作筹款分别汇入甲、乙的个人账户，二次通过验资后均将注册资本全部还给"代办公司"。

律师解析

　　抽逃出资是指在公司成立后，股东非经法定程序，将资本抽回或者变相转移，同时继续持有公司股份。抽逃出资发生在实缴出资后，在股东认而未缴出资的情形下不存在抽逃出资。

　　股东借款是指股东向公司借款的行为，股东为债务人，公司为债权人。是否有真实合理的债权债务关系成为区分抽逃出资和股东借款的关键问题。股东借款，需要具有真实的债权债务关系且需符合有关金融管理、财务制度等的规定。而股东抽逃出资时，公司与资金的流入方往往无实质的债权债务关系，如无须支付对价和提供担保，无返还期限的约定，违反了有关金融管理、财务制度等的规定。

　　上述案例中，A 公司股东甲、乙的行为明显属于抽逃出资。

法律依据

《中华人民共和国公司法》

　　第三十五条　公司成立后，股东不得抽逃出资。

《最高人民法院关于适用〈中华人民共和国公司法〉若干问题的规定（三）》

　　第十二条　公司成立后，公司、股东或者公司债权人以相关股东的行为符合下列情形之一且损害公司权益为由，请求认定该股东抽逃出资的，人民法院应予支持：

（一）制作虚假财务会计报表虚增利润进行分配；

（二）通过虚构债权债务关系将其出资转出；

（三）利用关联交易将出资转出；

（四）其他未经法定程序将出资抽回的行为。

11

买了抽逃出资股东的股权是否担责？

案例

2013 年 9 月 25 日，刘国臣与中国一拖集团财务有限责任公司（以下简称一拖财务公司）签订了借款合同，约定刘国臣向一拖财务公司借款 444000 元。2013 年 9 月 24 日，一拖财务公司与第一拖拉机股份有限公司（以下简称一拖股份公司）签订保证合同，一拖股份公司为刘国臣向一拖财务公司提供最高额连带责任保证，担保期为两年。山西洞源汽车销售有限公司（以下简称山西洞源公司）与一拖股份公司签订反担保合同，为借款提供最高额连带责任反担保，担保期为两年。借款期满后，刘国臣逾期未能按照合同约定向出借人支付借款本息。保证人一拖股份公司代偿 418154.46 元并将该笔债权转让给一拖（洛阳）神通工程机械有限公司（以下简称一拖神通公司）。一拖神通公司向法院起诉，要求山西洞源公司及其原股东和现股东承担赔偿责任。

山西洞源公司设立时的股东为刘莉莉和谈小中。2009 年 10 月 12 日，公司设立登记时注册资本为 500 万元，其中谈小中以货币出资 250 万元，刘莉莉以货币出资 250 万元，该 500 万元注册资本存入验资账户后转入其基本户，又于当天全部转出，明显系抽逃出资。

山西洞源公司工商登记材料显示，2011 年 8 月 19 日，刘莉莉和谈小中将全部股权转让给喻飞虎和孙玉安。孙玉安在庭审中表示，不知道股权转让价款的支付情况，股权转让都是公司安排的。

案例来源：中国裁判文书网（2016）豫 0305 民初 1808 号民事判决书（有改动）。

 **律师解析**

　　本案中，债权人能否向喻飞虎、孙玉安主张抽逃出资责任，要看这两人购买股权时，主观是否善意，支付对价是否适当。根据法院查明的事实，喻、孙两人不知道股权转让价款的支付情况，说明其在签订股权转让协议书时，未尽基本的注意义务，也未支付相应价款，不属于善意的股权受让人，根据《最高人民法院关于适用〈中华人民共和国公司法〉若干问题的规定（三）》的规定，公司债权人可以请求喻、孙两人与抽逃出资的刘、谈两人承担连带补充赔偿责任。故法院判决谈小中、孙玉安在 250 万元范围内对上述债务承担补充赔偿责任（如谈小中、孙玉安二人在山西洞源公司的其他债务中因抽逃出资已承担过补充赔偿责任，则本次承担数额与已承担数额合计以 250 万元为限）；刘莉莉、喻飞虎在 250 万元范围内对上述债务承担补充赔偿责任（如刘莉莉、喻飞虎二人在山西洞源公司的其他债务中因抽逃出资已承担过补充赔偿责任，则本次承担数额与已承担数额合计以 250 万元为限）。

法律依据

《最高人民法院关于适用〈中华人民共和国公司法〉若干问题的规定（三）》

　　第十四条　股东抽逃出资，公司或者其他股东请求其向公司返还出资本息、协助抽逃出资的其他股东、董事、高级管理人员或者实际控制人对此承担连带责任的，人民法院应予支持。

　　公司债权人请求抽逃出资的股东在抽逃出资本息范围内对公司债务不能清偿的部分承担补充赔偿责任、协助抽逃出资的其他股东、董事、高级管理人员或者实际控制人对此承担连带责任的，人民法院应予支持；抽逃出资的股东已经承担上述责任，其他债权人提出相同请求的，人民法院不予支持。

　　第十八条　有限责任公司的股东未履行或者未全面履行出资义务即转让股权，受让人对此知道或者应当知道，公司请求该股东履行出资义务、受让人对此承担连带责任的，人民法院应予支持；公司债权人依照本规定第十三条第二款向该股东提起诉讼，同时请求前述受让人对此承担连带责任的，人民法院应予支持。

　　受让人根据前款规定承担责任后，向该未履行或者未全面履行出资义务的股东追偿的，人民法院应予支持。但是，当事人另有约定的除外。

12

代持股份被法院查封或拍卖，实际出资人如何维权？

案例

2009 年 9 月 8 日，宋某将其持有的 100 万股公司股份交由唐某代为持有。2014 年 11 月，唐某向中国银行借款 300 万元，到期未归还，中国银行就该借贷纠纷向法院起诉。2016 年 7 月 25 日，法院判决唐某履行 300 万元还款责任。案件进入执行程序后，法院查封了唐某代持的 100 万股股份，宋某始知该执行情形，便立即请求法院中止执行该股权。

律师解析

为了保护交易安全，法律认可财产权适用善意取得制度，股权也是一种财产权，可以参照适用善意取得制度。本案中，实际出资人宋某可以对该执行的情形提出异议，即以案外人的身份向执行法院提出执行异议，请求法院中止执行唐某名下 100 万股股份。当执行法院受理执行异议的案件后，将针对股权归属作出裁决：认为宋某提出的执行异议理由成立的，应当立即终止执行程序；认为提出的执行异议理由不成立的，应当继续执行。不服裁定的，可以依法向作出生效判决的法院起诉，请求撤销执行法院的裁定。

法律依据

《中华人民共和国公司法》

第三十二条　有限责任公司应当置备股东名册，记载下列事项：

（一）股东的姓名或者名称及住所；

（二）股东的出资额；

（三）出资证明书编号。

公司应当将股东的姓名或者名称向公司登记机关登记；登记事项发生变更的，应当办理变更登记。未经登记或者变更登记的，不得对抗第三人。

《最高人民法院关于适用〈中华人民共和国公司法〉若干问题的规定（三）》

第二十五条　名义股东将登记于其名下的股权转让、质押或者以其他方式处分，实际出资人以其对于股权享有实际权利为由，请求认定处分股权行为无效的，人民法院可以参照物权法第一百零六条①的规定处理。

名义股东处分股权造成实际出资人损失，实际出资人请求名义股东承担赔偿责任的，人民法院应予支持。

《最高人民法院关于人民法院办理执行异议和复议案件若干问题的规定》

第二十六条　金钱债权执行中，案外人依据执行标的被查封、扣押、冻结前作出的另案生效法律文书提出排除执行异议，人民法院应当按照下列情形，分别处理：

（一）该法律文书系就案外人与被执行人之间的权属纠纷以及租赁、借用、保管等不以转移财产权属为目的的合同纠纷，判决、裁决执行标的归属于案外人或者向其返还执行标的且其权利能够排除执行的，应予支持；

（二）该法律文书系就案外人与被执行人之间除前项所列合同之外的债权纠纷，判决、裁决执行标的归属于案外人或者向其交付、返还执行标的的，不予支持；

（三）该法律文书系案外人受让执行标的的拍卖、变卖成交裁定或者以物抵债裁定且其权利能够排除执行的，应予支持。

金钱债权执行中，案外人依据执行标的被查封、扣押、冻结后作出的另案生效法律文书提出排除执行异议的，人民法院不予支持。

非金钱债权执行中，案外人依据另案生效法律文书提出排除执行异议，该法律文书对执行标的的权属作出不同认定的，人民法院应当告知案外人依法申请再审或者通过其他程序解决。

---

① 《中华人民共和国物权法》已废止。该法律条文对应《中华人民共和国民法典》第三百一十一条 无处分权人将不动产或者动产转让给受让人的，所有权人有权追回；除法律另有规定外，符合下列情形的，受让人取得该不动产或者动产的所有权：（一）受让人受让该不动产或者动产时是善意；（二）以合理的价格转让；（三）转让的不动产或者动产依照法律规定应当登记的已经登记，不需要登记的已经交付给受让人。受让人依据前款规定取得不动产或者动产的所有权的，原所有权人有权向无处分权人请求损害赔偿。当事人善意取得其他物权的，参照适用前两款规定。

13

什么是表见代理？

案例

2012 年 7 月，乙公司与华某签订承包合同，约定乙公司成立南昌工程项目部，并由华某办理备案登记，承接施工任务，签订施工合同并全权负责项目部的一切经营活动，乙公司授权华某刻制乙公司合同专用章一枚使用并自行管理。2013 年 6 月，华某以项目负责人的名义，与甲公司签订烟道销售合同，约定甲公司为乙公司安装烟道，并加盖了其刻制的乙公司合同专用章。2016 年 1 月 5 日，华某与乙公司再次签订合作经营协议书，载明乙公司授权华某以乙公司名义办理南昌分公司成立事宜，并授权华某对南昌工程项目部进行全权经营管理。

2018 年 11 月 15 日，华某确认烟道安装款为 63524 元，材料费为 177150 元，合计 240674 元，甲公司自认已经收到 150000 元。因剩余安装款和材料费一直未收到，甲公司遂诉至法院，请求依法判令乙公司、华某给付甲公司安装款和材料费 90674 元及利息 4533.70 元，合计 95207.70 元。

乙公司辩称，烟道销售合同所加盖的印章由华某私自刻制，华某加盖私刻的公司印章并没有经过公司授权，该合同责任应由华某承担，与乙公司无关。甲公司认为华某作为项目部负责人，持有乙公司的合同专用章合情合理，且乙公司对华某私刻印章明知，所以华某用其私刻的乙公司合同印章与其签订合同的行为，已经构成了表见代理，乙公司应对华某的行为承担责任。另查明，乙公司在建筑业企业备案登记资料显示，华某为乙公司案涉工程项目负责人。最终，法院判决支持了甲公司的诉讼请求。

律师解析

上述案例的焦点问题是：华某持有私刻的乙公司的合同专用章，与甲公司签订烟道销售合同，是否构成表见代理，该合同是否有效。

所谓表见代理是指没有代理权、超越代理权或者代理权终止后的无权代理人，以被代理人名义进行的民事行为在客观上使第三人相信其有代理权而实施的代理行为，被代理人应对此承担法律责任。结合本案，华某全权负责工程施工，持有乙公司合同专用章，备案材料亦显示华某为乙公司在南昌项目负责人，这足以让甲公司产生合理信赖，相信乙公司授权华某与甲公司签订合同，相信华某加盖合同专用章是代表乙公司对外行使职权。因此，华某的行为构成了表见代理，乙公司应对华某的行为承担相应的责任。

公司印章具有授权的功能。但在实践中，由于企业印章管理不规范等问题，印章使用产生的表见代理的情形较多，有时会给企业带来巨大损失。所以，为防止出现因印章使用而产生表见代理的情形，避免不必要的纠纷，企业应对表见代理制度有清晰的认识，并加强印章的管理和使用。

在企业经营中，因印章使用产生的表见代理的情形主要有两种：一种是私刻、伪造印章而产生表见代理问题；另一种是因盗用盖有公章的空白合同书、介绍信而可能产生的表见代理。

私刻、伪造印章的情况有很多，但并不是所有的情形都能构成表见代理。在现实中，私刻、伪造印章的行为人多种多样，既包括企业的普通员工、董事、监事、高级管理人员、关联方，又包括企业的商业伙伴或者挂靠方。如果是以上和企业相关联的人员私刻、伪造印章开展业务、申请银行贷款、提供担保或者对外签订合同等，且企业有明显过错的，即使企业对此毫不知情，法律出于保护相对人的信赖利益，也会要求企业承担法律责任。这种情形就会构成表见代理，使企业承担不必要的责任。但如果是与企业完全无关的他人私刻、伪造印章，企业无过错的，企业一般不承担责任。

第二种情形是因盗用盖有公章的空白合同、介绍信而可能产生的表见代理。针对此种情形，如果企业对于被盗用的行为有过失的，且相对人是善意的，为了保护相对人的信赖利益，一般会被认定构成表见代理，被盗用的企业应当承担相应的责任，反之则不然。

法律依据

《中华人民共和国民法典》

第一百七十二条　行为人没有代理权、超越代理权或者代理权终止后，仍然实施代理行为，相对人有理由相信行为人有代理权的，代理行为有效。

《最高人民法院关于在审理经济纠纷案件中涉及经济犯罪嫌疑若干问题的规定》

第五条　行为人盗窃、盗用单位的公章、业务介绍信、盖有公章的空白合同书，或者私刻单位的公章签订经济合同，骗取财物归个人占有、使用、处分或者进行其他犯罪活动构成犯罪的，单位对行为人该犯罪行为所造成的经济损失不承担民事责任。

行为人私刻单位公章或者擅自使用单位公章、业务介绍信、盖有公章的空白合同书以签订经济合同的方法进行的犯罪行为，单位有明显过错，且该过错行为与被害人的经济损失之间具有因果关系的，单位对该犯罪行为所造成的经济损失，依法应当承担赔偿责任。

14

股权如何继承？

案例

建都公司成立于 1997 年 10 月 10 日，原注册资本为 200 万元。后经多次变更，至 2007 年 9 月，建都公司注册资本为 5000 万元，其中，江苏博圣集团有限公司出资 2500 万元，启东市某建筑安装工程有限公司出资 2500 万元。

2007 年 9 月 12 日，当时的建都公司章程第二十条规定，自然人股东死亡后，其合法继承人可以继承股东资格。

自 2009 年 2 月起，建都公司实行股权改制，周渭新出资 2100 万元从江苏博圣集团有限公司受让 2100 万股股票，占注册资本的 42%，双方于 2009 年 2 月 18 日签订了股权转让合同。建都公司工商登记记载 1997 年 10 月至 2016 年 3 月法定代表人为周渭新。

建都公司自 2009 年改制以来，先后四次修改章程。其中建都公司在 2009 年 2 月 11 日、2009 年 4 月 29 日，2012 年 3 月 29 日先后进行三次章程修改，删除第二十条股东资格允许继承的条款，并在第四章第七条作出以下规定。

股东之间经股东会批准，可以相互转让其全部或者部分股权。股东不得向股东以外的人转让股权。股东出资的股份在经营期内不保本、不保息。股本金实行动态持股管理办法。对免职、调离、终止合同、退休（退休后继续任职的除外）等人员及时办理股权转让手续，由公司其他股东按原出资额受让，转让股权的股东，除公司发生累计亏损外（经会计师事务所审计确认），其持股期间每年另按出资额的8%享受公司增值资产固定回报。对不及时办理转让手续的股东，自股东会批准转让之日起不再享受分红，也不享受银行存款或贷款利息的回报。股东由于主观原因造成公司重大损失或因严重违反财经法纪，徇私舞弊，中饱私囊构成违法、违纪被处理的人员也将被取消股东资格，其股金及分红应首先用于弥补公司损失。

2015年1月，建都公司经股东会决议第四次修改公司章程，在原章程第四章第七条中增加规定：对正常到龄退休（返聘除外）、长病、长休、死亡的股东，应及时办理股权手续，股东退股时，公司累计有盈余的（经会计师事务所审计确认），持股期间按本人持股额每年享受20%以内回报。该内容作为第七条第三款。

周渭新于2011年诊断患病，2015年11月23日，在钟鸣、宋洁琼（均为复旦大学附属中山医院医护工作人员）见证下订立遗嘱，遗嘱中明确：本人去世后，投资于建都公司的股权均由本人女儿周艳继承，与股权相对应的股东权利均由周艳享有并承受。

周渭新去世后，建都公司其他股东不同意周艳成为公司股东。周艳诉至法院，要求确认其享有建都公司42%的股权（股权价值为32555万元），并要求建都公司将周艳载入股东名册、办理将上述股权变更登记至周艳名下的相应变更登记手续。

案例来源：天眼查（2016）苏民初10号民事判决书（有改动）。

律师解析

《中华人民共和国公司法》赋予了自然人股东的继承人对股东资格继承的权利，但是，亦允许公司章程对死亡股东的股权处理方式另行作出安排。

本案中，建都公司2007年9月12日章程第二十条规定，自然人股东死亡后，其合法继承人可以继承股东资格。2009 年 2 月 11 日、2009 年 4 月 29 日、2012 年 3 月 29 日建都公司章程经过三次修改，删除了 2007 年 9 月 12 日章程第二十条股东资格允许继承的条款，同时第七条规定股东不得向股东以外的人转让股权，前述章程的修订，周渭新作为法定代表人均有参与，且签字确认。公司章程作为公司的自治规则，是公司组织与活动最基本与最重要的准则，对全体股东均具有约束力。

自 2009 年起章程中删除了继承人可以继承股东资格的条款，且明确规定股东不得向股东以外的人转让股权，可以反映出建都公司具有高度的人合性和封闭性特征。虽然章程未明确规定死亡股东的股东资格不能继承，但结合章程条款反映的建都公司高度人合性和封闭性的特征以及 2015 年 1 月章程对正常到龄退休（返聘除外）、长病、长休、死亡的股东应及时办理股权手续的表述，可以认定排除股东资格继承是章程的真实意思表示。纵观建都公司章程的演变，并结合建都公司对离职人员退股的实践处理方式，法院认定公司章程已经排除了股东资格的继承，最终驳回周艳的诉讼请求。

📄 法律依据

《中华人民共和国公司法》

第七十五条　自然人股东死亡后，其合法继承人可以继承股东资格；但是，公司章程另有规定的除外。

第二章

夫妻股权

创业守业与股权激励

01

"夫妻公司"股权比例分配及风险防范

当当网的实际运营主体为北京当当科文电子商务有限公司，国家企业信用信息公示系统显示：现阶段李国庆出资额为 550.26 万元，股权比例为 27.51%；俞渝出资额为 1283.94 万元，股权比例为 64.20%；二人合计出资为 1834.2 万元，股权比例为 91.71%。

2019 年 10 月底，李国庆宣布已向法院起诉离婚，2020 年 6 月 15 日，李国庆与俞渝离婚案二次开庭。当当网，作为曾几何时风光无限的互联网电商巨头，近年来，"杯攻驱媳""票圈互撕""抢公章""撬保险柜"等争权事件愈演愈烈。两人离婚案件仍在审理过程中，公司及家庭财产分配等仍未有最终结果，毋庸置疑，在这场夫妻档争霸中，最后的腥风血雨还在路上。

另外，土豆网夫妻的离婚风波，也同样害惨了企业和投资人，与之类似的案例颇多。

案例来源：https://baijiahao.baidu.com/s?id=1671559265676878659&wfr=spider&for=pc（有改动）。

律师解析

李、俞两人离婚案背后的争议核心，在于当当网股权分配和管理权归属问题，俞渝手中公司的股权多，李国庆股权少，二人从离婚中的获利不同。"李、俞式竞争"为创业者敲响警钟："夫妻公司"应做好公司股权架构，严格进行公司制管理，要做好以下两个方面。

一方面，股权架构应利于决策，即明确控制权。《中华人民共和国公司法》规定，股东大会作出决议，必须经出席会议的股东所持表决权过半数通过。特别事项为三分之二以上通过。也就是说，如果某股东想对公司拥有核心的控制权，需要自己持有或能够控制合计 67% 以上的股权。所以，最好夫妻一方持有公司 67% 的股权，坚决避免平分股权，否则，在遇到重大事项需要表决时可能会出现夫妻双方相互掣肘的情形，对企业的发展极为不利。

　　另一方面，提前安排异常退出预案。在企业发展过程中，会遇到夫妻婚变、去世等情况。在设计公司章程时，提前做好法律应对方案，将减轻对企业造成的影响。

　　（1）婚变。这种情况较为常见，建议夫妻双方签订财产约定协议，约定股权为夫妻一方的个人财产，或者通过公司章程的设计来规避纠纷的发生。

　　（2）继承。根据《中华人民共和国公司法》的规定，自然人股东死亡后，其合法继承人可以继承股东资格。但由于公司人合性的特点，《中华人民共和国公司法》赋予了公司章程可另行约定股东资格是否可以继承的权利。因此，可在公司章程中约定，夫妻一方的继承人只继承股权中的财产权益，不继承股东资格，由公司其他股东或第三人对股权进行购买或启动公司减资程序，注销死者的股权。

　　另外，为了防止司法机关将夫妻公司认定为"一人公司"，从而导致夫妻对公司的债务承担无限责任，律师强烈建议：不要设立夫妻占100%股权的公司。

法律依据

《中华人民共和国公司法》

　　第七十一条　有限责任公司的股东之间可以相互转让其全部或者部分股权。

　　股东向股东以外的人转让股权，应当经其他股东过半数同意。股东应就其股权转让事项书面通知其他股东征求同意，其他股东自接到书面通知之日起满三十日未答复的，视为同意转让。其他股东半数以上不同意转让的，不同意的股东应当购买该转让的股权；不购买的，视为同意转让。

　　经股东同意转让的股权，在同等条件下，其他股东有优先购买权。两个以上股东主张行使优先购买权的，协商确定各自的购买比例；协商不成的，按照转让时各自的出资比例行使优先购买权。

　　公司章程对股权转让另有规定的，从其规定。

　　第七十五条　自然人股东死亡后，其合法继承人可以继承股东资格；但是，公司章程另有规定的除外。

　　第一百零三条　股东出席股东大会会议，所持每一股份有一表决权。但是，公司持有的本公司股份没有表决权。

股东大会作出决议，必须经出席会议的股东所持表决权过半数通过。但是，股东大会作出修改公司章程、增加或者减少注册资本的决议，以及公司合并、分立、解散或者变更公司形式的决议，必须经出席会议的股东所持表决权的三分之二以上通过。

《中华人民共和国民法典》

第一千零六十五条 男女双方可以约定婚姻关系存续期间所得的财产以及婚前财产归各自所有、共同所有或者部分各自所有、部分共同所有。约定应当采用书面形式。没有约定或者约定不明确的，适用本法第一千零六十二条、第一千零六十三条的规定。

夫妻对婚姻关系存续期间所得的财产以及婚前财产的约定，对双方具有法律约束力。

夫妻对婚姻关系存续期间所得的财产约定归各自所有，夫或者妻一方对外所负的债务，相对人知道该约定的，以夫或者妻一方的个人财产清偿。

第一千一百二十七条 遗产按照下列顺序继承：

（一）第一顺序：配偶、子女、父母；

（二）第二顺序：兄弟姐妹、祖父母、外祖父母。

继承开始后，由第一顺序继承人继承，第二顺序继承人不继承；没有第一顺序继承人继承的，由第二顺序继承人继承。

本编所称子女，包括婚生子女、非婚生子女、养子女和有扶养关系的继子女。

本编所称父母，包括生父母、养父母和有扶养关系的继父母。

本编所称兄弟姐妹，包括同父母的兄弟姐妹、同父异母或者同母异父的兄弟姐妹、养兄弟姐妹、有扶养关系的继兄弟姐妹。

02

婚前股权婚后转让所得，是否属于夫妻共同财产？

案例

　　贵州省黔东南州新鸿基房地产开发有限公司（以下简称 A 公司）成立于 2009 年 11 月 11 日，法定代表人为雷帮桦，注册资本为 800 万元，股东有雷帮桦、丁香锦、彭金江、吴增义四人，其中，雷帮桦持股 81%，丁香锦持股 5%，彭金江持股 5%，吴增义持股 9%。2012 年 11 月 13 日，雷帮桦等四股东与蓝鸿泽、张涛签订股权转让协议，2012 年 11 月 14 日，双方又签订股权转让补充协议书，约定股权折价 6560 万元，蓝鸿泽、张涛自 2012 年 11 月 16 日至 2013 年 11 月 13 日共向雷帮桦及其指定账户汇款 3011 万元，2013 年 1 月 16 日，双方办理了股权变更登记手续。

　　雷帮桦与谭丽于 2011 年 11 月 8 日登记结婚，后因夫妻感情破裂，谭丽于 2017 年向法院起诉离婚，并要求雷帮桦将转让股权获得收益的 50% 支付给谭丽。

　　案例来源：Alpha 法律数据库（2019）黔民终 250 号民事判决书（有改动）。

 律师解析

　　雷帮桦于 2009 年 11 月 11 日成为 A 公司股东，于 2011 年 11 月 8 日与谭丽登记结婚，雷帮桦在与谭丽登记结婚前持有的 A 公司的股权，属雷帮桦婚前个人财产。在雷帮桦与谭丽婚姻存续期间，雷帮桦转让属于其婚前个人财产的股权所取得的股权转让款，是由雷帮桦婚前个人财产转化而来的，该财产的形式虽发生了变化，但该财产所有权归属没有发生变化。即使雷帮桦持有的股权在婚后产生增值（溢价），但属于自然增值（溢价），该增值部分仍属于雷帮桦的个人财产。因此，谭丽无权要求雷帮桦支付股权转让的溢价，故法院最终判决谭丽败诉。

📖 **法律依据**

《中华人民共和国民法典》

　　第一千零六十三条　下列财产为夫妻一方的个人财产：

（一）一方的婚前财产；

（二）一方因受到人身损害获得的赔偿或者补偿；

（三）遗嘱或者赠与合同中确定只归一方的财产；

（四）一方专用的生活用品；

（五）其他应当归一方的财产。

《最高人民法院关于适用〈中华人民共和国民法典〉婚姻家庭编的解释（一）》

第二十六条　夫妻一方个人财产在婚后产生的收益，除孳息和自然增值外，应认定为夫妻共同财产。

第三十一条　民法典第一千零六十三条规定为夫妻一方的个人财产，不因婚姻关系的延续而转化为夫妻共同财产。但当事人另有约定的除外。

03

工商登记的持股比例能否视为夫妻对股权归属的约定？

> **案例** 李国庆、俞渝同为北京当当科文电子商务有限公司的股东，俞渝持股64.20%，李国庆持股27.51%。曾经伉俪情深的创业夫妻档，因种种原因进入婚姻末路，李国庆以夫妻感情破裂为由诉至法院离婚，俞渝能否以工商登记的持股比例为夫妻双方的财产约定为由，拒绝向李国庆分割股权？

案例来源：https://baijiahao.baidu.com/s?id=1669556392800392891&wfr=spider&for=pc（有改动）。

律师解析

在夫妻感情稳定的情况下，双方注册以夫妻共同财产投资的有限责任公司时，股权比例的设置往往带有一定的随意性或是仅仅出于形式上的需要，并不反映夫妻实际权益的分配。因此，工商登记中载明的夫妻持股比例并不等同于夫妻对公司财产份额归属的约定，不能简单地根据工商登记的持股比例判定股权的归属。

工商登记机关对工商登记信息仅做形式审查，对夫妻股权的归属并不进行实质审查。夫妻可以约定婚姻关系存续期间所得的财产以及婚前财产归各自所有、共同所有或部分各自所有、部分共同所有。约定应当采用书面形式。没有约定或约定不明确的，视为夫妻共同共有。因此，本案中，若李国庆、俞渝未对股权归属签订婚内财产约定协议，双方股权仍应当视为共同共有。在实际生活中，夫妻仅以一方的名义与他人共同成立企业的情况非常普遍，在这种情况下，只要夫妻没有书面约定企业股权的归属，则夫妻一方名下的股权仍应当视为夫妻的共同财产。

法律依据

《中华人民共和国民法典》

第一千零六十二条 夫妻在婚姻关系存续期间所得的下列财产，为夫妻的共同财产，归夫妻共同所有：

（一）工资、奖金、劳务报酬；

（二）生产、经营、投资的收益；

（三）知识产权的收益；

（四）继承或者受赠的财产，但是本法第一千零六十三条第三项规定的除外；

（五）其他应当归共同所有的财产。

夫妻对共同财产，有平等的处理权。

第一千零六十五条 男女双方可以约定婚姻关系存续期间所得的财产以及婚前财产归各自所有、共同所有或者部分各自所有、部分共同所有。约定应当采用书面形式。没有约定或者约定不明确的，适用本法第一千零六十二条、第一千零六十三条的规定。

夫妻对婚姻关系存续期间所得的财产以及婚前财产的约定，对双方具有法律约束力。

夫妻对婚姻关系存续期间所得的财产约定归各自所有，夫或者妻一方对外所负的债务，相对人知道该约定的，以夫或者妻一方的个人财产清偿。

《中华人民共和国公司登记管理条例》

第二十条 设立有限责任公司，应当由全体股东指定的代表或者共同委托的代理人向公司登记机关申请设立登记……申请设立有限责任公司，应当向公司登记机关提交下列文件：

（一）公司法定代表人签署的设立登记申请书；

（二）全体股东指定代表或者共同委托代理人的证明；

（三）公司章程；

（四）股东的主体资格证明或者自然人身份证明；

（五）载明公司董事、监事、经理的姓名、住所的文件以及有关委派、选举或者聘用的证明；

（六）公司法定代表人任职文件和身份证明；

（七）企业名称预先核准通知书；

（八）公司住所证明；

（九）国家工商行政管理总局规定要求提交的其他文件。

法律、行政法规或者国务院决定规定设立有限责任公司必须报经批准的，还应当提交有关批准文件。

04

夫妻一方擅自转让股权是否有效力？

案例

2007 年 10 月 24 日，赵丽莉与刘丙玉登记结婚。2008 年 1 月 30 日，郑州海高物流有限公司登记成立。仰曙光为法定代表人，出资占 55%；刘丙玉出资占 45%。2015 年 5 月 4 日，刘丙玉（甲方）与王信（乙方）签订了一份《郑州海高物流有限公司股权转让协议》，主要约定：甲方同意将持有的郑州海高物流有限公司 15% 的股权转让给乙方，出资转让于 2015 年 5 月 4 日完成等。2015 年 5 月 15 日，郑州海高物流有限公司股东由仰曙光、刘丙玉变更为仰曙光、王信，仰曙光出资占 85%，王信出资占 15%。

2015 年 6 月 30 日，赵丽莉诉至法院，请求判令：①刘丙玉（甲方）与王信（乙方）之间的股权转让协议无效；②变更股权登记于刘丙玉名下。

法院经审理，判决：刘丙玉与王信于 2015 年 5 月 4 日签订的《郑州海高物流有限公司股权转让协议》无效；王信于判决生效后十日内将其取得的郑州海高物流有限公司 15% 的股权变更登记至刘丙玉名下；刘丙玉于本判决生效后十日内返还王信 4500 元转让金。

案例来源：中国裁判文书网（2015）郑民一终字第 2000 号民事判决书（有改动）。

 **律师解析**

　　夫妻一方擅自转让夫妻共有的股权，损害了另一方的财产权益，一般认定转让行为无效，但是，同时符合以下两个条件，转让行为有效：一是股权转让合同不属于《中华人民共和国民法典》规定的无效民事法律行为；二是股权受让人善意取得股权。

　　本案中，王信与赵丽莉和刘丙玉均系朋友关系，相识多年且知道赵丽莉与刘丙玉夫妻关系一直不好的实际情况，故王信对于刘丙玉所持有的郑州海高物流有限公司15%的股权系夫妻共同财产应当明知。刘丙玉、王信未提供证据证明股权转让事前已征得赵丽莉同意，且事后亦未获得赵丽莉的追认，王信不符合善意取得股权的条件，故刘丙玉擅自处分夫妻共同财产，损害了赵丽莉的合法权益，法院支持了赵丽莉确认转让协议无效的诉讼请求。

 法律依据

《中华人民共和国民法典》

　　第一百四十四条　无民事行为能力人实施的民事法律行为无效。

　　第一百四十六条　行为人与相对人以虚假的意思表示实施的民事法律行为无效。以虚假的意思表示隐藏的民事法律行为的效力，依照有关法律规定处理。

　　第一百五十三条　违反法律、行政法规的强制性规定的民事法律行为无效。但是，该强制性规定不导致该民事法律行为无效的除外。

　　违背公序良俗的民事法律行为无效。

　　第一百五十四条　行为人与相对人恶意串通，损害他人合法权益的民事法律行为无效。

　　第一百五十七条　民事法律行为无效、被撤销或者确定不发生效力后，行为人因该行为取得的财产，应当予以返还；不能返还或者没有必要返还的，应当折价补偿。有过错的一方应当赔偿对方由此所受到的损失；各方都有过错的，应当各自承担相应的责任。法律另有规定的，依照其规定。

　　第一千零六十二条　夫妻在婚姻关系存续期间所得的下列财产，为夫妻的共同财产，归夫妻共同所有：

　　（一）工资、奖金、劳务报酬；

　　（二）生产、经营、投资的收益；

（三）知识产权的收益；

（四）继承或者受赠的财产，但是本法第一千零六十三条第三项规定的除外；

（五）其他应当归共同所有的财产。夫妻对共同财产，有平等的处理权。

《最高人民法院关于适用〈中华人民共和国民法典〉婚姻家庭编的解释（一）》

第二十五条　婚姻关系存续期间，下列财产属于民法典第一千零六十二条规定的"其他应当归共同所有的财产"：

（一）一方以个人财产投资取得的收益；

（二）男女双方实际取得或者应当取得的住房补贴、住房公积金；

（三）男女双方实际取得或者应当取得的基本养老金、破产安置补偿费。

05

离婚时如何处理"夫妻公司"？

案例

牛某、胡某于 1999 年经人介绍认识，2001 年 7 月 6 日登记结婚。2012 年，牛某、胡某共同投资设立杭州顺邦电气设备有限公司（以下简称顺邦公司），股东为夫妻二人，各持百分之五十的股权，胡某任公司法定代表人。后因夫妻感情危机，双方自 2015 年 10 月起开始分居，分居后，顺邦公司一直由牛某经营管理。

2015 年 10 月 21 日，牛某起诉离婚，法院判决不准双方离婚。根据法院调取的顺邦公司资产负债表，截至 2015 年 12 月 31 日，该公司所有者权益（或股东权益）合计 461317.14 元。

2016 年 7 月 11 日，胡某起诉离婚，要求顺邦公司归牛某所有，牛某向胡某补偿共计人民币 230658.57 元。一审法院判决胡某名下顺邦公司的股权归牛某所有，牛某向胡某支付股权转让款 230658.57 元。

牛某不服，认为其客观上不能实际经营管理顺邦公司，胡某系该公司法定代表人，持有公司印章，一审法院强行判决公司归牛某所有，其不能完成变更登记，并且一审法院仅凭一份资产负债表认定公司财产为 461317.14 元，既无事实依据，又无法律依据，上诉要求判令牛某、胡某平均持有顺邦公司股权。

二审法院经审理，判决维持一审法院该项判决结果。

案例来源：中国裁判文书网（2016）豫 17 民终 2041 号民事判决书（有改动）。

 **律师解析**

离婚案件中"夫妻公司"的处理，要注意与《中华人民共和国公司法》的有关规定相衔接，可以考虑以下三种情形。

（1）离婚后夫妻双方都有经营能力，并且都愿意继续共同经营的，可根据《最高人民法院关于适用〈中华人民共和国民法典〉婚姻家庭编的解释（一）》中有关处理夫妻财产的规定，直接分割双方的股权比例。

（2）夫妻双方都要求解散清算公司，则可以在清算后对公司剩余财产按照《最高人民法院关于适用〈中华人民共和国民法典〉婚姻家庭编的解释（一）》中有关规定进行分割。

（3）夫妻一方要求保留公司，另一方要求退出公司并获得相应补偿的，可以考虑通过折价补偿的方式来解决，既能使退出一方的补偿获得实现，又能使公司继续存续下去。

本案中，顺邦公司为牛某、胡某共同投资设立的有限责任公司，股东为夫妻二人，双方各持百分之五十的股权。根据法院调取的顺邦公司资产负债表，截至 2015 年 12 月 31 日，该公司所有者权益（或股东权益）合计 461317.14 元，法院据此认定该公司股权具备分配条件，并依据该资产负债表对双方股份进行折价分配。

虽然该公司的法定代表人为胡某，但自 2015 年 10 月后，该公司一直由牛某经营管理，故对于该"夫妻公司"利用折价补偿（夫妻一方退回股权给另一方，另一方根据公司财产情况折价补偿给一方）的方式，最终判令由牛某继续经营管理公司。

📖 **法律依据**

《中华人民共和国民法典》

第一千零六十二条　夫妻在婚姻关系存续期间所得的下列财产，为夫妻的共同财产，归夫妻共同所有：

（一）工资、奖金、劳务报酬；

（二）生产、经营、投资的收益；

（三）知识产权的收益；

（四）继承或者受赠的财产，但是本法第一千零六十三条第三项规定的除外；

（五）其他应当归共同所有的财产。

夫妻对共同财产，有平等的处理权。

《最高人民法院关于适用〈中华人民共和国民法典〉婚姻家庭编的解释（一）》

第七十二条　夫妻双方分割共同财产中的股票、债券、投资基金份额等有价证券以及未上市股份有限公司股份时，协商不成或者按市价分配有困难的，人民法院可以根据数量按比例分配。

第七十三条　人民法院审理离婚案件，涉及分割夫妻共同财产中以一方名义在有限责任公司的出资额，另一方不是该公司股东的，按以下情形分别处理：

（一）夫妻双方协商一致将出资额部分或者全部转让给该股东的配偶，其他股东过半数同意，并且其他股东均明确表示放弃优先购买权的，该股东的配偶可以成为该公司股东；

（二）夫妻双方就出资额转让份额和转让价格等事项协商一致后，其他股东半数以上不同意转让，但愿意以同等条件购买该出资额的，人民法院可以对转让出资所得财产进行分割。其他股东半数以上不同意转让，也不愿意以同等条件购买该出资额的，视为其同意转让，该股东的配偶可以成为该公司股东。

用于证明前款规定的股东同意的证据，可以是股东会议材料，也可以是当事人通过其他合法途径取得的股东的书面声明材料。

第七十五条　夫妻以一方名义投资设立个人独资企业的，人民法院分割夫妻在该个人独资企业中的共同财产时，应当按照以下情形分别处理：

（一）一方主张经营该企业的，对企业资产进行评估后，由取得企业资产所有权一方给予另一方相应的补偿；

（二）双方均主张经营该企业的，在双方竞价基础上，由取得企业资产所有权的一方给予另一方相应的补偿；

（三）双方均不愿意经营该企业的，按照《中华人民共和国个人独资企业法》等有关规定办理。

《中华人民共和国公司法》

第七十一条　有限责任公司的股东之间可以相互转让其全部或者部分股权。

股东向股东以外的人转让股权，应当经其他股东过半数同意。股东应就其股权转让事项书面通知其他股东征求同意，其他股东自接到书面通知之日起满三十日未答复的，视为同意转让。其他股东半数以上不同意转让的，不同意的股东应当购买该转让的股权；不购买的，视为同意转让。

经股东同意转让的股权，在同等条件下，其他股东有优先购买权。两个以上股东主张行使优先购买权的，协商确定各自的购买比例；协商不成的，按照转让时各自的出资比例行使优先购买权。

公司章程对股权转让另有规定的，从其规定。

06

离婚时如何分割登记在夫妻一方名下的有限公司股权？

案例

苏州市永星房地产有限公司（现已改名为苏州市永星鸿福物业管理有限公司，以下简称永星公司）成立于 1995 年 8 月 17 日，注册资本为 1018.8 万元，其中陈永康出资 815.04 万元，顾德洪出资 203.76 万元。

2005 年 10 月 31 日，经苏州工商行政管理局新区分局核准，注册资本变更为 2118.8 万元，股东变更为陈永康、陈倬萱（女）、陈淳，其中陈永康出资 1087.4 万元，陈倬萱出资 770.4 万元（占股 36.4%），陈淳出资 261 万元。

陈倬萱与蒋及宇于 2001 年结婚，于 2007 年 4 月 17 日协议离婚，离婚协议书上约定，双方在公司的股权归男方。后经蒋及宇多次催促，陈倬萱不同意转让其在永星公司的股权。

2014 年 9 月 4 日，蒋及宇诉至法院，要求：①确认其在永星公司拥有 36.4% 的股权；②永星公司、陈倬萱、陈永康、陈淳办理股权变更手续。

庭审中，陈永康、陈淳明确其均不同意将陈倬萱在永星公司的股权转让给蒋及宇，也不同意购买。

经审理，法院最终判决：陈倬萱持有的永星公司 36.4% 股权（实缴出资额为 770.4 万元）归蒋及宇所有；永星公司于本判决生效之日起十日内至苏州工商行政管理局新区分局办理股权变更登记手续，将陈倬萱持有的 36.4% 的股权变更至蒋及宇名下；陈倬萱、陈永康、陈淳承担协助配合义务。

案例来源：Alpha 法律数据库（2016）苏 05 民终 7381 号民事判决书（有改动）。

律师解析

离婚案件中，涉及分割登记在夫妻一方名下的有限责任公司股权时，若夫妻双方就转让份额和转让价格协商一致，转让股东应当就股权转让事宜书面征求其他股东的意见。其他股东同意转让，放弃优先购买权的，另一方可以成为该公司的股东；其他股东不同意转让，愿意以同等价格购买该出资额的，人民法院可以对转让出资所得财产进行分割；其他股东不同意转让，又不同意以同等价格购买出资额的，视为同意转让，另一方可以成为该公司的股东。

本案中，蒋及宇与陈倬萱在离婚协议书上约定男女双方在公司的股权归男方，双方就股权转让事宜已协商一致，陈永康、陈淳均不同意转让也不同意购买，故法院最终判决陈倬萱持有的永星公司36.4%的股权（实缴出资额为770.4万元）归蒋及宇所有，永星公司及其他股东协助办理股权变更手续。

法律依据

《中华人民共和国民法典》

第一千零六十二条　夫妻在婚姻关系存续期间所得的下列财产，为夫妻的共同财产，归夫妻共同所有：

（一）工资、奖金、劳务报酬；

（二）生产、经营、投资的收益；

（三）知识产权的收益；

（四）继承或者受赠的财产，但是本法第一千零六十三条第三项规定的除外；

（五）其他应当归共同所有的财产。

夫妻对共同财产，有平等的处理权。

《最高人民法院关于适用〈中华人民共和国民法典〉婚姻家庭编的解释（一）》

第七十三条　人民法院审理离婚案件，涉及分割夫妻共同财产中以一方名义在有限责任公司的出资额，另一方不是该公司股东的，按以下情形分别处理：

（一）夫妻双方协商一致将出资额部分或者全部转让给该股东的配偶，其他股东过半数同意，并且其他股东均明确表示放弃优先购买权的，该股东的配偶可以成为该公司股东；

（二）夫妻双方就出资额转让份额和转让价格等事项协商一致后，其他股东半数以上不同意转让，但愿意以同等条件购买该出资额的，人民法院可以对转让出资所得财产进行分割。其他股东半数以上不同意转让，也不愿意以同等条件购买该出资额的，视为其同意转让，该股东的配偶可以成为该公司股东。

用于证明前款规定的股东同意的证据，可以是股东会议材料，也可以是当事人通过其他合法途径取得的股东的书面声明材料。

《中华人民共和国公司法》

第七十一条　有限责任公司的股东之间可以相互转让其全部或者部分股权。

股东向股东以外的人转让股权，应当经其他股东过半数同意。股东应就其股权转让事项书面通知其他股东征求同意，其他股东自接到书面通知之日起满三十日未答复的，视为同意转让。其他股东半数以上不同意转让的，不同意的股东应当购买该转让的股权；不购买的，视为同意转让。

经股东同意转让的股权，在同等条件下，其他股东有优先购买权。两个以上股东主张行使优先购买权的，协商确定各自的购买比例；协商不成的，按照转让时各自的出资比例行使优先购买权。

公司章程对股权转让另有规定的，从其规定。

第三章

持股比例的法律意义

创业守业与股权激励

01

持股比例与股东权利

表 3-1   持股比例与股东权利

持股比例	含义	解释	相关法律依据
67%	绝对控制线	能掌控股东会，通过所有股东会决议	《中华人民共和国公司法》第四十三条
51%	相对控制线	除 7 类事项外，拥有决策权（7 类事项为：修改公司章程、增加注册资本、减少注册资本、公司合并、公司分立、公司解散、变更公司形式）	《中华人民共和国公司法》第四十三条、第一百零三条
34%	股东捣蛋线	对股东会的 7 类事项（同上）决策拥有一票否决权	《中华人民共和国公司法》第四十三条
30%	上市公司要约收购线	收购人持已发行股份的 30%，继续增加持股的，应采取要约方式进行	《上市公司收购管理办法》第二十四条、《中华人民共和国证券法》第六十五条
20%	权益变动报告线	收购超过 20%，需披露详式权益变动报告书	《上市公司收购管理办法》第十七条
10%	股东大会召集线、申请公司解散线	拥有申请法院解散公司和召集临时股东会的权利	《中华人民共和国公司法》第三十九条、第四十条、第一百条、第一百零一条、第一百八十二条
5%	重大股权变动警示线	持有上市公司股票 5% 以上股东需要披露交易信息	《上市公司收购管理办法》第十三条、《中华人民共和国证券法》第六十三条
3%	股东临时提案线	可在股东大会召开十日前提出临时提案	《中华人民共和国公司法》第一百零二条

续　表

持股比例	含义	解释	相关法律依据
1%	股东代位诉讼线	当董事、高级管理人员侵害公司利益时，有权提起诉讼	《中华人民共和国公司法》第一百五十一条

附法律规定：

《中华人民共和国公司法》第四十三条　股东会的议事方式和表决程序，除本法有规定的外，由公司章程规定。股东会会议作出修改公司章程、增加或者减少注册资本的决议，以及公司合并、分立、解散或者变更公司形式的决议，必须经代表三分之二以上表决权的股东通过。

《中华人民共和国公司法》第一百零三条　股东出席股东大会会议，所持每一股份有一表决权。但是，公司持有的本公司股份没有表决权。

股东大会作出决议，必须经出席会议的股东所持表决权过半数通过。但是，股东大会作出修改公司章程、增加或者减少注册资本的决议，以及公司合并、分立、解散或者变更公司形式的决议，必须经出席会议的股东所持表决权的三分之二以上通过。

《上市公司收购管理办法》第二十四条　通过证券交易所的证券交易，收购人持有一个上市公司的股份达到该公司已发行股份的30%时，继续增持股份的，应当采取要约方式进行，发出全面要约或者部分要约。

《中华人民共和国证券法》第六十五条　通过证券交易所的证券交易，投资者持有或者通过协议、其他安排与他人共同持有一个上市公司已发行的有表决权股份达到百分之三十时，继续进行收购的，应当依法向该上市公司所有股东发出收购上市公司全部或者部分股份的要约。

收购上市公司部分股份的要约应当约定，被收购公司股东承诺出售的股份数额超过预定收购的股份数额的，收购人按比例进行收购。

《上市公司收购管理办法》第十七条　投资者及其一致行动人拥有权益的股份达到或者超过一个上市公司已发行股份的20%但未超过30%的，应当编制详式权益变动报告书。

《中华人民共和国公司法》第三十九条　股东会会议分为定期会议和临时会议。
定期会议应当依照公司章程的规定按时召开。代表十分之一以上表决权的股东，三分之一以上的董事，监事会或者不设监事会的公司的监事提议召开临时会议的，应当召开临时会议

续　表

《中华人民共和国公司法》第四十条　有限责任公司设立董事会的，股东会会议由董事会召集，董事长主持；董事长不能履行职务或者不履行职务的，由副董事长主持；副董事长不能履行职务或者不履行职务的，由半数以上董事共同推举一名董事主持。

有限责任公司不设董事会的，股东会会议由执行董事召集和主持。

董事会或者执行董事不能履行或者不履行召集股东会会议职责的，由监事会或者不设监事会的公司的监事召集和主持；监事会或者监事不召集和主持的，代表十分之一以上表决权的股东可以自行召集和主持。

《中华人民共和国公司法》第一百条　股东大会应当每年召开一次年会。有下列情形之一的，应当在两个月内召开临时股东大会：（一）董事人数不足本法规定人数或者公司章程所定人数的三分之二时；（二）公司未弥补的亏损达实收股本总额三分之一时；（三）单独或者合计持有公司百分之十以上股份的股东请求时；（四）董事会认为必要时；（五）监事会提议召开时；（六）公司章程规定的其他情形。

《中华人民共和国公司法》第一百零一条　股东大会会议由董事会召集，董事长主持；董事长不能履行职务或者不履行职务的，由副董事长主持；副董事长不能履行职务或者不履行职务的，由半数以上董事共同推举一名董事主持。

董事会不能履行或者不履行召集股东大会会议职责的，监事会应当及时召集和主持；监事会不召集和主持的，连续九十日以上单独或者合计持有公司百分之十以上股份的股东可以自行召集和主持。

《中华人民共和国公司法》第一百八十二条　公司经营管理发生严重困难，继续存续会使股东利益受到重大损失，通过其他途径不能解决的，持有公司全部股东表决权百分之十以上的股东，可以请求人民法院解散公司。

《上市公司收购管理办法》第十三条　通过证券交易所的证券交易，投资者及其一致行动人拥有权益的股份达到一个上市公司已发行股份的5%时，应当在该事实发生之日起3日内编制权益变动报告书，向中国证监会、证券交易所提交书面报告，通知该上市公司，并予公告；在上述期限内，不得再行买卖该上市公司的股票，但中国证监会规定的情形除外。

前述投资者及其一致行动人拥有权益的股份达到一个上市公司已发行股份的5%后，通过证券交易所的证券交易，其拥有权益的股份占该上市公司已发行股份的比例每增加或者减少5%，应当依照前款规定进行报告和公告。在该事实发生之日起至公告后3日内，不得再行买卖该上市公司的股票，但中国证监会规定的情形除外。

前述投资者及其一致行动人拥有权益的股份达到一个上市公司已发行股份的5%后，其拥有权益的股份占该上市公司已发行股份的比例每增加或者减少1%，应当在该事实发生的次日通知该上市公司，并予公告。

违反本条第一款、第二款的规定买入在上市公司中拥有权益的股份的，在买入后的36个月内，对该超过规定比例部分的股份不得行使表决权

续　表

《中华人民共和国证券法》第六十三条　通过证券交易所的证券交易，投资者持有或者通过协议、其他安排与他人共同持有一个上市公司已发行的有表决权股份达到百分之五时，应当在该事实发生之日起三日内，向国务院证券监督管理机构、证券交易所作出书面报告，通知该上市公司，并予公告，在上述期限内不得再行买卖该上市公司的股票，但国务院证券监督管理机构规定的情形除外。

投资者持有或者通过协议、其他安排与他人共同持有一个上市公司已发行的有表决权股份达到百分之五后，其所持该上市公司已发行的有表决权股份比例每增加或者减少百分之五，应当依照前款规定进行报告和公告，在该事实发生之日起至公告后三日内，不得再行买卖该上市公司的股票，但国务院证券监督管理机构规定的情形除外。

投资者持有或者通过协议、其他安排与他人共同持有一个上市公司已发行的有表决权股份达到百分之五后，其所持该上市公司已发行的有表决权股份比例每增加或者减少百分之一，应当在该事实发生的次日通知该上市公司，并予公告。

违反第一款、第二款规定买入上市公司有表决权的股份的，在买入后的三十六个月内，对该超过规定比例部分的股份不得行使表决权。

《中华人民共和国公司法》第一百零二条　单独或者合计持有公司百分之三以上股份的股东，可以在股东大会召开十日前提出临时提案并书面提交董事会；董事会应当在收到提案后二日内通知其他股东，并将该临时提案提交股东大会审议。临时提案的内容应当属于股东大会职权范围，并有明确议题和具体决议事项。

《中华人民共和国公司法》第一百五十一条　董事、高级管理人员有本法第一百四十九条规定的情形的，有限责任公司的股东、股份有限公司连续一百八十日以上单独或者合计持有公司百分之一以上股份的股东，可以书面请求监事会或者不设监事会的有限责任公司的监事向人民法院提起诉讼；监事有本法第一百四十九条规定的情形的，前述股东可以书面请求董事会或者不设董事会的有限责任公司的执行董事向人民法院提起诉讼。

监事会、不设监事会的有限责任公司的监事，或者董事会、执行董事收到前款规定的股东书面请求后拒绝提起诉讼，或者自收到请求之日起三十日内未提起诉讼，或者情况紧急、不立即提起诉讼将会使公司利益受到难以弥补的损害的，前款规定的股东有权为了公司的利益以自己的名义直接向人民法院提起诉讼。

他人侵犯公司合法权益，给公司造成损失的，本条第一款规定的股东可以依照前两款的规定向人民法院提起诉讼

02

股东持股比例过于均衡的不良后果及应对

案例

　　2016 年 1 月 1 日刘某、张某、郭某三人出资设立一家印刷有限公司，公司注册资本为 300 万元，刘某出资 102 万元，持公司股权的 34%，张某出资 102 万元，持公司股权的 34%，郭某用设备出资，持公司股权的 32%。2019 年 1 月 1 日，经过公司三年的持续发展，郭某认为公司的资金情况已经不能满足发展的需要，必须增加注册资本以满足公司的资金需求，同时调整股东的出资比例。于是，郭某按照公司章程规定的程序和规则召开股东会，提出了章程修正案，会议上，刘某同意郭某的意见，但张某表示反对，本次会议能否通过章程修正案呢？

律师解析

　　(1) 该印刷公司能否修改公司章程，主要看该公司的章程对公司重大事项表决权是如何规定的，如该公司章程使用的是格式化的模板，没有关于此类事宜表决权的特别规定，则应当适用《中华人民共和国公司法》的规定。根据《中华人民共和国公司法》第一百零三条的规定：股东大会作出修改公司章程、增加或者减少注册资本的决议，以及公司合并、分立、解散或者变更公司形式的决议，必须经出席会议的股东所持代表权的三分之二以上通过。关于修改公司章程属于重大事项，需要经代表三分之二以上表决权的股东通过，张某持股 34%，因其反对，本次会议无法通过章程修正案，这 34% 的股权相当于一票否决权。

　　根据公司的发展规律，通常情况下，公司处于创业阶段时，企业家所占股权以 67% 以上为宜。当企业进入发展阶段时，企业家的股权应当占 51% 以上。而到了扩张期，企业家所占股权最好是 34% 以上。三分之二以上表决权能够通过关乎公司生死存亡的事宜，那么如果其中一个股东持有超过三分之一的股权，另一方也就无法达到三分之二以上表决权，如此之下，持有大于或等于34%的股权便控制了公司的生命线，具有重大事项的"一票否决权"。当然，如果是对其他仅需过半数通过的事宜，就无法一票否决了。当然，如果公司章程对公司的表决权——控制权有特别的规定，则上述67%、51%、34%的比例可能就失去了上述作用。

（2）本案例的持股比例，可以被称为"平衡股权结构"，平衡股权结构是指公司的大股东之间的股权比例相当接近，这种股权结构容易产生以下后果：形成公司僵局，无法形成有效的股东会决议；激化股东矛盾；导致公司控制权与利益索取权的失衡。为了避免此种情况的发生，发起人在创立公司之初，应尽量不要把股权分配得过于均衡。如果出现了公司僵局，则持有公司全部股东表决权百分之十以上的股东，可以请求人民法院解散公司，避免公司的利益持续受损。

 法律依据

《中华人民共和国公司法》

第四十三条　股东会的议事方式和表决程序，除本法有规定的外，由公司章程规定。

股东会会议作出修改公司章程、增加或者减少注册资本的决议，以及公司合并、分立、解散或者变更公司形式的决议，必须经代表三分之二以上表决权的股东通过。

第一百八十二条　公司经营管理发生严重困难，继续存续会使股东利益受到重大损失，通过其他途径不能解决的，持有公司全部股东表决权百分之十以上的股东，可以请求人民法院解散公司。

《最高人民法院关于适用〈中华人民共和国公司法〉若干问题的规定（二）》

第一条　单独或者合计持有公司全部股东表决权百分之十以上的股东，以下列事由之一提起解散公司诉讼，并符合公司法第一百八十三条规定的，人民法院应予受理：

（一）公司持续两年以上无法召开股东会或者股东大会，公司经营管理发生严重困难的；

（二）股东表决时无法达到法定或者公司章程规定的比例，持续两年以上不能做出有效的股东会或者股东大会决议，公司经营管理发生严重困难的；

（三）公司董事长期冲突，且无法通过股东会或者股东大会解决，公司经营管理发生严重困难的；

（四）经营管理发生其他严重困难，公司继续存续会使股东利益受到重大损失的情形。

股东以知情权、利润分配请求权等权益受到损害，或者公司亏损、财产不足以偿还全部债务，以及公司被吊销企业法人营业执照未进行清算等为由，提起解散公司诉讼的，人民法院不予受理。

03

持股比例与表决权、分红权比例必须一致吗？

案例

2020 年 10 月 1 日，王某、田某和郭某三人商定成立一家装修设计有限公司，公司注册资本为 100 万元。三人起草的公司章程对出资比例、表决权和分红权规定如下：王某出资 40 万元，持公司股权的 40%，拥有公司 51% 的表决权，享有 45% 的分红权；田某出资 30 万元，持公司股权的 30%，拥有 30% 的表决权，享有 30% 的分红权；郭某出资 30 万元，持公司股权的 30%，拥有 19% 的表决权，享有 25% 的分红权。那么，此案例中的公司章程规定有效吗？持股比例与表决权、分红权比例必须一致吗？

律师解析

持股比例与表决权、分红权比例可以不一致。有限责任公司拥有人合属性，也有资合属性。有限责任公司与股份有限公司最大的区别在于：有限责任公司可以同股不同权——公司股东的持股比例、表决权比例和分红比例原则上应当相同，但例外情况下可以不同，主要看该公司章程如何规定，若章程进行了规定，依照章程行使表决权和分红权，若没有进行规定，则股东按照出资比例行使表决权和分红权。因此，上述案例中的公司章程规定是有效的，是可以在工商管理部门登记备案的。

法律依据

《中华人民共和国公司法》

第四十二条　股东会会议由股东按照出资比例行使表决权；但是，公司章程另有规定的除外。

第三十四条　股东按照实缴的出资比例分取红利；公司新增资本时，股东有权优先按照实缴的出资比例认缴出资。但是，全体股东约定不按照出资比例分取红利或者不按照出资比例优先认缴出资的除外。

04

分"股"不分"权"的股权架构

案例

根据阿里巴巴在香港交易所上市时公告的招股说明书，阿里巴巴上市后，马云仅持有 6.1% 的股份，但这并没有阻碍马云牢牢控制阿里巴巴，更没有阻挡他多次成为中国首富。

京东数字科技控股股份有限公司（现改名为京东科技控股股份有限公司，以下简称京东）创始人刘强东，在 2016 年 7 月 17 日中央电视台财经频道《对话》栏目中表示：如果不能控制这家公司，我宁愿把它卖掉。根据京东港股招股说明书，刘强东虽然仅持有公司 15.1% 的股权，但投票权占 78.4%，依然牢牢掌控着京东。

2018 年 7 月 9 日，小米集团在香港交易所上市，根据招股说明书，创始人雷军持有小米集团 31.4124% 的股份，但投票权所占比例为 55.7%，成为首家在香港上市的"同股不同权"（AB 股）的公司。

律师解析

通常公司的股权结构为同股同权，但是在英美法系下存在着同股不同权的股权结构，即管理层试图以较少的资本控制整个公司，公司的股票被赋予高、低两种投票权。高投票权股票每股具有 N 票的投票权，主要由管理层持有；低投票权股票由一般股东持有，1股只有1票投票权，甚至没有投票权。高投票权股票一般流动性较差，一旦流通出售，即转为低投票权股票。

在常见的公司股权架构下，创始人为实现分"股"不分"权"，采取的方式有"金字塔架构""一致行动人""委托投票""公司章程控制"和"优先股"等。

所谓的"金字塔架构"是指公司实际控制人通过间接持股形成一个金字塔式的控制链，从而实现对该公司的控制。简单来讲，就是公司实际控制人控制第一层公司，第一层公司控制第二层公司，以此类推，公司实际控制人通过多个层次的公司控制链条取得对目标公司的最终控制权。举一个简单的例子，通过查询工商登记信息，天士力医药集团股份有限公司第一大股东为天士力控股集团有限公司（占股45.18%）；天士力控股集团有限公司控股股东为天津天士力大健康产业投资集团有限公司（占股67.084%）；天津天士力大健康产业投资集团有限公司控股股东为天津富华德科技开发有限公司（占股51%）；天津富华德科技开发有限公司控股股东为闫凯镜（占股70%）。从上边一层一层的控制关系可以看出，闫凯境及其父亲闫希军对天士力的控制层级为4级。为什么要分这么多层级呢？简单来讲就是通过较少的投资，控制最终的目标公司，实现分"股"不分"权"。

"一致行动人"是指公司几个股东之间签署一致行动人协议，或通过其他安排，共同扩大其所能够支配的一个公司表决权数量的行为或事实。这相当于在公司股东会之外又建立一个有法律保障的"小股东会"。每次股东会表决时，有关各方可以在"小股东会"中先讨论出一个结果作为各方对外表决的唯一结果，简单来讲就是抱团一致对外。

"委托投票"是指股东在股东大会召开之前，把投票权转给出席股东大会的其他人来行使。

"公司章程控制"是指通过公司章程规定实现分"股"不分"权"。

"优先股"是指在一般的普通股票种类之外，法律法规另行规定的其他种类股票，该股份持有人有权分配公司利润和剩余财产，但参与公司决策管理等权限受到限制。可以公开发行优先股的公司限于证监会规定的上市公司；非公开发行优先股的公司限于上市公司（含注册地在境内的境外上市公司）和非上市公众公司。

法律依据

《中华人民共和国公司法》

第一百零六条　股东可以委托代理人出席股东大会会议，代理人应当向公司提交股东授权委托书，并在授权范围内行使表决权。

第二百一十六条　本法下列用语的含义：

（一）高级管理人员，是指公司的经理、副经理、财务负责人，上市公司董事会秘书和公司章程规定的其他人员。

（二）控股股东，是指其出资额占有限责任公司资本总额百分之五十以上或者其持有的股份占股份有限公司股本总额百分之五十以上的股东；出资额或者持有股份的比例虽然不足百分之五十，但依其出资额或者持有的股份所享有的表决权已足以对股东会、股东大会的决议产生重大影响的股东。

（三）实际控制人，是指虽不是公司的股东，但通过投资关系、协议或者其他安排，能够实际支配公司行为的人。

（四）关联关系，是指公司控股股东、实际控制人、董事、监事、高级管理人员与其直接或者间接控制的企业之间的关系，以及可能导致公司利益转移的其他关系。但是，国家控股的企业之间不仅因为同受国家控股而具有关联关系。

第三十四条　股东按照实缴的出资比例分取红利；公司新增资本时，股东有权优先按照实缴的出资比例认缴出资。但是，全体股东约定不按照出资比例分取红利或者不按照出资比例优先认缴出资的除外。

第四十二条　股东会会议由股东按照出资比例行使表决权；但是，公司章程另有规定的除外。

《中华人民共和国合伙企业法》

第三十条　合伙人对合伙企业有关事项作出决议，按照合伙协议约定的表决办法办理。合伙协议未约定或者约定不明确的，实行合伙人一人一票并经全体合伙人过半数通过的表决办法。本法对合伙企业的表决办法另有规定的，从其规定。

《上市公司收购管理办法》

第八十三条　本办法所称一致行动，是指投资者通过协议、其他安排，与其他投资者共同扩大其所能够支配的一个上市公司股份表决权数量的行为或者事实。

在上市公司的收购及相关股份权益变动活动中有一致行动情形的投资者，互为一致行动人。如无相反证据，投资者有下列情形之一的，为一致行动人：

（一）投资者之间有股权控制关系；

（二）投资者受同一主体控制；

（三）投资者的董事、监事或者高级管理人员中的主要成员，同时在另一个投资者担任董事、监事或者高级管理人员；

（四）投资者参股另一投资者，可以对参股公司的重大决策产生重大影响；

（五）银行以外的其他法人、其他组织和自然人为投资者取得相关股份提供融资安排；

（六）投资者之间存在合伙、合作、联营等其他经济利益关系；

（七）持有投资者 30% 以上股份的自然人，与投资者持有同一上市公司股份；

（八）在投资者任职的董事、监事及高级管理人员，与投资者持有同一上市公司股份；

（九）持有投资者 30% 以上股份的自然人和在投资者任职的董事、监事及高级管理人员，其父母、配偶、子女及其配偶、配偶的父母、兄弟姐妹及其配偶、配偶的兄弟姐妹及其配偶等亲属，与投资者持有同一上市公司股份；

（十）在上市公司任职的董事、监事、高级管理人员及其前项所述亲属同时持有本公司股份的，或者与其自己或者其前项所述亲属直接或者间接控制的企业同时持有本公司股份；

（十一）上市公司董事、监事、高级管理人员和员工与其所控制或者委托的法人或者其他组织持有本公司股份；

（十二）投资者之间具有其他关联关系。

一致行动人应当合并计算其所持有的股份。投资者计算其所持有的股份，应当包括登记在其名下的股份，也包括登记在其一致行动人名下的股份。投资者认为其与他人不应被视为一致行动人的，可以向中国证监会提供相反证据。

《国务院关于开展优先股试点的指导意见》

一、优先股股东的权利与义务

（一）优先股的含义。优先股是指依照公司法，在一般规定的普通种类股份之外，另行规定的其他种类股份，其股份持有人优先于普通股股东分配公司利润和剩余财产，但参与公司决策管理等权利受到限制。

除本指导意见另有规定以外，优先股股东的权利、义务以及优先股股份的管理应当符合公司法的规定。试点期间不允许发行在股息分配和剩余财产分配上具有不同优先顺序的优先股，但允许发行在其他条款上具有不同设置的优先股。

（五）表决权限制。除以下情况外，优先股股东不出席股东大会会议，所持股份没有表决权：（1）修改公司章程中与优先股相关的内容；（2）一次或累计减少公司注册资本超过百分之十；（3）公司合并、分立、解散或变更公司形式；（4）发行优先股；（5）公司章程规定的其他情形。上述事项的决议，除须经出席会议的普通股股东（含表决权恢复的优先股股东）所持表决权的三分之二以上通过之外，还须经出席会议的优先股股东（不含表决权恢复的优先股股东）所持表决权的三分之二以上通过。

第四章

股权代持

创业守业与股权激励

01

股权代持及常见形式

案例　　李总欲购买朋友范总在乌鲁木齐市的某公司 10% 的股份，但因其长期居于广东，不想以后因为股份交易的事情经常奔波，故选择让在乌鲁木齐市工作的远亲小张代持自己的股份，由范总与小张签订股权转让协议。李总与小张及该公司的其他股东之间均未签订书面协议。两年后，小张因自己生意失败缺少资金，私自将代持的股权转让给该公司的其他股东，遂发生纠纷。

律师解析

　　股权代持是指实际出资人与他人约定，以他人名义代替实际出资人持有公司股份，并接受实际出资人的委托履行相应的股东权利义务的一类股权处分方式。

　　本案例中，李总与小张就是股权代持的关系，李总是隐名股东，小张是显名股东。

　　股权代持关系中，主要涉及三个方面的权利义务关系：①名义出资人与实际出资人的内部关系；②名义出资人、实际出资人与其他股东的外部法律关系；③其他债权人等与名义出资人和实际出资人之间的外部法律关系。

　　股权代持的关系，一般由双方协商一致并签订股权代持协议。名义出资人作为实际出资人的代理人参与公司的管理，享有股东的各项权利，履行股东的各项义务。

　　在实践中，不同的公司中，隐名股东的隐匿程度是不同的，这导致隐名股东的法律地位和实际地位有所不同，进而导致法律的后果不同。常见情况有如下三种：

　　（1）除显名股东外，其他全部股东均不知道存在隐名股东；

　　（2）公司部分股东知道隐名股东的存在并签订协议认可隐名股东的身份；

　　（3）公司全体股东均知道隐名股东的存在并签订协议认可隐名股东的身份。

　　为公平、公正地保护各方利益，在股权代持的法律关系中，隐名股东、显名股东及其他股东之间，最好均签订相关的书面合同，明确各方的权利义务，确保不出现大的问题。

俗话说，"良心丧于困地，道德败于无形"，任何一项商业交易，均需要讲规则，并将规则书面化，以避免不必要的纠纷。

📑 **法律依据**

《最高人民法院关于适用〈中华人民共和国公司法〉若干问题的规定（三）》

第二十四条　有限责任公司的实际出资人与名义出资人订立合同，约定由实际出资人出资并享有投资权益，以名义出资人为名义股东，实际出资人与名义股东对该合同效力发生争议的，如无合同法第五十二条①规定的情形，人民法院应当认定该合同有效。

02
股权代持的风险

> **案例**
>
> 2009 年 8 月 17 日，陈达建、谢军与温泉补签股权代持协议，协议约定：温泉所有的韦加公司股权中的 105.26 万股份的实际出资人和所有人为陈达建、谢军，温泉仅是依据协议代陈达建、谢军持有韦加公司股份。
>
> 温泉增持了韦加公司股份，于 2009 年 9 月 11 日完成股份增持工商变更登记，将 2009 年 5 月 18 日温泉在韦加公司出资额 770 万元的工商登记，变更为出资额 1510 万元的工商登记。
>
> 2009 年 10 月 19 日，谢军将其所有的全部韦加公司价值 10 万元的股份转让给陈达建，谢军不再持有韦加公司股份，并通知温泉。
>
> 2012 年 12 月 26 日，温泉将其名下的韦加公司货币出资额从 1510 万元减少为 1280 万元。2014 年 11 月 13 日，温泉将其名下的韦加公司的全部出资额 1280 万元，转让给于保宏、渭南公司，每一出资股权转让价格为 6 元，转让总价款为 7680 万元，并于 2014 年 11 月 14 日收到受让人支付的转让总价款 6000 万元，于同年 12 月 1 日与受让人完成工商变更登记手续。前述转让股权行为，温泉未经陈达建书面同意。

案例来源：中国裁判文书网（2016）川民终 908 号民事判决书（有改动）。

---

① 《中华人民共和国合同法》已废止。该法律条文对应《中华人民共和国民法典》第一百四十四条、第一百四十六条、第一百五十三条和第一百五十四条，具体内容见本书 65 页。

律师解析

股权代持的主要风险在于代持过程中的信息不对称，其次在于道德和法律。本案中，温泉未经实际出资人同意，将代持的股份转让的行为明显是违法的，严重侵害了陈达建的合法权益，陈达建可以诉诸法律维护自身的合法权益，但是，温泉的行为给陈达建造成的损失可能永远都无法全部挽回。下面，我们来看一下股权代持的风险以及如何尽量地规避该风险。

一、股权代持存在的主要风险

1. 股权代持效力问题

《最高人民法院关于适用〈中华人民共和国公司法〉若干问题的规定（三）》对股权代持协议的效力给予了肯定，即代持协议只要不符合《中华人民共和国合同法》第五十二条规定的情形，应当认定协议有效，反之则无效。如果合同无效，或者无书面代持协议，将来很可能给各方带来诉讼方面的麻烦。

本案中，如果陈达建、谢军是公务员身份，则代持关系就是无效的；如果公司从事的是法律禁止的生意，如买卖毒品、枪支等，则股权代持也是无效的。

2. 名义股东恶意处分股权及相关权利

名义股东私自将公司的股权收益占为己有，或未经实际投资人同意处分股权，或未经实际投资人授权滥用股东权利等，都会对实际出资人产生极为严重的危害。尽管《最高人民法院关于适用〈中华人民共和国公司法〉若干问题的规定（三）》赋予实际投资人救济权，但也很难保证实际投资人的利益不受损害。

3. 实际出资人的股东资格可能无法确定

我国现行的法规未对实际出资人资格的认定进行明确规定，仅《最高人民法院关于适用〈中华人民共和国公司法〉若干问题的规定（三）》规定，实际出资人想要显名并成为工商注册的股东，必须经公司其他股东半数以上同意，因此，一旦实际出资人与代持人发生矛盾，实际出资人较难维权。

4. 出资瑕疵造成的风险

股权代持中，名义股东也会存在一定的风险。比如，当实际出资人未按照认缴出资额出资的，在公司资产不足以清偿债务时，名义股东应当在未足额出资的范围内承担补充责任。

二、如何规避股权代持的风险？

1. 实际出资人如何规避风险？

实际出资人的风险主要集中在股东资格认定及股东合法权利的保护层面。第一，应签订书面的股权代持协议；第二，股权代持协议要符合相关法律的规定；第三，在签订股权代持协议之前或签订时，将股权代持的事宜告知公司及其他股东并取得告知的证据，让其他股权签字认可该代持行为，最大限度地保障实际出资人的权利；第四，股权代持期间的各种行为，应当留存好相关证据，尽量避免纠纷的产生，且在纠纷发生时有据可查。

2. 名义股东如何规避风险？

名义股东的风险主要体现在实际出资人出资瑕疵或对外承担责任的情况，对于这种情况有以下两种解决方案：第一，名义股东可在签订股权代持协议中规定实际出资人的义务，并约定相应的违约责任，一旦需要对外承担责任时，应当由实际出资人承担责任，实际出资人若逃避承担责任需要承担较重的违约责任；第二，名义股东可要求实际出资人提供相应的财产或者担保人作为担保，一旦发生实际出资人违约的情形，名义股东能够最快速地获得救济补偿。

法律依据

《中华人民共和国民法典》

第一百四十四条　无民事行为能力人实施的民事法律行为无效。

第一百四十六条　行为人与相对人以虚假的意思表示实施的民事法律行为无效。

第一百五十三条　违反法律、行政法规的强制性规定的民事法律行为无效。但是，该强制性规定不导致该民事法律行为无效的除外。违背公序良俗的民事法律行为无效。

第一百五十四条　行为人与相对人恶意串通，损害他人合法权益的民事法律行为无效。

[上述四条法律条文对应原《中华人民共和国合同法》第五十二条 有下列情形之一的，合同无效：（一）一方以欺诈、胁迫的手段订立合同，损害国家利益；（二）恶意串通，损害国家、集体或者第三人利益；（三）以合法形式掩盖非法目的；（四）损害社会公共利益；（五）违反法律、行政法规的强制性规定。]

《最高人民法院关于适用〈中华人民共和国公司法〉若干问题的规定（三）》

第二十四条　有限责任公司的实际出资人与名义出资人订立合同，约定由实际出资人出资并享有投资权益，以名义出资人为名义股东，实际出资人与名义股东对该合同效力发生争议的，如无合同法第五十二条规定的情形，人民法院应当认定该合同有效。

前款规定的实际出资人与名义股东因投资权益的归属发生争议，实际出资人以其实际履行了出资义务为由向名义股东主张权利的，人民法院应予支持。名义股东以公司股东名册记载、公司登记机关登记为由否认实际出资人权利的，人民法院不予支持。

实际出资人未经公司其他股东半数以上同意，请求公司变更股东、签发出资证明书、记载于股东名册、记载于公司章程并办理公司登记机关登记的，人民法院不予支持。

第二十五条　名义股东将登记于其名下的股权转让、质押或者以其他方式处分，实际出资人以其对于股权享有实际权利为由，请求认定处分股权行为无效的，人民法院可以参照物权法第一百零六条的规定处理。

名义股东处分股权造成实际出资人损失，实际出资人请求名义股东承担赔偿责任的，人民法院应予支持。

第二十六条　公司债权人以登记于公司登记机关的股东未履行出资义务为由，请求其对公司债务不能清偿的部分在未出资本息范围内承担补充赔偿责任，股东以其仅为名义股东而非实际出资人为由进行抗辩的，人民法院不予支持。

名义股东根据前款规定承担赔偿责任后，向实际出资人追偿的，人民法院应予支持。

03

实际出资人出资瑕疵时代持人的责任

2012 年 8 月 24 日,由贤德公司发起,与另外九人共同出资 1 亿元的中凯小贷公司登记设立。2013 年 11 月 8 日,股东张胜、罗晓勇分别与贤德公司签订股权代持协议,约定:张胜将其持有的中凯小贷公司全部的 10% 股权交给贤德公司代为持有,罗晓勇将其持有的中凯小贷公司 10% 股权中的 5% 股权交给贤德公司代为持有。

本案中,除李君华、谢东、王明城之外的六人均系借款出资。中凯小贷公司在验资后将 1 亿元注册资金立即转出 99015050.50 元,法院调取的证据证明其中 3600 余万元又最终回款至出资借款人账户,即注入资本随即转出。现债权人认为该行为构成抽逃出资,要求股东在抽逃出资本息范围内对公司债务不能清偿的部分承担补充赔偿责任。贤德公司提交证据证明其仅为名义股东而非实际出资人,全部股东同意贤德公司不对中凯小贷公司经营及债务承担责任。

法院认为,贤德公司系设立时的登记股东,对外产生公示公信效力,登记股东不得以其与实际出资人之间的内部约定对抗公司外部债权人,因此,判决贤德公司承担补齐出资责任。

案例来源:中国裁判文书网(2016)鄂民终 1351 号民事判决书(有改动)。

 **律师解析**

在股权代持中实际出资人没有履行出资义务、履行出资不到位或抽逃出资的情况下,一般而言,名义股东作为公司注册登记的股东,对外需要以其持有的出资比例承担出资义务,不能依据股权代持协议对抗其法定责任。名义股东需根据公司其他股东以下两种具体情况承担不同的责任。

第一,公司其他股东均明知股权代持行为。此时,在实际出资人未完全履行出资的情况下,其他股东应结合有限责任公司的人合性和公司的实际管理及收益归属,认定应当由谁履行出资义务。其他股东可以依照法律规定的股权内部转让规则，将实际出资人显名化，即将实际出资人变为公司的实际股东，以此防止在实际出资人未完全履行出资责任的情况下，名义股东承担不应当承担的出资责任，可以更大限度地保障名义股东的权益，也有益于公司的平稳运行。

第二，其他股东不知股权代持的情况。当出现实际出资人未完全履行出资义务时，名义股东作为公司公示的股东，其应当对实际出资人未履行的出资承担补齐责任。在名义股东代替实际出资人履行出资义务后，其有权向实际出资人追偿。

 法律依据

《最高人民法院关于适用〈中华人民共和国公司法〉若干问题的规定（三）》

第二十四条　有限责任公司的实际出资人与名义出资人订立合同，约定由实际出资人出资并享有投资权益，以名义出资人为名义股东，实际出资人与名义股东对该合同效力发生争议的，如无合同法第五十二条规定的情形，人民法院应当认定该合同有效。

前款规定的实际出资人与名义股东因投资权益的归属发生争议，实际出资人以其实际履行了出资义务为由向名义股东主张权利的，人民法院应予支持。名义股东以公司股东名册记载、公司登记机关登记为由否认实际出资人权利的，人民法院不予支持。

实际出资人未经公司其他股东半数以上同意，请求公司变更股东、签发出资证明书、记载于股东名册、记载于公司章程并办理公司登记机关登记的，人民法院不予支持。

第二十六条　公司债权人以登记于公司登记机关的股东未履行出资义务为由，请求其对公司债务不能清偿的部分在未出资本息范围内承担补充赔偿责任，股东以其仅为名义股东而非实际出资人为由进行抗辩的，人民法院不予支持。

名义股东根据前款规定承担赔偿责任后，向实际出资人追偿的，人民法院应予支持。

04

名义股东擅自转让代持股权怎么办？

朱某任职于甲有限公司，其作为一家建筑材料生产公司，经营业务与乙公司相同。朱某在未告知乙公司的情况下，以孙某的名义购买了乙公司10%的股权，并通过签订股权代持协议，将乙公司10%的股权交予孙某代持，孙某的个人信息记载于乙公司的工商登记档案上。2015年6月，孙某私自将其代持的全部股份以市价转让给不知情的沙某，同年10月办理了公司及工商股东变更登记。2015年8月，孙某又私自将该股权转让给不知情的唐某，但未办理工商登记。朱某知晓后，以股权代持协议为依据要求乙公司将其列为股东，遭到乙公司股东会拒绝，朱某遂将孙某诉至法院，主张孙某转让股权的行为无效，并返还朱某10%的股权。诉讼中，唐某对朱某的诉讼请求提出异议。

律师解析

一般而言，在股权代持的过程中，虽然实际出资人享有实际的股权利益，但名义上是由名义股东持有股权，名义股东私自处分股权给实际出资人造成损失的，实际出资人可以要求名义股东赔偿损失。但对于名义股东无权处分的股权是否可以追回，可以分为两种情况。第一种情况，股权的善意取得不能追回。名义股东将其代持的股权转让、出质给第三人时，如果第三人对名义股东的代持行为不知情，且在尽到合理的注意义务并支付了合理的对价的情况下，第三人属于法律意义上的"善意取得"，此种情形下，实际出资人不能要求股权受让人返还股权，仅能要求名义股东为此承担赔偿责任；第二种情况，非善意取得的股权可以追回。若名义股东转让、出质的行为存在不合理之处，或受让人应当注意到转让行为的异常但未注意到的，或未支付股权转让对价或支付对价明显偏低，或公司其他股东明知股权代持人未取得授权，仍与股权受让人串通办理股权转让的，该股权转让的行为应被法院认定无效，实际出资人可以要求受让人返还股权。当然，实际出资人也可以要求代持股东和股权受让人等人进行赔偿。

本案中，名义股东孙某在转让股权后办理登记前，又将股权转让给唐某，唐某对该"股权再处分"行为的救济办法类似于实际出资人的救济办法：如果唐某对孙某已转让股权的行为不知情，且已经尽到合理的注意义务并支付了合理的对价的情况下，属于"善意取得"。唐某在追究孙某的赔偿责任时，如果乙公司的董事、高级管理人员等人对股权变更登记有过错的，也应当对唐某的损失承担相应的责任。

 法律依据

《最高人民法院关于适用〈中华人民共和国公司法〉若干问题的规定（三）》

第二十四条　实际出资人未经公司其他股东半数以上同意，请求公司变更股东、签发出资证明书、记载于股东名册、记载于公司章程并办理公司登记机关登记的，人民法院不予支持。

第二十五条　名义股东将登记于其名下的股权转让、质押或者以其他方式处分，实际出资人以其对于股权享有实际权利为由，请求认定处分股权行为无效的，人民法院可以参照物权法第一百零六条的规定处理。

名义股东处分股权造成实际出资人损失，实际出资人请求名义股东承担赔偿责任的，人民法院应予支持。

第二十七条　股权转让后尚未向公司登记机关办理变更登记，原股东将仍登记于其名下的股权转让、质押或者以其他方式处分，受让股东以其对于股权享有实际权利为由，请求认定处分股权行为无效的，人民法院可以参照物权法第一百零六条的规定处理。

原股东处分股权造成受让股东损失，受让股东请求原股东承担赔偿责任、对于未及时办理变更登记有过错的董事、高级管理人员或者实际控制人承担相应责任的，人民法院应予支持；受让股东对于未及时办理变更登记也有过错的，可以适当减轻上述董事、高级管理人员或者实际控制人的责任。

05

冒名股东与股权代持的区别

> **案例**　　吴某于 2018 年 6 月 19 日收到法院向其送达的裁定书，裁定书因吴某工商登记为甲公司股东，认定吴某抽逃甲公司出资。经甲公司的债权人曹某申请，法院将吴某追加为被执行人。吴某认为，自己从来不是甲公司的股东，也没有代替其他人持有甲公司的股份，自己不应当承担任何责任，遂向法院提起以曹某为被告、以甲公司为第三人的执行异议之诉。

律师解析

冒名股东是指未经他人同意，擅自使用他人信息，利用他人名义作为公司股东的违法行为。简单地说，被冒名股东就是被伪造工商信息成为他人公司股东的"人"，该"人"可以是自然人，也可以是法人或其他组织。被冒名股东与名义股东具有一定的相同点：都不实际出资，都不享有实际股权权益，都可能承担法律责任。但二者有着根本不同的两点特征。

第一，是否经当事人的许可。"擅自使用他人信息"这一特征就说明冒名股东是根本区别于股权代持的，股权代持是在他人许可的情况下以他人的名义持有公司的股份，名义股东可以随时知晓持有股权公司的发展状况；而在冒名股东中，被冒名股东对作为公司股东的事情毫不知情，大部分被冒名股东发现自己被冒名的原因，一般都是冒名公司对外存在涉诉案件。

第二，是否损害民事权益。股权代持是经协商一致达成了股权代持协议而确认的，当公司发生纠纷涉及名义股东时，名义股东可以该协议为依据要求实际出资人承担股东责任，大多案件不会造成名义股东的权益受损；但公司股东的冒名行为一定会干扰到被冒名股东的日常生活，被冒名股东可能不知不觉中就需要面临承担公司连带债务、受到行政处罚、涉及民事纠纷、被列入限制高消费或失信人名单的法律风险。

因此，对被冒名股东的法律救济就显得非常重要。对于冒名股东的处理，在法律层面上，均有一定的规定。《中华人民共和国公司法》和《最高人民法院关于适用〈中华人民共和国公司法〉若干问题的规定（三）》对冒名股东的处理均作出规定。现今，被冒名股东往往会通过提起执行异议之诉来解决问题，但在执行异议之诉案件中，法官往往要综合考虑工商登记信息、实际经营情况等问题，也会出现问题不能圆满解决的情况。

本案中，如果吴某确实对自己成为甲公司股东的事情不知情，也没有签署与甲公司相关的文件，则吴某最终是不需要承担法律责任的。但是，如果吴某是代替某人持有公司股权，或在该公司工作，对自己是甲公司股东的事情应当知情，则吴某可能需要承担相应的法律责任。

法律依据

《中华人民共和国公司法》

第一百九十八条　违反本法规定，虚报注册资本、提交虚假材料或者采取其他欺诈手段隐瞒重要事实取得公司登记的，由公司登记机关责令改正，对虚报注册资本的公司，处以虚报注册资本金额百分之五以上百分之十五以下的罚款；对提交虚假材料或者采取其他欺诈手段隐瞒重要事实的公司，处以五万元以上五十万元以下的罚款；情节严重的，撤销公司登记或者吊销营业执照。

《最高人民法院关于适用〈中华人民共和国公司法〉若干问题的规定（三）》

第二十八条　冒用他人名义出资并将该他人作为股东在公司登记机关登记的，冒名登记行为人应当承担相应责任；公司、其他股东或者公司债权人以未履行出资义务为由，请求被冒名登记为股东的承担补足出资责任或者对公司债务不能清偿部分的赔偿责任的，人民法院不予支持。

《市场监管总局关于撤销冒用他人身份信息取得公司登记的指导意见》

三、审慎作出撤销登记决定

登记机关调查认定冒名登记基本事实清楚，或者公司和相关人员无法取得联系或不配合调查且公示期内无利害关系人提出异议，登记机关认为冒名登记成立的，应依法作出撤销登记决定。

人民法院生效判决或裁定已认定冒名登记事实的，登记机关应作出撤销登记决定。公安、税务、金融、人力资源社会保障等相关部门出具书面意见不同意撤销登记，或者撤销登记可能对公共利益造成重大损害的，登记机关应作出不予撤销登记决定。

登记机关应将撤销（不予撤销）登记决定送达冒名登记的公司及被冒用人。在调查过程中已发现公司通过登记住所或经营场所无法联系的，可以直接采取公告方式送达该公司。

第五章

公司的"三会一层"

创业守业与股权激励

01

什么是公司的"三会一层"？

律师解析

公司的"三会一层"是指公司的组织机构，全称为法人治理机构。"三会"是指股东会或股东大会、董事会、监事会，"一层"是指公司高级管理层。

我国的公司组织形式分为有限责任公司和股份有限公司，这两种公司形式都有"三会一层"。有效的公司法人治理机构是现代企业制度建设的核心，设置"三会一层"能提高内部人员履职的专业性和有效性。

目前一些公司从股东到高级管理层，各利益相关方均未形成正确的治理理念，特别是大股东、董事会、高级管理层没有养成权力制衡、监督制约的习惯，制衡机制薄弱，治理边界不清，治理驱动力不足，对自身的治理状况缺乏清晰认识。

适合自己的才是最好的。"三会一层"涉及四者关系，四者间既不能缺位，也不能越位，更不能错位。推动各公司规范法人治理机构，让"三会一层"各司其职、有效制衡、协调运作，已成为眼下公司治理的重点。

02

股东会和股东大会的含义及主要权利义务

律师解析

有限责任公司的股东会或者股份有限公司的股东大会，均由公司全体股东组成，是公司的权力机构。

《中华人民共和国公司法》对股东会或股东大会的权利和义务作出明确规定。

法律依据

《中华人民共和国公司法》

第三十六条　有限责任公司股东会由全体股东组成。股东会是公司的权力机构，依照本法行使职权。

第九十八条　股份有限公司股东大会由全体股东组成。股东大会是公司的权力机构，依照本法行使职权。

第三十七条　股东会行使下列职权：

（一）决定公司的经营方针和投资计划；

（二）选举和更换非由职工代表担任的董事、监事，决定有关董事、监事的报酬事项；

（三）审议批准董事会的报告；

（四）审议批准监事会或者监事的报告；

（五）审议批准公司的年度财务预算方案、决算方案；

（六）审议批准公司的利润分配方案和弥补亏损方案；

（七）对公司增加或者减少注册资本作出决议；

（八）对发行公司债券作出决议；

（九）对公司合并、分立、解散、清算或者变更公司形式作出决议；

（十）修改公司章程；

（十一）公司章程规定的其他职权。

对前款所列事项股东以书面形式一致表示同意的，可以不召开股东会会议，直接作出决定，并由全体股东在决定文件上签名、盖章。

第九十九条　本法第三十七条第一款关于有限责任公司股东会职权的规定，适用于股份有限公司股东大会。

第六十一条　一人有限责任公司不设股东会。股东作出本法第三十七条第一款所列决定时，应当采用书面形式，并由股东签名后置备于公司。

第六十六条　国有独资公司不设股东会，由国有资产监督管理机构行使股东会职权。国有资产监督管理机构可以授权公司董事会行使股东会的部分职权，决定公司的重大事项，但公司的合并、分立、解散、增加或者减少注册资本和发行公司债券，必须由国有资产监督管理机构决定；其中，重要的国有独资公司合并、分立、解散、申请破产的，应当由国有资产监督管理机构审核后，报本级人民政府批准。

前款所称重要的国有独资公司，按照国务院的规定确定。

03

监事会的含义及权利义务

律师解析

除股东人数较少或者规模较小的有限责任公司外，监事会是《中华人民共和国公司法》规定的股份有限公司和有限责任公司均须设置的公司监督机构，监事会成员由股东（大）会和公司职工选举产生并向股东（大）会负责，对公司财务以及公司董事、经理和其他高级管理人员履行职责的行为进行监督，维护公司及股东的合法权益。

法律依据

《中华人民共和国公司法》

第五十一条　有限责任公司设监事会，其成员不得少于三人。股东人数较少或者规模较小的有限责任公司，可以设一至二名监事，不设监事会。

监事会应当包括股东代表和适当比例的公司职工代表，其中职工代表的比例不得低于三分之一，具体比例由公司章程规定。监事会中的职工代表由公司职工通过职工代表大会、职工大会或者其他形式民主选举产生。

监事会设主席一人，由全体监事过半数选举产生。监事会主席召集和主持监事会会议；监事会主席不能履行职务或者不履行职务的，由半数以上监事共同推举一名监事召集和主持监事会会议。

董事、高级管理人员不得兼任监事。

第五十二条　监事的任期每届为三年。监事任期届满，连选可以连任。

监事任期届满未及时改选，或者监事在任期内辞职导致监事会成员低于法定人数的，在改选出的监事就任前，原监事仍应当依照法律、行政法规和公司章程的规定，履行监事职务。

第一百一十七条　股份有限公司设监事会，其成员不得少于三人。

监事会应当包括股东代表和适当比例的公司职工代表，其中职工代表的比例不得低于三分之一，具体比例由公司章程规定。监事会中的职工代表由公司职工通过职工代表大会、职工大会或者其他形式民主选举产生。

监事会设主席一人，可以设副主席。监事会主席和副主席由全体监事过半数选举产生。监事会主席召集和主持监事会会议；监事会主席不能履行职务或者不履行职务的，由监事会副主席召集和主持监事会会议；监事会副主席不能履行职务或者不履行职务的，由半数以上监事共同推举一名监事召集和主持监事会会议。

董事、高级管理人员不得兼任监事。

本法第五十二条关于有限责任公司监事任期的规定，适用于股份有限公司监事。

第五十三条　监事会、不设监事会的公司的监事行使下列职权：

（一）检查公司财务；

（二）对董事、高级管理人员执行公司职务的行为进行监督，对违反法律、行政法规、公司章程或者股东会决议的董事、高级管理人员提出罢免的建议；

（三）当董事、高级管理人员的行为损害公司的利益时，要求董事、高级管理人员予以纠正；

（四）提议召开临时股东会会议，在董事会不履行本法规定的召集和主持股东会会议职责时召集和主持股东会会议；

（五）向股东会会议提出提案；

（六）依照本法第一百五十一条的规定，对董事、高级管理人员提起诉讼；

（七）公司章程规定的其他职权。

第五十四条　监事可以列席董事会会议，并对董事会决议事项提出质询或者建议。

监事会、不设监事会的公司的监事发现公司经营情况异常，可以进行调查；必要时，可以聘请会计师事务所等协助其工作，费用由公司承担。

04

公司高级管理人员的义务及任职资格

2020 年，阿里巴巴集团的蒋凡遭除名是个大新闻。阿里巴巴集团内部调查组就阿里巴巴集团对如涵电商的投资以及张大奕所有淘宝、天猫店铺的入驻、活动、引流、交易等做了全面的内、外部调查，确认蒋凡无任何利益输送行为。但调查组认为，蒋凡在公司的重要岗位上，因个人家庭问题处理不当，引发严重舆论危机，给公司声誉造成重大影响。经阿里巴巴集团管理层讨论决定对蒋凡作以下处分：①由管理层提议并得到合伙人委员会批准，取消阿里合伙人身份；②记过处分；③职级从 M7（资深副总裁）降级到 M6（副总裁）；④取消上一财年度所有奖励。

蒋凡并不是阿里巴巴集团第一位被重罚的高级管理人员。据不完全统计，近年来，阿里巴巴集团有多位高级管理人员因内部反腐"下课"。

2011 年 2 月 21 日，阿里巴巴 B2B 公司宣布，为维护公司"客户第一"的价值观及诚信原则，公司 CEO（首席执行官）卫哲、COO（首席运营官）李旭晖引咎辞职。

2012 年，阿里巴巴集团公告称，自 2011 年年中起，有关聚划算在招商过程中存在招商不规范、牟取不当利益的举报不断。阿里巴巴集团内部调查发现部分事实属实，时任聚划算总经理的阎利珉立即被解职。2012 年 7 月 5 日，阎利珉因涉嫌非国家工作人员受贿罪被杭州警方刑事拘留，一年后，被法院以受贿罪判处有期徒刑 7 年。

2014 年，阿里巴巴集团原人力资源部副总裁王凯，因非法收受或者索取他人好处费共计 260 万余元，被判处有期徒刑 8 年 6 个月，并处没收财产人民币 10 万元。

案例来源：https://www.cqcb.com/wealth/2020 - 04 - 27/2359978_pc.html（有改动）。

律师解析

　　高级管理人员是指在公司管理层中担任重要职务、负责公司经营管理、掌握公司重要信息的人员，具体包括经理、副经理、财务负责人、上市公司董事会秘书和公司章程规定的其他人员。

　　有限责任公司的董事会有权决定聘任或者解聘公司经理及其报酬事项，并根据经理的提名决定聘任或者解聘公司副经理、财务负责人及其报酬事项。其他高级管理人员的选任由公司章程具体约定。

　　高级管理人员的权利由公司章程进行规定，其应遵守法律、行政法规和公司章程，对公司负有忠实义务和勤勉义务，不得利用职权收受贿赂或者取得其他非法收入，不得侵占公司的财产。

　　不得担任公司的董事、监事、高级管理人员的人员有两类，第一类是法律明确规定的人员，第二类是公司章程或公司制度规定的不得担任董事、监事、高级管理人员的人员。

法律依据

《中华人民共和国公司法》

　　第一百四十六条　有下列情形之一的，不得担任公司的董事、监事、高级管理人员：

　　（一）无民事行为能力或者限制民事行为能力；

　　（二）因贪污、贿赂、侵占财产、挪用财产或者破坏社会主义市场经济秩序，被判处刑罚，执行期满未逾五年，或者因犯罪被剥夺政治权利，执行期满未逾五年；

　　（三）担任破产清算的公司、企业的董事或者厂长、经理，对该公司、企业的破产负有个人责任的，自该公司、企业破产清算完结之日起未逾三年；

　　（四）担任因违法被吊销营业执照、责令关闭的公司、企业的法定代表人，并负有个人责任的，自该公司、企业被吊销营业执照之日起未逾三年；

　　（五）个人所负数额较大的债务到期未清偿。

　　公司违反前款规定选举、委派董事、监事或者聘任高级管理人员的，该选举、委派或者聘任无效。

董事、监事、高级管理人员在任职期间出现本条第一款所列情形的，公司应当解除其职务。

第一百四十七条　董事、监事、高级管理人员应当遵守法律、行政法规和公司章程，对公司负有忠实义务和勤勉义务。

董事、监事、高级管理人员不得利用职权收受贿赂或者其他非法收入，不得侵占公司的财产。

第一百四十八条　董事、高级管理人员不得有下列行为：

（一）挪用公司资金；

（二）将公司资金以其个人名义或者以其他个人名义开立账户存储；

（三）违反公司章程的规定，未经股东会、股东大会或者董事会同意，将公司资金借贷给他人或者以公司财产为他人提供担保；

（四）违反公司章程的规定或者未经股东会、股东大会同意，与本公司订立合同或者进行交易；

（五）未经股东会或者股东大会同意，利用职务便利为自己或者他人谋取属于公司的商业机会，自营或者为他人经营与所任职公司同类的业务；

（六）接受他人与公司交易的佣金归为己有；

（七）擅自披露公司秘密；

（八）违反对公司忠实义务的其他行为。

董事、高级管理人员违反前款规定所得的收入应当归公司所有。

第一百四十九条　董事、监事、高级管理人员执行公司职务时违反法律、行政法规或者公司章程的规定，给公司造成损失的，应当承担赔偿责任。

第一百五十条　股东会或者股东大会要求董事、监事、高级管理人员列席会议的，董事、监事、高级管理人员应当列席并接受股东的质询。

董事、高级管理人员应当如实向监事会或者不设监事会的有限责任公司的监事提供有关情况和资料，不得妨碍监事会或者监事行使职权。

05

出资瑕疵影响股东的知情权吗？

案例

　　上海某机械科技开发有限公司（以下简称科技公司）有两个股东，李某是大股东，占股70%，李某任该科技公司的法定代表人、执行董事、总经理，孙某是小股东，占股30%，在公司任副总经理。

　　孙某对2017年度的分红有异议，要求详细查看公司财务账册，但李某认为，孙某承诺的出资并未缴足，其权利应当被限制，因此，不同意孙某查看公司的账册。孙某认为李某侵害了他的股东权利，故以李某不许其对科技公司的财务状况进行监督等为由，将科技公司和李某告上法庭，要求查阅、复制科技公司自成立以来的会计类账簿、会计凭证、会计报表及经营往来明细（含所有合同及未入账部分）。

律师解析

　　本案涉及出资瑕疵股东的知情权问题。公司因股东未履行出资义务、履行出资义务不足、抽逃出资等出资瑕疵，拒绝其行使对公司事务的知情权是错误的。股东知情权纠纷与股东出资纠纷属于不同的法律关系，违反出资义务只导致股东承担补足责任和违约责任。李某和科技公司可以在本案之外向孙某主张权利。因此，虽然孙某出资不足，但这不影响工商登记确认的股东资格，不影响其作为股东行使知情权。

法律依据

《中华人民共和国公司法》

　　第三十三条　股东有权查阅、复制公司章程、股东会会议记录、董事会会议决议、监事会会议决议和财务会计报告。

　　股东可以要求查阅公司会计账簿。股东要求查阅公司会计账簿的，应当向公司提出书面请求，说明目的。公司有合理根据认为股东查阅会计账簿有不正当目的，可能损害公司合法利益的，可以拒绝提供查阅，并应当自股东提出书面请求之日起十五日内书面答复股东并说明理由。公司拒绝提供查阅的，股东可以请求人民法院要求公司提供查阅。

第九十七条　股东有权查阅公司章程、股东名册、公司债券存根、股东大会会议记录、董事会会议决议、监事会会议决议、财务会计报告，对公司的经营提出建议或者质询。

06

股东能推翻股东会决议吗？

案例

2020 年 10 月，江西久龙汇实业有限公司股东赖某向瑞金市人民法院提出诉讼，请求撤销公司于 2020 年 7 月 31 日作出的股东会会议记录以及 2020 年 8 月 3 日作出的股东会决议。原告赖某主张上述两次股东会会议未按照《中华人民共和国公司法》第四十一条第一款"召开股东会会议，应当于会议召开十五日前通知全体股东"的规定以及公司章程第十一条"在会议召开 15 日前向各股东履行通知义务"的规定。而且，两次股东会会议的议题均未事先告知股东。经法院开庭审理，2020 年 12 月 7 日，瑞金市人民法院作出撤销被告江西久龙汇实业有限公司于 2020 年 8 月 3 日形成的股东会决议的判决。

案例来源：中国裁判文书网（2020）赣 0781 民初 4451 号民事判决书（有改动）。

🔍 律师解析

本案的争议焦点在于：无论是根据该公司章程的规定还是根据《中华人民共和国公司法》第四十一条第一款的规定，被告召开的两次股东会会议均未按规定通知作为股东的原告赖某参加，原告赖某也因未得到通知而未参加这两次股东会会议，据此形成的《江西久龙汇实业有限公司股东会决议》应予撤销。至于 2020 年 7 月 31 日的股东会会议记录，因会议记录系对会议内容的记载，故不存在撤销的问题。

要想撤销股东会决议，需要同时满足以下两个条件：

（1）股东会的召集程序、表决方式违反法律、行政法规或者公司章程，或者股东会决议内容违反了公司章程的规定；

（2）股东自决议作出之日起六十日内，请求人民法院撤销，超过这个期限，撤销权丧失。

 法律依据

《中华人民共和国公司法》

第二十二条　公司股东会或者股东大会、董事会的决议内容违反法律、行政法规的无效。

股东会或者股东大会、董事会的会议召集程序、表决方式违反法律、行政法规或者公司章程，或者决议内容违反公司章程的，股东可以自决议作出之日起六十日内，请求人民法院撤销。

公司根据股东会或者股东大会、董事会决议已办理变更登记的，人民法院宣告该决议无效或者撤销该决议后，公司应当向公司登记机关申请撤销变更登记。

第四十一条　召开股东会会议，应当于会议召开十五日前通知全体股东；但是，公司章程另有规定或者全体股东另有约定的除外。

《最高人民法院关于适用〈中华人民共和国公司法〉若干问题的规定（四）》

第二条　依据民法典第八十五条、公司法第二十二条第二款请求撤销股东会或者股东大会、董事会决议的原告，应当在起诉时具有公司股东资格。

第三条　原告请求确认股东会或者股东大会、董事会决议不成立、无效或者撤销决议的案件，应当列公司为被告。对决议涉及的其他利害关系人，可以依法列为第三人。

第四条　股东请求撤销股东会或者股东大会、董事会决议，符合民法典第八十五条、公司法第二十二条第二款规定的，人民法院应当予以支持，但会议召集程序或者表决方式仅有轻微瑕疵，且对决议未产生实质影响的，人民法院不予支持。

第 六 章

劳动关系构建

创业守业与股权激励

01

企业员工职前调查人事档案的重要性

2002 年 3 月 1 日，唐某自称是西安工业学院材料工程系高才生，应聘某销售公司的销售工作。入职时，唐某向公司人事部门提交了学历证明和身份证复印件存档，并签署任职承诺书、员工手册一份，内容约定：以欺骗手段虚报专业资格或其他各项履历等严重违反公司规章制度情况的，公司将予以解雇，且不给予任何经济补偿。后来，公司得知唐某学历造假，并以此为由解除了与唐某之间的劳动合同。唐某认为自己在工作中兢兢业业，没有违反公司的其他规章制度，公司仅仅以学历造假将其辞退是错误的，并且认为，公司即使解除劳动合同，也应当向其支付经济补偿金。双方为此发生纠纷。

律师解析

用人单位在招聘时对应聘者学历有明确要求，而应聘者提供虚假学历证明并与用人单位签订劳动合同的，属于《中华人民共和国劳动合同法》第二十六条规定的以欺诈手段订立劳动合同的情形，该劳动合同是无效的，用人单位可以根据《中华人民共和国劳动合同法》第三十九条的规定解除该劳动合同。

上述可知，该销售公司解除与唐某之间的劳动合同关系的依据是《中华人民共和国劳动合同法》第三十九条，根据《中华人民共和国劳动合同法》第四十六条的规定，该销售公司不需向唐某支付经济补偿金。但是若该销售公司未按照《中华人民共和国劳动合同法》第四十三条、《最高人民法院关于审理劳动争议案件适用法律若干问题的解释（一）》第四十七条的规定向工会履行通知义务的，需要向唐某支付赔偿金，但是在唐某起诉前该销售公司已经补正有关程序的除外。对于销售公司未建立工会组织是否可以免除通知义务尚无有明确规定，但是实践中，郑州地区的各级法院普遍认为：对未设立工会的企业，应通过告知并听取职工代表意见或向当地总工会征求意见的变通方式来履行告知义务。

 法律依据

《中华人民共和国劳动合同法》

第二十六条　下列劳动合同无效或者部分无效：

（一）以欺诈、胁迫的手段或者乘人之危，使对方在违背真实意思的情况下订立或者变更劳动合同的；

（二）用人单位免除自己的法定责任、排除劳动者权利的；

（三）违反法律、行政法规强制性规定的。

对劳动合同的无效或者部分无效有争议的，由劳动争议仲裁机构或者人民法院确认。

第三十九条　劳动者有下列情形之一的，用人单位可以解除劳动合同：

（一）在试用期间被证明不符合录用条件的；

（二）严重违反用人单位的规章制度的；

（三）严重失职，营私舞弊，给用人单位造成重大损害的；

（四）劳动者同时与其他用人单位建立劳动关系，对完成本单位的工作任务造成严重影响，或者经用人单位提出，拒不改正的；

（五）因本法第二十六条第一款第一项规定的情形致使劳动合同无效的；

（六）被依法追究刑事责任的。

第四十三条　用人单位单方解除劳动合同，应当事先将理由通知工会。

第四十六条　有下列情形之一的，用人单位应当向劳动者支付经济补偿：

（一）劳动者依照本法第三十八条规定解除劳动合同的；

（二）用人单位依照本法第三十六条规定向劳动者提出解除劳动合同并与劳动者协商一致解除劳动合同的；

（三）用人单位依照本法第四十条规定解除劳动合同的；

（四）用人单位依照本法第四十一条第一款规定解除劳动合同的；

（五）除用人单位维持或者提高劳动合同约定条件续订劳动合同，劳动者不同意续订的情形外，依照本法第四十四条第一项规定终止固定期限劳动合同的；

（六）依照本法第四十四条第四项、第五项规定终止劳动合同的；

（七）法律、行政法规规定的其他情形。

《最高人民法院关于审理劳动争议案件适用法律问题的解释（一）》

第四十七条 建立了工会组织的用人单位解除劳动合同符合劳动合同法第三十九条、第四十条规定，但未按照劳动合同法第四十三条规定事先通知工会，劳动者以用人单位违法解除劳动合同为由请求用人单位支付赔偿金的，人民法院应予支持，但起诉前用人单位已经补正有关程序的除外。

02

用人单位不依法签订劳动合同的法律风险

案例

杨某于 2015 年 11 月 10 日入职广州某服饰有限公司（以下简称服饰公司）。入职时双方未签订劳动合同。2015 年 11 月 16 日，杨某出具声明书，内容为因其个人原因自愿放弃与公司签订劳动合同，不签劳动合同完全是其本人的意愿，一切责任与公司无关。2017 年 2 月 19 日，杨某离职。

此后，杨某提起劳动仲裁和诉讼程序，要求服饰公司向其支付二倍工资差额 38688 元。法院认为，《中华人民共和国劳动合同法》规定了用人单位与劳动者应当签订书面劳动合同，这是法律规定的强制义务，不得以任何理由推脱。同时，《中华人民共和国劳动合同法》规定，用人单位自用工之日起超过一个月不满一年未与劳动者订立书面劳动合同的，应当向劳动者每月支付二倍的工资。最终，法院判决支持了杨某请求支付二倍工资差额的诉讼请求。

🔍 **律师解析**

本案中，服饰公司确实未与杨某签订书面劳动合同，即使杨某入职时书面声明自愿不签订劳动合同，且明确不签订劳动合同完全是其本人自愿，一切责任与公司无关，但签订书面劳动合同是用人单位的法定性强制义务，不因劳动者的故意等过错而免责。用人单位应严格遵守法律规定，在劳动者入职后一个月内签订书面劳动合同，否则将面临支付双倍工资差额、视为与劳动者已订立无固定期限劳动合同、辞退员工需支付经济补偿金等法律风险。

如果劳动者久拖不签劳动合同的，用人单位应固定和保留相关证据。如果终止劳动关系的原因在于劳动者，则用人单位仅需依法支付经济补偿金，而不是违法解除的二倍赔偿金。

 法律依据

《中华人民共和国劳动合同法》

第十条　建立劳动关系，应当订立书面劳动合同。

已建立劳动关系，未同时订立书面劳动合同的，应当自用工之日起一个月内订立书面劳动合同。

用人单位与劳动者在用工前订立劳动合同的，劳动关系自用工之日起建立。

第十四条　用人单位自用工之日起满一年不与劳动者订立书面劳动合同的，视为用人单位与劳动者已订立无固定期限劳动合同。

第八十二条　用人单位自用工之日起超过一个月不满一年未与劳动者订立书面劳动合同的，应当向劳动者每月支付二倍的工资。

用人单位违反本法规定不与劳动者订立无固定期限劳动合同的，自应当订立无固定期限劳动合同之日起向劳动者每月支付二倍的工资。

第八十七条　用人单位违反本法规定解除或者终止劳动合同的，应当依照本法第四十七条规定的经济补偿标准的二倍向劳动者支付赔偿金。

《中华人民共和国劳动合同法实施条例》

第六条　用人单位自用工之日起超过一个月不满一年未与劳动者订立书面劳动合同的，应当依照劳动合同法第八十二条的规定向劳动者每月支付两倍的工资，并与劳动者补订书面劳动合同；劳动者不与用人单位订立书面劳动合同的，用人单位应当书面通知劳动者终止劳动关系，并依照劳动合同法第四十七条的规定支付经济补偿。

《中华人民共和国劳动法》

第九十八条　用人单位违反本法规定的条件解除劳动合同或者故意拖延不订立劳动合同的，由劳动行政部门责令改正；对劳动者造成损害的，应当承担赔偿责任。

03

用人单位如何在试用期内依法解除劳动合同？

案
例
　　2016 年 12 月 16 日，蒋某入职某公司，试用期为 6 个月。试用期 2 个月后，公司以"蒋某工作经历虚假且试用期间表现不好，不符合公司录用条件"为由解除劳动关系，蒋某不服，提起劳动仲裁，要求公司支付违法解除劳动合同赔偿金 9600 元。

　　开庭时，公司提供证据证明蒋某的工作经历确与其入职时填写的人事档案中的工作经历不符。公司还提供了蒋某签字的工作任务进度分解表，证明蒋某在试用期内，有部分工作无法按进度完成。

　　劳动争议仲裁委员会认为：公司在录用条件中对需要达到的任务量进行了明示，蒋某无法完成工作任务，另外，蒋某工作履历确实造假，故公司以不符合录用条件为由解除劳动合同，理由合法，证据充分。因此，劳动争议仲裁委员会驳回了蒋某的仲裁请求。

律师解析

　　在试用期内，用人单位非经法定理由，不能随意解除劳动合同。以"试用期不符合录用条件"为由解除劳动合同的，用人单位需举证证明劳动者不符合录用条件。本案中，公司具有充分证据证明蒋某在试用期不符合录用条件，因此解除劳动合同合法有据。在试用期内与劳动者解除劳动合同应满足《中华人民共和国劳动合同法》规定的条件。

　　需要注意的是，在招录员工时，用人单位必须向劳动者明确告知具体的录用条件。用人单位以"试用期不符合录用条件"为由解除劳动合同的，用人单位负有举证责任。用人单位如果没有证据证明劳动者不符合录用条件，那么，用人单位就不能解除劳动合同，否则，用人单位将承担违法解除劳动合同的法律后果。

《中华人民共和国劳动合同法》

第二十一条　在试用期中，除劳动者有本法第三十九条和第四十条第一项、第二项规定的情形外，用人单位不得解除劳动合同。用人单位在试用期解除劳动合同的，应当向劳动者说明理由。

第三十九条　劳动者有下列情形之一的，用人单位可以解除劳动合同：

（一）在试用期间被证明不符合录用条件的；

（二）严重违反用人单位的规章制度的；

（三）严重失职，营私舞弊，给用人单位造成重大损害的；

（四）劳动者同时与其他用人单位建立劳动关系，对完成本单位的工作任务造成严重影响，或者经用人单位提出，拒不改正的；

（五）因本法第二十六条第一款第一项规定的情形致使劳动合同无效的；

（六）被依法追究刑事责任的。

第四十条　有下列情形之一的，用人单位提前三十日以书面形式通知劳动者本人或者额外支付劳动者一个月工资后，可以解除劳动合同：

（一）劳动者患病或者非因工负伤，在规定的医疗期满后不能从事原工作，也不能从事由用人单位另行安排的工作的；

（二）劳动者不能胜任工作，经过培训或者调整工作岗位，仍不能胜任工作的。

第四十三条　用人单位单方解除劳动合同，应当事先将理由通知工会。用人单位违反法律、行政法规规定或者劳动合同约定的，工会有权要求用人单位纠正。用人单位应当研究工会的意见，并将处理结果书面通知工会。

第八十九条　用人单位违反本法规定未向劳动者出具解除或者终止劳动合同的书面证明，由劳动行政部门责令改正；给劳动者造成损害的，应当承担赔偿责任。

<u>04</u>

劳动合同与规章制度不一致以哪个为准？

案例　　2015 年 5 月，王某与甲公司签订无固定期限劳动合同，约定了工作岗位和工资标准。2017 年 6 月甲公司通过公司内网发布了经公司职工代表大会通过的公司改革发展暂行办法，规定所有员工参加岗位竞聘，未按规定参加竞聘的按待岗处理。王某不愿参加岗位竞聘，公司对其按待岗处理，并且扣发部分工资。王某申请劳动仲裁，称公司单方面变更劳动合同并克扣工资，请求裁决公司支付克扣的工资差额。仲裁结果：甲公司单方面变更劳动合同缺乏依据，双方应当继续履行劳动合同约定，甲公司应当补足扣发的工资差额。

律师解析

　　劳动合同是劳动者与用人单位依法协商一致形成的；用人单位规章制度则是用人单位依企业自主权和法律规定，结合本单位的实际情况制定的规则和制度的总和，内容广泛，包括了用人单位经营管理的各个方面，但规章制度的制定程序和内容均必须合法才能生效。另外，用人单位与劳动者发生争议时，规章制度与劳动合同两者内容如有冲突，法院以"劳动者请求"为依据进行判断，也就是说，劳动者有选择适用规章制度或者劳动合同的权利，选择权在劳动者手中。本案中甲公司新制订的公司改革发展暂行办法与王某签订的劳动合同产生了冲突，王某可以依据法律要求优先适用劳动合同中的约定，补足扣发的工资差额。

　　建议用人单位应根据规章制度内容的变化，及时签订劳动合同补充协议，以变更劳动合同中的相关内容，使规章制度与劳动合同的内容保持一致，避免由此引发的纠纷。

法律依据

《最高人民法院关于审理劳动争议案件适用法律问题的解释（一）》

　　第五十条　　用人单位根据劳动合同法第四条规定，通过民主程序制定的规章制度，不违反国家法律、行政法规及政策规定，并已向劳动者公示的，可以作为确定双方权利义务的依据。

用人单位制定的内部规章制度与集体合同或者劳动合同约定的内容不一致，劳动者请求优先适用合同约定的，人民法院应予支持。

《中华人民共和国劳动法》

第四条　用人单位应当依法建立和完善规章制度，保障劳动者享有劳动权利和履行劳动义务。

第八十九条　用人单位制定的劳动规章制度违反法律、法规规定的，由劳动行政部门给予警告，责令改正；对劳动者造成损害的，应当承担赔偿责任。

05

如何确保企业规章制度合法有效？

案例

张丽美系阿特金斯顾问（深圳）有限公司上海分公司（以下简称阿特金斯公司）员工，其在工作时间与同事发生争吵，双方发生肢体冲突，该公司员工手册规定"员工口头、肢体、实际或威胁的暴力行为"属严重违纪行为，公司可以直接终止其劳动合同。鉴于张丽美上述行为违反了员工手册的规定，该公司作出与张丽美解除劳动合同的决定。张丽美认为公司违法解除劳动合同，并提起劳动仲裁，请求该公司支付其违法解除劳动合同赔偿金，劳动争议仲裁委员会驳回了其仲裁请求。

案例来源：中国裁判文书网（2015）黄浦民一（民）初字第 2942 号民事判决书（有改动）。

🔍 律师解析

用人单位在制定或修改公司规章制度时，应当通过民主、公示的法定程序，且内容不得违反法律法规的规定。本案中，阿特金斯公司提交了公证书及员工手册张贴公示照片等证据，证明其已通过电子邮件及张贴等形式向包括张丽美在内的全体员工公示了员工手册的内容，该公司员工手册具有法律效力，张丽美应当遵守。根据《中华人民共和国劳动合同法》第三十九条的规定，劳动者严重违反用人单位的规章制度的，用人单位可以解除劳动合同。因此，阿特金斯公司以张丽美违反员工手册为由解除劳动合同并不违法，不应向张丽美支付违法解除劳动合同赔偿金。

由上可知，一个企业的规章制度要具有法律效力才能有效地约束员工。企业规章制度要合法必须具备如下两个条件。

1. 规章制度内容合法

规章制度内容合法，是指其内容符合《中华人民共和国劳动法》《中华人民共和国劳动合同法》及相关的法律法规，不能与法律法规相抵触，如发生抵触，则相抵触的部分是无效的。对于没有相关法律规定以及法律没有禁止性规定的，用人单位可以依据劳动法律立法的精神以及公平合理的原则制定相应的规章制度。

2. 规章制度程序合法

（1）按照有关法律法规的规定，制定企业规章制度应通过以下程序：①召开职工大会或者职工代表大会进行讨论；②由企业工会参与制定；③如果既未召开职工大会或者职工代表大会，也未设立工会，则应通过适当方式，在制定规章制度的过程中使员工有提出意见、建议的权利，并且员工的意见和建议应充分反映在规章制度的制定过程中。

（2）向劳动者公示。

企业对规章制度进行公示的时候，要注意保留已经公示的证据。通常，以下方法可以达到这样的效果：①对员工进行培训，在培训记录中签字确认；②员工在入职登记表中声明知晓规章制度；③给每位员工发放员工手册并确认签收；④在劳动合同中列明条款知晓规章制度。

 法律依据

《中华人民共和国劳动合同法》

第四条　用人单位应当依法建立和完善劳动规章制度，保障劳动者享有劳动权利、履行劳动义务。

用人单位在制定、修改或者决定有关劳动报酬、工作时间、休息休假、劳动安全卫生、保险福利、职工培训、劳动纪律以及劳动定额管理等直接涉及劳动者切身利益的规章制度或者重大事项时，应当经职工代表大会或者全体职工讨论，提出方案和意见，与工会或者职工代表平等协商确定。

在规章制度和重大事项决定实施过程中，工会或者职工认为不适当的，有权向用人单位提出，通过协商予以修改完善。

用人单位应当将直接涉及劳动者切身利益的规章制度和重大事项决定公示，或者告知劳动者。

第三十九条　劳动者有下列情形之一的，用人单位可以解除劳动合同：

（一）在试用期间被证明不符合录用条件的；

（二）严重违反用人单位的规章制度的；

（三）严重失职，营私舞弊，给用人单位造成重大损害的；

（四）劳动者同时与其他用人单位建立劳动关系，对完成本单位的工作任务造成严重影响，或者经用人单位提出，拒不改正的；

（五）因本法第二十六条第一款第一项规定的情形致使劳动合同无效的；

（六）被依法追究刑事责任的。

《最高人民法院关于审理劳动争议案件适用法律问题的解释（一）》

第五十条　用人单位根据劳动合同法第四条规定，通过民主程序制定的规章制度，不违反国家法律、行政法规及政策规定，并已向劳动者公示的，可以作为确定双方权利义务的依据。

06

用人单位如何依法单方解除劳动合同？

案例

　　1980 年，程红旗到河南省济源煤业有限责任公司（以下简称煤业公司）上班，2018 年 8 月 13 日煤业公司未与程红旗协商，单方向程红旗出具终止、解除劳动关系证明书。为此程红旗诉至济源市劳动争议仲裁委员会，后因不服该仲裁裁定向济源市人民法院提起诉讼，要求煤业公司支付其经济补偿金和工资差额等。

　　法院认为：关于煤业公司是否应当向程红旗支付经济补偿金的问题，煤业公司提供的《关于对格尔木豫源有限责任公司外欠货款问题和工程违规建设问题的处理决定》、目标责任书等证据证明程红旗在工作期间确实给用人单位造成损失，根据《中华人民共和国劳动合同法》第三十九条第三项的规定，用人单位可以解除劳动合同且不支付经济补偿金，故程红旗要求煤业公司支付经济补偿金没有法律依据，法院不予支持。

案例来源：中国裁判文书网（2019）豫 96 民终 1454 号民事判决书（有改动）。

 律师解析

　　用人单位单方解除劳动合同是一种严厉的解雇行为，因此，我国法律对解除理由、解除程序和是否对劳动者补偿，均进行了严格规定。

　　用人单位单方解除劳动合同是一种法定解除，主要有三类情形：过失性辞退、无过失性辞退、经济性裁员，这三类情形分别对应《中华人民共和国劳动合同法》第三十九条、第四十条、第四十一条。劳动者因过失行为被用人单位辞退的，用人单位无须事先通知劳动者，也无须向劳动者支付经济补偿金。用人单位辞退无过失性劳动者时，须提前 30 日通知劳动者，且须向劳动者支付经济补偿。用人单位经济性裁员时，也须向劳动者支付经济补偿。

法律依据

《中华人民共和国劳动合同法》

　　第三十九条　劳动者有下列情形之一的，用人单位可以解除劳动合同：

　　（一）在试用期间被证明不符合录用条件的；

　　（二）严重违反用人单位的规章制度的；

　　（三）严重失职，营私舞弊，给用人单位造成重大损害的；

　　（四）劳动者同时与其他用人单位建立劳动关系，对完成本单位的工作任务造成严重影响，或者经用人单位提出，拒不改正的；

　　（五）因本法第二十六条第一款第一项规定的情形致使劳动合同无效的；

　　（六）被依法追究刑事责任的。

　　第四十条　有下列情形之一的，用人单位提前三十日以书面形式通知劳动者本人或者额外支付劳动者一个月工资后，可以解除劳动合同：

　　（一）劳动者患病或者非因工负伤，在规定的医疗期满后不能从事原工作，也不能从事由用人单位另行安排的工作的；

（二）劳动者不能胜任工作，经过培训或者调整工作岗位，仍不能胜任工作的；

（三）劳动合同订立时所依据的客观情况发生重大变化，致使劳动合同无法履行，经用人单位与劳动者协商，未能就变更劳动合同内容达成协议的。

第四十一条　有下列情形之一，需要裁减人员二十人以上或者裁减不足二十人但占企业职工总数百分之十以上的，用人单位提前三十日向工会或者全体职工说明情况，听取工会或者职工的意见后，裁减人员方案经向劳动行政部门报告，可以裁减人员：

（一）依照企业破产法规定进行重整的；

（二）生产经营发生严重困难的；

（三）企业转产、重大技术革新或者经营方式调整，经变更劳动合同后，仍需裁减人员的；

（四）其他因劳动合同订立时所依据的客观经济情况发生重大变化，致使劳动合同无法履行的。

裁减人员时，应当优先留用下列人员：

（一）与本单位订立较长期限的固定期限劳动合同的；

（二）与本单位订立无固定期限劳动合同的；

（三）家庭无其他就业人员，有需要扶养的老人或者未成年人的。

用人单位依照本条第一款规定裁减人员，在六个月内重新招用人员的，应当通知被裁减的人员，并在同等条件下优先招用被裁减的人员。

第四十三条　用人单位单方解除劳动合同，应当事先将理由通知工会。用人单位违反法律、行政法规规定或者劳动合同约定的，工会有权要求用人单位纠正。用人单位应当研究工会的意见，并将处理结果书面通知工会。

第四十六条　有下列情形之一的，用人单位应当向劳动者支付经济补偿：

（一）劳动者依照本法第三十八条规定解除劳动合同的；

（二）用人单位依照本法第三十六条规定向劳动者提出解除劳动合同并与劳动者协商一致解除劳动合同的；

（三）用人单位依照本法第四十条规定解除劳动合同的；

（四）用人单位依照本法第四十一条第一款规定解除劳动合同的；

（五）除用人单位维持或者提高劳动合同约定条件续订劳动合同，劳动者不同意续订的情形外，依照本法第四十四条第一项规定终止固定期限劳动合同的；

（六）依照本法第四十四条第四项、第五项规定终止劳动合同的；

（七）法律、行政法规规定的其他情形。

第五十条　用人单位应当在解除或者终止劳动合同时出具解除或者终止劳动合同的证明，并在十五日内为劳动者办理档案和社会保险关系转移手续。

劳动者应当按照双方约定，办理工作交接。用人单位依照本法有关规定应当向劳动者支付经济补偿的，在办结工作交接时支付。

用人单位对已经解除或者终止的劳动合同的文本，至少保存二年备查。

07

聘用到达退休年龄的人员构成劳动关系还是劳务关系？

案例

　　2012 年 11 月 16 日，孙某（此时已年满 60 周岁）到郑州市馨禧成物业服务有限公司（现已改名为郑州市馨禧成企业管理有限公司，以下简称馨禧成物业公司）处工作，双方未签订劳动合同，约定每月工资 1500 元，工作期间每周准休一天，每天工作 12 小时，节假日未支付加班工资。2013 年 6 月 20 日，馨禧成物业公司将孙某辞退，孙某将馨禧成物业公司诉至法院，请求判令支付未签劳动合同的双倍工资及加班费。

数据来源：Alpha 法律数据库（2014）郑民一终字第 219 号民事判决书（有改动）。

律师解析

　　一方面，孙某到馨禧成物业公司工作时虽已超过 60 周岁，但其系农民，未享受职工养老保险，也未领取退休金；另一方面，孙某按月领取的新型农村社会养老保险金，具有社会福利性质，其在养老功能、与用人单位的关联性等方面明显弱于职工养老保险。

《最高人民法院关于审理劳动争议案件适用法律问题的解释（一）》第三

十二条中规定的"已经依法享受养老保险待遇"应理解为已经依法享受职工养老保险待遇，而不包括新型农村社会养老保险。因此，是否领取新型农村社会养老保险金不影响劳动关系的认定。

综上所述，馨禧成物业公司与孙某之间应认定为劳动关系，馨禧成物业公司应当按照《中华人民共和国劳动合同法》的规定向孙某支付未签劳动合同的双倍工资及能证明的加班费。

 法律依据

《中华人民共和国劳动合同法》

第四十四条　有下列情形之一的，劳动合同终止：

（一）劳动合同期满的；

（二）劳动者开始依法享受基本养老保险待遇的；

（三）劳动者死亡，或者被人民法院宣告死亡或者宣告失踪的；

（四）用人单位被依法宣告破产的；

（五）用人单位被吊销营业执照、责令关闭、撤销或者用人单位决定提前解散的；

（六）法律、行政法规规定的其他情形。

第八十二条　用人单位自用工之日起超过一个月不满一年未与劳动者订立书面劳动合同的，应当向劳动者每月支付二倍的工资。

用人单位违反本法规定不与劳动者订立无固定期限劳动合同的，自应当订立无固定期限劳动合同之日起向劳动者每月支付二倍的工资。

《最高人民法院关于审理劳动争议案件适用法律问题的解释（一）》

第三十二条　用人单位与其招用的已经依法享受养老保险待遇或者领取退休金的人员发生用工争议而提起诉讼的，人民法院应当按劳务关系处理。

（对应原《最高人民法院关于审理劳动争议案件适用法律若干问题的解释（三）》第七条　用人单位与其招用的已经依法享受养老保险待遇或领取退休金的人员发生用工争议，向人民法院提起诉讼的，人民法院应当按劳务关系处理。）

08

员工自愿放弃缴纳社会保险费的风险

案例

　　刘某于 2010 年 1 月 17 日入职某装饰公司，双方并未签订书面劳动合同，由于刘某工资较低，刘某自愿放弃单位为其缴纳社会保险费。经查，刘某在职期间，某装饰公司确实未给刘某缴纳社会保险费。

　　2015 年 9 月 30 日，刘某以某装饰公司未给其缴纳社会保险费为由书面通知某装饰公司要求解除劳动关系，并要求其支付经济补偿金、未依法缴纳的养老保险及失业保险赔偿金，并补缴社会保险费。

律师解析

　　根据法律规定，用人单位未依法为劳动者缴纳社会保险费的，劳动者可以解除劳动合同，并要求用人单位支付经济补偿金。本案中，某装饰公司应向刘某支付解除劳动关系的经济补偿金。

　　劳动者有享受社会保险的权利，用人单位负有依法为劳动者缴纳社会保险的义务。某装饰公司为刘某缴纳社会保险也是其法定义务，不能通过约定免除，因此，某装饰公司应当向刘某赔偿其无法享受养老保险及失业保险赔偿金的损失。

　　征缴社会保险费属于社会保险费征缴部门的法定职责，不属于人民法院受理民事案件的范围。本案中，刘某诉请某装饰公司为其补缴社会保险应当向相关行政部门主张权利，不属于人民法院受理案件的处理范围。因此，法院无法支持该项诉讼请求。

法律依据

《中华人民共和国劳动合同法》

　　第三十八条　用人单位有下列情形之一的，劳动者可以解除劳动合同：

　　（一）未按照劳动合同约定提供劳动保护或者劳动条件的；

（二）未及时足额支付劳动报酬的；

（三）未依法为劳动者缴纳社会保险费的；

（四）用人单位的规章制度违反法律、法规的规定，损害劳动者权益的；

（五）因本法第二十六条第一款规定的情形致使劳动合同无效的；

（六）法律、行政法规规定劳动者可以解除劳动合同的其他情形。

用人单位以暴力、威胁或者非法限制人身自由的手段强迫劳动者劳动的，或者用人单位违章指挥、强令冒险作业危及劳动者人身安全的，劳动者可以立即解除劳动合同，不需事先告知用人单位。

第四十六条　有下列情形之一的，用人单位应当向劳动者支付经济补偿：

（一）劳动者依照本法第三十八条规定解除劳动合同的；

（二）用人单位依照本法第三十六条规定向劳动者提出解除劳动合同并与劳动者协商一致解除劳动合同的；

（三）用人单位依照本法第四十条规定解除劳动合同的；

（四）用人单位依照本法第四十一条第一款规定解除劳动合同的；

（五）除用人单位维持或者提高劳动合同约定条件续订劳动合同，劳动者不同意续订的情形外，依照本法第四十四条第一项规定终止固定期限劳动合同的；

（六）依照本法第四十四条第四项、第五项规定终止劳动合同的；

（七）法律、行政法规规定的其他情形。

《最高人民法院关于审理劳动争议案件适用法律问题的解释（一）》

第一条　劳动者与用人单位之间发生的下列纠纷，属于劳动争议，当事人不服劳动争议仲裁机构作出的裁决，依法提起诉讼的，人民法院应予受理：……（五）劳动者以用人单位未为其办理社会保险手续，且社会保险经办机构不能补办导致其无法享受社会保险待遇为由，要求用人单位赔偿损失发生的纠纷。

（对应原《最高人民法院关于审理劳动争议案件适用法律若干问题的解释（三）》第一条　劳动者以用人单位未为其办理社会保险手续，且社会保险经办机构不能补办导致其无法享受社会保险待遇为由，要求用人单位赔偿损失而发生争议的，人民法院应予受理。）

《中华人民共和国劳动法》

第七十二条　社会保险基金按照保险类型确定资金来源，逐步实行社会统筹。用人单位和劳动者必须依法参加社会保险，缴纳社会保险费。

第一百条 用人单位无故不缴纳社会保险费的，由劳动行政部门责令其限期缴纳；逾期不缴的，可以加收滞纳金。

09

保密义务与竞业限制的区别

> 案例
>
> 某网络公司曾于 2017 年提起劳动仲裁，并因不服裁决结果起诉至法院，要求员工张某返还笔记本电脑并支付违约金 10 万元。
>
> 某网络公司称，双方曾签订的保密协议约定：员工因职务上的需要所持或保管的一切记录着公司秘密信息的文件、资料、光盘以及其他任何形式的载体，均归公司所有，员工应当于离职时返还；员工如违反保密协议则应支付违约金 10 万元人民币。该网络公司主张员工张某在离职时未归还笔记本电脑一台，违反了保密协议的规定，应向公司支付违约金 10 万元。张某承认离职时因工资争议未归还笔记本电脑，现同意当庭返还电脑，但不同意向公司支付违约金。
>
> 法院认为，保密协议从约定内容而言有别于竞业限制协议，故某网络公司与张某间保密协议约定的违约金条款，违反了《中华人民共和国劳动合同法》的强制性规定，应属无效条款。某网络公司据此向张某主张违约金，于法无据。最终，法院判决张某向某网络公司返还笔记本电脑一台并驳回该网络公司要求张某支付违约金的诉讼请求。

律师解析

《中华人民共和国劳动合同法》第二十五条对劳动关系中的违约金支付情形作出了明确规定，仅在两种法定情形下，用人单位才能与劳动者约定由劳动者承担违约金：一是用人单位为劳动者提供专项培训费用，双方约定服务期，劳动者违反服务期约定时应向用人单位支付违约金；二是用人单位与劳动者约定竞业限制条款，劳动者违反竞业限制约定时应向用人单位支付违约金。

本案中，某网络公司虽与张某签订保密协议，但协议条款明显有别于竞业限制条款及专项培训服务期。因此，某网络公司与张某签订的保密协议中违约金条款违法，该条款属于无效条款。故某网络公司据此无效条款向张某主张权利未得到支持。

竞业限制是指用人单位、知悉本单位商业秘密或者其他对本单位经营有重大影响的劳动者在终止或解除劳动合同后，一定期限内不得在生产同类产品、经营同类业务或有其他竞争关系的用人单位任职，也不得自己生产与原单位有竞争关系的同类产品或经营同类业务。限制时间由双方自行事先约定，但最长限制时间不超过自员工离职后二年。

保密协议或竞业限制条款的目的，均在于对用人单位商业秘密的保护，本案中，虽然法院没有支持某网络公司违约金支付的请求，但并不意味着张某不负有保密义务，如果张某因故意或重大过失泄露了公司的商业秘密，给公司造成损失的，张某是负有赔偿义务的。

法律依据

《中华人民共和国劳动合同法》

第二十二条　用人单位为劳动者提供专项培训费用，对其进行专业技术培训的，可以与该劳动者订立协议，约定服务期。

劳动者违反服务期约定的，应当按照约定向用人单位支付违约金。违约金的数额不得超过用人单位提供的培训费用。用人单位要求劳动者支付的违约金不得超过服务期尚未履行部分所应分摊的培训费用。

第二十三条　用人单位与劳动者可以在劳动合同中约定保守用人单位的商业秘密和与知识产权相关的保密事项。

对负有保密义务的劳动者，用人单位可以在劳动合同或者保密协议中与劳动者约定竞业限制条款，并约定在解除或者终止劳动合同后，在竞业限制期限内按月给予劳动者经济补偿。劳动者违反竞业限制约定的，应当按照约定向用人单位支付违约金。

第二十五条　除本法第二十二条和第二十三条规定的情形外，用人单位不得与劳动者约定由劳动者承担违约金。

第三十九条　劳动者有下列情形之一的，用人单位可以解除劳动合同：

（一）在试用期间被证明不符合录用条件的；

（二）严重违反用人单位的规章制度的；

（三）严重失职，营私舞弊，给用人单位造成重大损害的；

（四）劳动者同时与其他用人单位建立劳动关系，对完成本单位的工作任务造成严重影响，或者经用人单位提出，拒不改正的；

（五）因本法第二十六条第一款第一项规定的情形致使劳动合同无效的；

（六）被依法追究刑事责任的。

《中华人民共和国劳动法》

第一百零二条　劳动者违反本法规定的条件解除劳动合同或者违反劳动合同中约定的保密事项，对用人单位造成经济损失的，应当依法承担赔偿责任。

第 七 章

股权的对内激励

创 业 守 业 与 股 权 激 励

01

股权的使用价值与交换价值

律师解析

政治经济学告诉我们，股权之所以有"价值"，是因为它对人或社会"有用"。股权使用价值与交换价值的区别：股权的使用价值是依附在能够满足人们对企业控制、分红等权利而产生的属性；股权的交换价值体现股权转让中，受让方向转让方支付的交易对价。

任何企业都离不开股权，从工商注册的第一天起，每个企业都有 100% 的股权。将股权的使用价值和交换价值做到最大化是门学问，也是门艺术，需要了解《中华人民共和国公司法》以及相关法律规定，也需要经营公司的才华。为了促进社会的进步与发展，必须要保护股东对股权的完整所有权，尤其是在国家目前和今后促进公司和其他企业直接融资政策的驱动下，保护股东——投资者的合法权益，就显得尤为重要。国家为保护投资者利益，不断优化营商环境，近期出台了众多法律和政策文件，这又进一步提升了大多数企业股权的使用价值和交换价值。例如，2018 年全国人民代表大会常务委员会对《中华人民共和国公司法》进行了第四次修正，2019 年国务院第 66 次常务会议通过《优化营商环境条例》并自 2020 年 1 月 1 日起施行，2019 年最高人民法院出台了《最高人民法院关于适用〈中华人民共和国公司法〉若干问题的规定（五）》。

法律依据

《中华人民共和国公司法》

第三条　公司是企业法人，有独立的法人财产，享有法人财产权。公司以其全部财产对公司的债务承担责任。

有限责任公司的股东以其认缴的出资额为限对公司承担责任；股份有限公司的股东以其认购的股份为限对公司承担责任。

第四条　公司股东依法享有资产收益、参与重大决策和选择管理者等权利。

第七十一条　有限责任公司的股东之间可以相互转让其全部或者部分股权。

股东向股东以外的人转让股权，应当经其他股东过半数同意。股东应就其股权转让事项书面通知其他股东征求同意，其他股东自接到书面通知之日起满三十日未答复的，视为同意转让。其他股东半数以上不同意转让的，不同意的股东应当购买该转让的股权；不购买的，视为同意转让。

经股东同意转让的股权，在同等条件下，其他股东有优先购买权。两个以上股东主张行使优先购买权的，协商确定各自的购买比例；协商不成的，按照转让时各自的出资比例行使优先购买权。

公司章程对股权转让另有规定的，从其规定。

第七十五条　自然人股东死亡后，其合法继承人可以继承股东资格；但是，公司章程另有规定的除外。

《优化营商环境条例》

第六条　国家鼓励、支持、引导非公有制经济发展，激发非公有制经济活力和创造力。

国家进一步扩大对外开放，积极促进外商投资，平等对待内资企业、外商投资企业等各类市场主体。

第十条　国家坚持权利平等、机会平等、规则平等，保障各种所有制经济平等受到法律保护。

第十一条　市场主体依法享有经营自主权。对依法应当由市场主体自主决策的各类事项，任何单位和个人不得干预。

第十四条　国家依法保护市场主体的财产权和其他合法权益，保护企业经营者人身和财产安全。

严禁违反法定权限、条件、程序对市场主体的财产和企业经营者个人财产实施查封、冻结和扣押等行政强制措施；依法确需实施前述行政强制措施的，应当限定在所必需的范围内。

禁止在法律、法规规定之外要求市场主体提供财力、物力或者人力的摊派行为。市场主体有权拒绝任何形式的摊派。

《最高人民法院关于适用〈中华人民共和国公司法〉若干问题的规定（五）》

第四条　分配利润的股东会或者股东大会决议作出后，公司应当在决议载明的时间内完成利润分配。决议没有载明时间的，以公司章程规定的为准。

决议、章程中均未规定时间或者时间超过一年的，公司应当自决议作出之日起一年内完成利润分配。

决议中载明的利润分配完成时间超过公司章程规定时间的，股东可以依据公司法第二十二条第二款规定请求人民法院撤销决议中关于该时间的规定。

第五条　人民法院审理涉及有限责任公司股东重大分歧案件时，应当注重调解。当事人协商一致以下列方式解决分歧，且不违反法律、行政法规的强制性规定的，人民法院应予支持：

（一）公司回购部分股东股份；

（二）其他股东受让部分股东股份；

（三）他人受让部分股东股份；

（四）公司减资；

（五）公司分立；

（六）其他能够解决分歧，恢复公司正常经营，避免公司解散的方式。

02

股权激励的含义及作用

案例

华为技术有限公司由华为投资控股有限公司 100% 持有股权，而华为投资控股有限公司（以下简称华为）由任正非与华为投资控股有限公司工会委员会（以下简称华为工会）分别持有 0.94% 和 99.06% 的股权。华为工会负责设置员工持股名册，对员工所持股份数额、配售和缴款时间、分红和股权变化情况进行记录，并在员工调离、退休以及离开公司时回购股份，并将所回购的股份转作预留股份。华为采用的激励模式是"虚拟股票＋股票增值权"。华为授予激励对象分红权及净资产增值收益权，但没有授予所有权、表决权，激励对象不能转让和出售虚拟股票，在激励对象离开公司时，股票只能由华为工会回购。华为激励对象只要达到业绩条件，每年可获准购买一定数量的虚拟股票，直至达到持股上限。如果激励对象离开公司，华为工会按当年的每股净资产价格购回。截至 2019 年 12 月，参与员工持股计划人数为104572，约占员工总数的54%。激励效果：华为从2001年到2019年销售收入从235亿元增长到8588亿元。2019年营业活动现金流为914亿元，净利润为627亿元。

特别值得一提的是：华为通过这种股权激励模式——华为员工的虚拟股票只有分红权没有表决权，确保了华为的控制权一直掌握在任正非手中。华为的股权结构如图7-1所示。

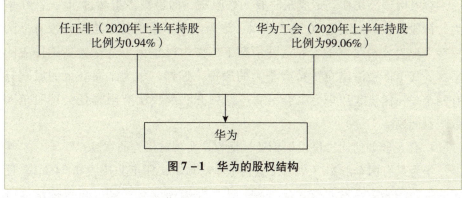

图7-1　华为的股权结构

案例来源：《深度解析华为的虚拟股权》，微信公众号"正略管理评论"（有改动）。

 **律师解析**

1. 什么是股权激励？

通常的理解是将企业股份（股权）或与股份（股权）有关的增值权以某种方式授予企业的高层管理人员和技术骨干，使他们能分享企业成长所带来好处的一种制度安排。华为通过股权激励，激发员工动力，促进企业发展，取得了有目共睹的成绩。

2. 股权激励的作用

（1）激励作用。

华为通过股权激励使被激励者拥有企业的部分股权，用股权将被激励者的利益与企业的利益紧紧地绑在一起，使其能够积极、自觉地按照企业既定目标的要求，为了实现企业利益和股东利益的最大化努力工作，释放出人力资本的潜在价值，并最大限度地降低人员监督成本。

（2）稳定员工作用。

华为通过一系列股权激励的限制措施，使被激励者不敢轻易离职，因为离职就要失去股权，稳定了核心员工，股权激励能为企业的良性发展保驾护航。

（3）提高员工福利。

被华为激励的员工可以获得股份的分红权，有机会参与企业利润分享，提高了员工收入。

3. 华为如何实现员工持股？

有限责任公司在登记股东时有人数限制，即最高不得超过 50 人。在华为，持股人数远远超过 50 人。所以，华为绝大多数的持股员工是没有办法直接登记为公司股东的。在这种情况下，华为以华为工会作为员工持股的平台，代全体被激励员工持有华为的股份，这样，华为工商登记的股东只有两个——任正非和华为工会，通过这种方法解决了有限责任公司股东人数限制问题。

4. 任正非如何通过仅仅 0.94% 的股权，实现对华为的掌控？

华为只有两个股东（华为工会持股 99.06%，任正非持股 0.94%）。任正非控制华为有两种可能。第一种，华为是有限责任公司，可以依法施行"同股不同权"，所以华为公司章程可以赋予任正非远大于其实际拥有股份的表决权。第二种，我们都知道华为只有两个股东，华为工会才是真正的控股人，所以只要华为工会委任任正非为其股权的代理人，那么任正非就能控制华为。

法律依据

《中华人民共和国公司法》

第二十四条　有限责任公司由五十个以下股东出资设立。

第四十二条　股东会会议由股东按照出资比例行使表决权；但是，公司章程另有规定的除外。

第七十八条　设立股份有限公司，应当有二人以上二百人以下为发起人，其中须有半数以上的发起人在中国境内有住所。

第二十五条　有限责任公司章程应当载明下列事项：

（一）公司名称和住所；

（二）公司经营范围；

（三）公司注册资本；

（四）股东的姓名或者名称；

（五）股东的出资方式、出资额和出资时间；

（六）公司的机构及其产生办法、职权、议事规则；

（七）公司法定代表人；

（八）股东会会议认为需要规定的其他事项。

股东应当在公司章程上签名、盖章。

第三十七条　股东会行使下列职权：

（一）决定公司的经营方针和投资计划；

（二）选举和更换非由职工代表担任的董事、监事，决定有关董事、监事的报酬事项；

（三）审议批准董事会的报告；

（四）审议批准监事会或者监事的报告；

（五）审议批准公司的年度财务预算方案、决算方案；

（六）审议批准公司的利润分配方案和弥补亏损方案；

（七）对公司增加或者减少注册资本作出决议；

（八）对发行公司债券作出决议；

（九）对公司合并、分立、解散、清算或者变更公司形式作出决议；

（十）修改公司章程；

（十一）公司章程规定的其他职权。

对前款所列事项股东以书面形式一致表示同意的，可以不召开股东会会议，直接作出决定，并由全体股东在决定文件上签名、盖章。

第四十三条　股东会的议事方式和表决程序，除本法有规定的外，由公司章程规定。

股东会会议作出修改公司章程、增加或者减少注册资本的决议，以及公司合并、分立、解散或者变更公司形式的决议，必须经代表三分之二以上表决权的股东通过。

03

谨防股权激励变股权奖励

案例

"80后"王先生不安于朝九晚五的体制内生活，辞去公职后用全部资金开了一家西餐厅。不料今年附近又开了几家西餐厅，王先生的西餐厅生意冷清了许多。为了把西餐厅业绩提上来，王先生把去年大半的利润拿出来，按职位奖励给了员工。王先生以为员工拿到那么多的提成，肯定会为西餐厅尽心尽力，一起渡过难关，没想到大多数员工工作并不积极，几名核心员工还提出辞职，甚至其中一名还加入了竞争对手的餐厅。

律师解析

1. 股权激励与股权奖励的区别

王先生西餐厅生意冷清的原因除附近新开了几家新的西餐厅之外，还有个重要的原因，王先生混淆了股权激励与股权奖励。

股权激励重在未来。股权激励是一种附条件的奖励，就像我们小时候在考试前和父母约定期末考试考到多少分奖励什么一样。股权激励强调的是希望和目标，尤其倾向于对企业核心人物的激励，使其能够全身心地致力于提升企业未来的业绩，以此达到老板和员工共赢的目的。

股权奖励重在过去。它更像小时候我们期末考试考了100分后告诉父母，父母高兴得给我们玩具。股权奖励重在结果，看重公平均等。无论员工职位高低，只要对企业有贡献，都会论功行赏，而不会考虑到这些员工未来对企业可能作出的贡献大小。

2. 如何破解股权激励变股权奖励？

首先，要明确激励对象。公司最重要的人员为"三会一层"涉及的人员，即股东会或股东大会、董事会、监事会和高级管理层成员。从现阶段来看，有三种人会被视作激励对象：第一种是狭义上的公司管理层，可以理解为公司的总经理、副总经理；第二种是公司管理层以外的管理人员，可以视为公

司的其他管理人员，其中包括公司董事会成员、监事会成员；第三种则扩展
到公司的核心技术人员或者主要技术骨干。

其次，还要解决以下两个问题。第一个问题是，不是所有以上岗位的员
工都要作为激励对象，特别是在中层管理人员质量参差不齐的情况下，甚至
部分人员本身并不符合岗位要求，只是由于历史原因仍然担任管理岗位。在
这种情况下，如果简单地将员工股权激励和岗位挂钩，不但起不到应有的激
励作用，而且有可能在持股人员内部引发不必要的矛盾。第二个问题是，如
何确定激励对象所持有股权的数量。要解决这一问题，首先我们要明确不同
企业实施股权激励的目的，而无论出于何种目的进行股权激励，都必须辅以
相应的考核评价体系。如果是对以往贡献的认可，就需要对持股员工以往所
作出的贡献进行系统的考核和评价，并将评价结果与股权激励的股权数量挂
钩；如果是对岗位价值的认定，就需要对岗位的价值进行考核和评价（比如，
岗位职责的大小、决策的风险、所承担的风险等），并将评价结果与股权激励
的股权数量挂钩。业绩是企业的生命线，股权激励要以业绩作为考核标准。
比如，王先生向餐厅主管张某授予8%的股权，根据事先约定，如果餐厅的业
绩没有达到最初的目标，那么张某必须退3%的股权，价格按原先购买时的原
价计算；如果连续两年没有达到预定目标，则张某必须离开原岗位，所持股
份必须全部退出，价格按原先购买时的原价计算。再如，王先生计划向餐厅
主管张某授予8%的股权，根据事先约定，一年内，如果餐厅的业绩仅达到最
初目标的90%，那么张某获得股权激励的股权数量也相应减少10%；如果餐
厅的业绩仅达到最初目标的80%，则张某获得股权激励的股权数量减少
30%；如果餐厅的业绩仅达到最初目标的70%，则张某获得股权激励的股权
数量减少50%；如果餐厅的业绩低于最初目标的70%，则张某获得股权激励
的股权数量为0；如果连续两年没有达到预定目标，则张某必须离开原岗位，
所持股权必须全部退出，价格按原先购买时的原价计算。

最后，需要确定合理的激励额度。激励额度的确定是一个非常重要的问
题，因为激励额度太小会导致激励效果不明显，激励额度太大又会造成人力
成本的增加和股权的过度稀释，可能会影响公司的业绩和大股东对企业的控
制权。

📋 法律依据

对于有限责任公司的股权激励，法律没有明确的限制性规定，只要不违反《中华人民共和国公司法》等法律法规的强制性规定，公司可以灵活制订适合本公司的股权激励方案。对于国有企业以及上市公司，国家有股权激励的强制性或原则性规定，这些企业在实施股权激励时，必须遵守这些规定，其他类型的企业实施股权激励时，也可以将这些规定作为参考。以下列举部分相关规定，供大家参考。

《中央企业控股上市公司实施股权激励工作指引》

第一条　为进一步推动中央企业控股上市公司建立健全长效激励约束机制，完善股权激励计划的制定和实施工作，充分调动上市公司核心骨干人才的积极性，促进国有资产保值增值，推动国有资本做强做优做大，根据《中华人民共和国公司法》《中华人民共和国企业国有资产法》《关于修改〈上市公司股权激励管理办法〉的决定》（证监会令第 148 号）和国有控股上市公司实施股权激励的有关政策规定，制定本指引，供企业在工作中参考使用。

第三条　本指引所称股权激励，是指上市公司以本公司股票或者其衍生权益为标的，对其董事、高级管理人员及管理、技术和业务骨干实施的长期激励。

第五条　上市公司实施股权激励应当遵循以下原则：

（一）坚持依法规范，公开透明，遵循法律法规和公司章程规定，完善现代企业制度，健全公司治理机制；

（二）坚持维护股东利益、公司利益和激励对象利益，促进上市公司持续发展，促进国有资本保值增值；

（三）坚持激励与约束相结合，风险与收益相匹配，强化股权激励水平与业绩考核双对标，充分调动上市公司核心骨干人才的积极性；

（四）坚持分类分级管理，从企业改革发展和资本市场实际出发，充分发挥市场机制，规范起步，循序渐进，积极探索，不断完善。

《上市公司股权激励管理办法》

第一条　为进一步促进上市公司建立健全激励与约束机制，依据《中华人民共和国公司法》（以下简称《公司法》）、《中华人民共和国证券法》（以下简称《证券法》）及其他法律、行政法规的规定，制定本办法。

第二条　本办法所称股权激励是指上市公司以本公司股票为标的，对其董事、高级管理人员及其他员工进行的长期性激励。

上市公司以限制性股票、股票期权实行股权激励的，适用本办法；以法律、行政法规允许的其他方式实行股权激励的，参照本办法有关规定执行。

第三条　上市公司实行股权激励，应当符合法律、行政法规、本办法和公司章程的规定，有利于上市公司的持续发展，不得损害上市公司利益。

上市公司的董事、监事和高级管理人员在实行股权激励中应当诚实守信，勤勉尽责，维护公司和全体股东的利益。

第四条　上市公司实行股权激励，应当严格按照本办法和其他相关规定的要求履行信息披露义务。

第五条　为上市公司股权激励计划出具意见的证券中介机构和人员，应当诚实守信、勤勉尽责，保证所出具的文件真实、准确、完整。

第六条　任何人不得利用股权激励进行内幕交易、操纵证券市场等违法活动。

第七条　上市公司具有下列情形之一的，不得实行股权激励：

（一）最近一个会计年度财务会计报告被注册会计师出具否定意见或者无法表示意见的审计报告；

（二）最近一个会计年度财务报告内部控制被注册会计师出具否定意见或无法表示意见的审计报告；

（三）上市后最近 36 个月内出现过未按法律法规、公司章程、公开承诺进行利润分配的情形；

（四）法律法规规定不得实行股权激励的；

（五）中国证监会认定的其他情形。

第八条　激励对象可以包括上市公司的董事、高级管理人员、核心技术人员或者核心业务人员，以及公司认为应当激励的对公司经营业绩和未来发展有直接影响的其他员工，但不应当包括独立董事和监事。外籍员工任职上市公司董事、高级管理人员、核心技术人员或者核心业务人员的，可以成为激励对象。

单独或合计持有上市公司 5% 以上股份的股东或实际控制人及其配偶、父母、子女，不得成为激励对象。下列人员也不得成为激励对象：

（一）最近 12 个月内被证券交易所认定为不适当人选；

（二）最近 12 个月内被中国证监会及其派出机构认定为不适当人选；

（三）最近 12 个月内因重大违法违规行为被中国证监会及其派出机构行政处罚或者采取市场禁入措施；

（四）具有《公司法》规定的不得担任公司董事、高级管理人员情形的；

（五）法律法规规定不得参与上市公司股权激励的；

（六）中国证监会认定的其他情形。

第九条　上市公司依照本办法制定股权激励计划的，应当在股权激励计划中载明下列事项：

（一）股权激励的目的；

（二）激励对象的确定依据和范围；

（三）拟授出的权益数量，拟授出权益涉及的标的股票种类、来源、数量及占上市公司股本总额的百分比；分次授出的，每次拟授出的权益数量、涉及的标的股票数量及占股权激励计划涉及的标的股票总额的百分比、占上市公司股本总额的百分比；设置预留权益的，拟预留权益的数量、涉及标的股票数量及占股权激励计划的标的股票总额的百分比；

（四）激励对象为董事、高级管理人员的，其各自可获授的权益数量、占股权激励计划拟授出权益总量的百分比；其他激励对象（各自或者按适当分类）的姓名、职务、可获授的权益数量及占股权激励计划拟授出权益总量的百分比；

（五）股权激励计划的有效期，限制性股票的授予日、限售期和解除限售安排，股票期权的授权日、可行权日、行权有效期和行权安排；

（六）限制性股票的授予价格或者授予价格的确定方法，股票期权的行权价格或者行权价格的确定方法；

（七）激励对象获授权益、行使权益的条件；

（八）上市公司授出权益、激励对象行使权益的程序；

（九）调整权益数量、标的股票数量、授予价格或者行权价格的方法和程序；

（十）股权激励会计处理方法、限制性股票或股票期权公允价值的确定方法、涉及估值模型重要参数取值合理性、实施股权激励应当计提费用及对上市公司经营业绩的影响；

（十一）股权激励计划的变更、终止；

（十二）上市公司发生控制权变更、合并、分立以及激励对象发生职务变更、离职、死亡等事项时股权激励计划的执行；

（十三）上市公司与激励对象之间相关纠纷或争端解决机制；

（十四）上市公司与激励对象的其他权利义务。

《市场监管总局办公厅关于开展查处以直销名义和股权激励、资金盘、投资分红等形式实施传销违法行为专项行动的通知》

近年来，部分直销企业为实现扩大销售业绩的目的，同意所谓的"直销团队、销售企业"挂靠，默认甚至指使其以直销名义或者以直销经营许可为幌子，以股权激励、资金盘、投资分红等形式从事传销违法活动，严重扰乱了直销市场秩序，损害了相关当事方和人员的合法权益，影响了社会和谐稳定。为此，按照 2017 年全国工商和市场监管工作会议精神，并根据全国公安工商机关网络传销违法犯罪活动联合整治部署会的要求，市场监管总局决定，从 2018 年 5 月开始，组织全国工商和市场监管部门开展查处以直销名义和股权激励、资金盘、投资分红等形式实施传销违法行为的专项执法行动。现将相关事项通知如下。

一、专项行动目标

以建立规范、健康、有序的直销市场为目标，对打着直销旗号以各种形式进行传销的违法行为开展专项查处行动，通过纠正、查处直销企业和挂靠的"直销团队、销售企业"的传销违法行为，引导直销企业敬畏、尊重法律法规，促进直销企业守法规范经营，保护公民、法人和其他组织的合法权益，维护良好的直销市场秩序。

二、专项行动内容和安排

（一）检查内容。

各地工商和市场监管部门应重点调查掌握直销企业是否存在下列情形：

1. 直销企业与本企业以外的公司、销售团队、经销商等主体签订只能销售该企业产品的合同，或者通过合作、包销等形式形成了事实上的挂靠关系；

2. 直销企业或者其挂靠的公司、销售团队、经销商并非以销售产品为目的，而是以各种资本项目运作、投资返利分红、股票或者期权等为载体，以资金盘的形式运营；

3. 直销企业或者其挂靠的公司、销售团队、经销商在实施上述行为时，均是以该企业的名义、以直销经营许可证为幌子、以开展"直销经营"为借口，许以高额回报，引诱、哄骗相关人员参与；

4. 直销企业或者其挂靠的公司、销售团队、经销商在实施上述行为时，存在《禁止传销条例》第七条规定的传销违法行为或者第二十六条规定的为传销行为提供条件的违法行为。

04

员工持股计划是否属于股权激励？

案例

2012 年 4 月 26 日，浙江奥康鞋业股份有限公司（以下简称奥康国际）在上海证券交易所正式挂牌上市，2014 年 11 月奥康国际股东会审议通过了《关于〈浙江奥康鞋业股份有限公司员工持股计划（草案）〉及其摘要的议案》。根据奥康国际的公告，其员工作为劣后级出资人进行持股，具体持股人为奥康国际及其下属子公司的部分董事、监事、高级管理人员和员工，共计 51 人。员工持股计划锁定期为 12 个月，存续期为 36 个月。

2015 年 12 月 15 日，奥康国际的员工持股计划通过大宗交易的方式卖出了 500 万股，卖出均价为 37.37 元/股，成交金额为 18685 万元。2016 年 12 月 15 日，奥康国际员工持股计划再次卖出 497.5 万股，卖出均价为 24.14 元/股，成交金额为 12009.65 万元。此时通过两次卖出，员工持股计划已经收回全部投资，不仅赚回 3097 万元资金，还剩下 665 万股股票。2017 年 12 月 7 日，奥康国际清空了最后 665 万股，成交价为 13 元/股，成交金额为 8645 万元。

奥康国际推出的员工持股计划采用了结构化资产管理的方式，即将出资人分为优先级出资人（外部投资人）和劣后级出资人（员工），该方式相当于为员工以 7.5% 的年息提供了一倍杠杆的资金。同时，员工持股计划推出时，公司股价正在底部区域。员工持股计划，让员工以自有资金和杠杆资金购入公司股票，充分调动持股员工的积极性，有效地将股东利益、公司利益和核心团队个人利益结合在一起，促进公司持续、稳健、快速地发展，同时也激发了公司及控股子公司管理团队和核心技术（业务）骨干的动力与创造力，保证了公司战略的顺利实施。员工也通过持股计划达到了 88.28% 的投资回报率。奥康国际前五大股东如图 7-2 所示。

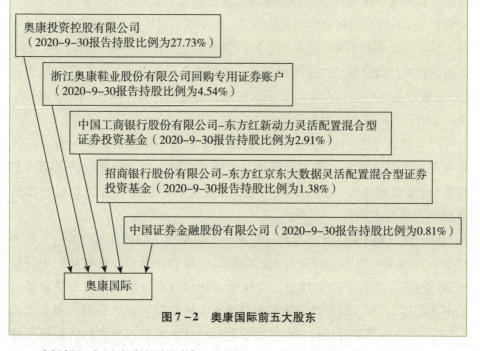

图 7-2　奥康国际前五大股东

案例来源：《一本书看透股权架构》（有改动）。

 **律师解析**

奥康国际推出的员工持股计划属于契约型架构，该架构一般应用于上市公司，非上市公司很少采纳，主要原因是在我国的工商登记制度下，契约型架构持股计划无法进行工商登记，且对公司的 IPO（首次公开上市）形成障碍。契约型架构也并非一定盈利，亦存在熊市股价下跌的风险，进而给员工

带来损失。那么，员工持股计划属于股权激励的范畴吗？笔者认为，从广义上讲，员工持股计划属于股权激励；从狭义上讲，员工持股计划与股权激励是不同的，因为就上市公司而言，员工持股计划与股权激励分别由《关于上市公司实施员工持股计划试点的指导意见》（以下简称《指导意见》）和《上市公司股权激励管理办法》（以下简称《管理办法》）两个不同的文件作出了不同的规定。主要区别如下所示。

（1）激励对象不同。《指导意见》未对持股对象作出明确限定，只是强调"员工持股计划的参加对象为公司员工，包括管理层人员"，也就是说，公司如果认为有必要，可以做到全员持股。《管理办法》将股权激励的对象限定为董事、高级管理人员、核心技术人员或者核心业务人员，以及对公司经营业绩和未来发展有直接影响的其他员工，但不应当包括独立董事和监事。

（2）股票来源不同。《指导意见》规定的员工持股计划股票来源：上市公司回购本公司股票；二级市场购买；认购非公开发行股票；股东自愿赠与等。《管理办法》规定的上市公司股权激励的股票来源：向激励对象发行股份；上市公司回购本公司股份等。

（3）绩效考核不同。《指导意见》未对绩效考核指标的设定与否、具体指标等作出明确规定，员工持股计划在绩效考核方面具有相当的灵活性和自主性。《管理办法》规定，绩效考核指标应当包括公司业绩指标和激励对象个人绩效指标。

（4）锁定期不同。《指导意见》规定，每期员工持股计划的持股期限不得低于 12 个月，以非公开发行方式实施员工持股计划的，持股期限不得低于 36 个月。《管理办法》规定，股权激励计划的有效期从首次授予权益日起不得超过 10 年；限制性股票授予日与首次解除限售日之间的间隔不得少于 12 个月；股票期权授权日与获授股票期权首次可行权日之间的间隔不得少于 12 个月；在股票期权有效期内，上市公司应当规定激励对象分期行权，每期时限不得少于 12 个月，后一行权期的起算日不得早于前一行权期的届满日。

上市公司毕竟是少数，大量的非上市企业在设计股权激励时，没有法律法规对具体的激励程序和激励对象等作出过多的限制，因此，员工持股计划、限制性股票、股票期权、虚拟股权等方法均是可以采取的股权激励手段，企业可根据自身情况，选择一种或多种方法进行股权激励。

法律依据

《关于上市公司实施员工持股计划试点的指导意见》

二、员工持股计划的主要内容

（四）员工持股计划是指上市公司根据员工意愿，通过合法方式使员工获得本公司股票并长期持有，股份权益按约定分配给员工的制度安排。员工持股计划的参加对象为公司员工，包括管理层人员。

（五）员工持股计划的资金和股票来源

1. 员工持股计划可以通过以下方式解决所需资金：

（1）员工的合法薪酬；（2）法律、行政法规允许的其他方式。

2. 员工持股计划可以通过以下方式解决股票来源：

（1）上市公司回购本公司股票；（2）二级市场购买；（3）认购非公开发行股票；（4）股东自愿赠与；（5）法律、行政法规允许的其他方式。

（六）员工持股计划的持股期限和持股计划的规模

1. 每期员工持股计划的持股期限不得低于 12 个月，以非公开发行方式实施员工持股计划的，持股期限不得低于 36 个月，自上市公司公告标的股票过户至本期持股计划名下时起算；上市公司应当在员工持股计划届满前 6 个月公告到期计划持有的股票数量。

2. 上市公司全部有效的员工持股计划所持有的股票总数累计不得超过公司股本总额的 10%，单个员工所获股份权益对应的股票总数累计不得超过公司股本总额的 1%。员工持股计划持有的股票总数不包括员工在公司首次公开发行股票上市前获得的股份、通过二级市场自行购买的股份及通过股权激励获得的股份。

（七）员工持股计划的管理

1. 参加员工持股计划的员工应当通过员工持股计划持有人会议选出代表或设立相应机构，监督员工持股计划的日常管理，代表员工持股计划持有人行使股东权利或者授权资产管理机构行使股东权利。

2. 上市公司可以自行管理本公司的员工持股计划，也可以将本公司员工持股计划委托给下列具有资产管理资质的机构管理：（1）信托公司；（2）保险资产管理公司；（3）证券公司；（4）基金管理公司；（5）其他符合条件的资产管理机构。

《上市公司股权激励管理办法》

第二条　本办法所称股权激励是指上市公司以本公司股票为标的，对其董事、高级管理人员及其他员工进行的长期性激励。

上市公司以限制性股票、股票期权实行股权激励的，适用本办法；以法律、行政法规允许的其他方式实行股权激励的，参照本办法有关规定执行。

第八条　激励对象可以包括上市公司的董事、高级管理人员、核心技术人员或者核心业务人员，以及公司认为应当激励的对公司经营业绩和未来发展有直接影响的其他员工，但不应当包括独立董事和监事。外籍员工任职上市公司董事、高级管理人员、核心技术人员或者核心业务人员的，可以成为激励对象。

第十条　上市公司应当设立激励对象获授权益、行使权益的条件。拟分次授出权益的，应当就每次激励对象获授权益分别设立条件；分期行权的，应当就每次激励对象行使权益分别设立条件。

激励对象为董事、高级管理人员的，上市公司应当设立绩效考核指标作为激励对象行使权益的条件。

第十一条　绩效考核指标应当包括公司业绩指标和激励对象个人绩效指标。相关指标应当客观公开、清晰透明，符合公司的实际情况，有利于促进公司竞争力的提升。

第十二条　拟实行股权激励的上市公司，可以下列方式作为标的股票来源：（一）向激励对象发行股份；（二）回购本公司股份；（三）法律、行政法规允许的其他方式。

第十三条　股权激励计划的有效期从首次授予权益日起不得超过 10 年。

第二十四条　限制性股票授予日与首次解除限售日之间的间隔不得少于 12 个月。

第三十条　股票期权授权日与获授股票期权首次可行权日之间的间隔不得少于 12 个月。

第三十一条　在股票期权有效期内，上市公司应当规定激励对象分期行权，每期时限不得少于 12 个月，后一行权期的起算日不得早于前一行权期的届满日。

《中华人民共和国公司法》

第一百四十一条　发起人持有的本公司股份，自公司成立之日起一年内不得转让。公司公开发行股份前已发行的股份，自公司股票在证券交易所上市交易之日起一年内不得转让。

公司董事、监事、高级管理人员应当向公司申报所持有的本公司的股份及其变动情况，在任职期间每年转让的股份不得超过其所持有本公司股份总数的百分之二十五；所持本公司股份自公司股票上市交易之日起一年内不得转让。上述人员离职后半年内，不得转让其所持有的本公司股份。公司章程可以对公司董事、监事、高级管理人员转让其所持有的本公司股份作出其他限制性规定。

05
股权激励的"十定"

案例

　　2012 年 4 月 5 日，上海家化联合股份有限公司（以下简称家化公司）召开董事会审议通过《上海家化联合股份有限公司 2012 年限制性股票激励计划（草案）》，2012 年 5 月 7 日，家化公司对限制性股票激励计划的相应内容进行了修订，形成《上海家化联合股份有限公司 2012 年限制性股票激励计划（草案修订稿）》（以上两项简称《激励计划》）。

　　王茁、家化公司于 2012 年 6 月 1 日签订授予协议，王茁以 16.41 元/股的价格获授家化公司发行的 350000 股 A 股发行上市的人民币普通股股票。2013 年 5 月 21 日，家化公司发布《上海家化联合股份有限公司 2012 年度利润分配实施公告》，向包括王茁在内的全体股东进行每 10 股送 5 股的股票股利分配，调整后王茁持有的限制性股票总数为 525000 股，每股限制性股票回购价格（授予价格）为 10.94 元/股。王茁持有的第一期 40% 的限制性股票经公司董事会批准自 2013 年 6 月 7 日起解锁并上市流通，剩余未解锁限制性股票为 315000 股，其中，第二期限制性股票为 157500 股，解锁期自 2014 年 6 月 7 日起，第三期限制性股票为 157500 股，解锁期自 2015 年 6 月 7 日起。

> 2014 年 5 月 12 日，家化公司召开五届十五次董事会，审议并通过关于解除王茁总经理职务及提请股东大会解除王茁董事职务的议案。次日，家化公司向王茁送达员工违纪处理通知书。2015 年 4 月 28 日，家化公司召开2014 年度股东大会，审议通过《关于回购并注销部分已授出的股权激励股票的议案》，决定回购王茁尚未解锁的 315000 股激励股票，回购总价款为3446100 元，每股 10.94 元。
>
> 王茁不服向法院提起诉讼，一审法院判决家化公司对王茁持有的157500 股家化公司的股权激励限制性股票给予解锁，宣判后，家化公司提出上诉。二审法院驳回家化公司上诉，维持原判。

案例来源：中国裁判文书网（2016）沪 02 民终 9040 号民事判决书（有改动）。

律师解析

本案中，王茁与家化公司因限制性股票解锁条件是否成就各执一词。王茁认为其满足限制性股票解锁条件，家化公司的行为违反《激励计划》及授予协议；家化公司认为王茁在解锁期到期时不符合激励对象要求，不满足解锁条件。在案件审理中，承办法官依据《激励计划》和授予协议的约定，合理分配举证责任，明辨是非，最后作出公正判决。

股权激励让普通员工成为公司股东，身份的转变让员工更具有奉献精神，从而成为公司业绩增长的"催化剂"。

本案例采用限制性股票的激励模式，企业可根据不同的需求设置不同的激励模式。股权激励模式的确定仅是股权激励中需要注意的十个关键项中的一项。要搞好股权激励，避免发生纠纷，我们将股权激励的关键事项总结为"十定"，下面逐一简要介绍。

1. 定目的

在企业发展的不同阶段，股权激励的目的也不尽相同，其目的及意义主要包括：提高企业的经营业绩、降低企业的经营成本压力、回报老员工、吸引并留住人才、整合上下游产业链、公司内部融资、引入外部资金型或资源型股东等。

2. 定对象

股权激励对象主要包括以下几类人员：企业高级管理人员、企业的技术骨干、企业中层管理人员、企业的"明日之星"——具有发展潜力的员工、企业的供应商或客户渠道资源方、企业的战略投资人等。

3. 定模式

不同的企业在不同的发展阶段，根据不同的激励目的，会选择不同的激励模式，以下为四种常见的模式：第一种为限制性股票；第二种为期权；第三种为虚拟股票；第四种为股票增值权。

4. 定数量

这里的数量包括股权激励的总量和个量。一般来说，企业进行股权激励时，要保障原有股东对企业的控制权，并根据薪酬水平及留存股票的额度确定股权激励的总量；而单个激励额度的确定，需要参照国家相关法律法规的要求，利用价值评估工具对激励对象的贡献进行评估，并平衡股权激励对象的收入结构，从而确定每个激励对象可以获得的股权激励数量。

5. 定价值（定价格）

一般来说，股票分为实股和虚拟股票，实股（注册股）需花钱购买，而虚拟股票一般是公司赠与的，不需要花钱购买。

上市公司股权激励计划的行权价格可以参照相应的股票价格，而非上市企业在制订股权激励计划时，其行权价格的确定没有相应的股票市场价格作为定价基础，通常采用的方法是对企业的价值进行专业的评估，以确定企业每股的内在价值，并以此作为股权行权价格与出售价格的基础。

6. 定来源

股权激励的股票来源主要有：期权池预留、大股东股权转让、增资扩股、上市公司回购二级市场股票等。

股权激励的资金来源主要包括两个方面：一是员工认购资金，包括员工自有资金和各项借款；二是公司的奖励资金，包括年终奖、超额收益分享计划和干股分红等。

7. 定权利

股权激励是为了企业更好地发展，所以激励对象的权利及限制的确定尤为重要。影响激励对象权利的因素有很多，例如不同的股权激励模式可能导致激励对象具有不同的权利：限制性股票的激励对象只有满足一定的服务期或通过业绩考核之后，才可以行权；虚拟股票的激励对象一般只享有分红权，不享有表决权。

8. 定规则（进入和退出条件）

股权激励计划的顺利运行，有效的进入和退出机制不可缺少。一般来说，激励对象在获取股权时必须达到或满足一定的条件，如业绩考核规定、禁止性规定等，业绩考核条件、KPI（Key Performance Indicator，关键绩效指标）的设置、岗位要求、年龄限制等均可作为获得激励的条件，需要对不同的岗位以及不同的个人进行差异化设置。

良好、科学的股权激励计划，很大程度上依靠非常完善的退出机制，因为导致员工股权激励调整或终止的因素有很多，主要包括业绩因素、岗位因素和公司经营因素等，员工的业绩考核不达标、员工晋升、降职、离职、辞退以及公司股权结构发生重大变化等都可能导致股权激励计划的调整。因此，如何制定完善的退出机制对股权激励计划的开展具有重要作用。

9. 定结构

股权激励计划需要在原来固定的股权架构方面进行合理调整。股权激励计划所涉及的股权无论放在原股权架构的何处，均会对企业产生影响。如何正确、合理地设计股权激励计划的股权架构是非常重要的。

10. 定时间

企业在不同的发展阶段都可以去做股权激励，股权激励是一个完整的、长期的计划，不是只做一次就可以完成的。股权激励计划中涉及的时间概念主要包括以下几个：有效期、授予日、等待期、可行权日、窗口期和禁售期等。企业应该根据法律规定、激励中的约束及管理需要，制订相应的时间表。

法律依据

《中华人民共和国民法典》

第五百零九条　当事人应当按照约定全面履行自己的义务。

当事人应当遵循诚信原则，根据合同的性质、目的和交易习惯履行通知、协助、保密等义务。

《非上市公众公司监管指引第 6 号——股权激励和员工持股计划的监管要求（试行）》

一、股权激励

（一）挂牌公司实施股票期权、限制性股票等股权激励计划的，应当符合法律、行政法规、部门规章、本指引和公司章程的规定，有利于公司的持续发展，不得损害公司利益，并履行信息披露义务。

本指引所称股票期权是指挂牌公司授予激励对象在未来一定期限内以预先确定的条件购买本公司一定数量股份的权利；限制性股票是指激励对象按照股权激励计划规定的条件，获得的转让等部分权利受到限制的本公司股票。

挂牌公司实施股权激励，应当真实、准确、完整、及时、公平地披露信息，不得有虚假记载、误导性陈述或者重大遗漏。挂牌公司的董事、监事和高级管理人员在实施股权激励中应当诚实守信、勤勉尽责，维护公司和全体股东的利益。为股权激励出具意见的主办券商和相关人员，应当诚实守信、勤勉尽责，保证所出具的文件真实、准确、完整。

（二）激励对象包括挂牌公司的董事、高级管理人员及核心员工，但不应包括公司监事。挂牌公司聘任独立董事的，独立董事不得成为激励对象。

核心员工的认定应当符合《公众公司办法》的规定。

（三）拟实施股权激励的挂牌公司，可以下列方式作为标的股票来源：

1. 向激励对象发行股票；

2. 回购本公司股票；

3. 股东自愿赠与；

4. 法律、行政法规允许的其他方式。

（四）挂牌公司依照本指引制定股权激励计划的，应当在股权激励计划中载明下列事项：

1. 股权激励的目的；

2. 拟授出的权益数量，拟授出权益涉及的标的股票种类、来源、数量及占挂牌公司股本总额的百分比；

3. 激励对象的姓名、职务、可获授的权益数量及占股权激励计划拟授出权益总量的百分比；设置预留权益的，拟预留权益的数量、涉及标的股票数量及占股权激励计划的标的股票总额的百分比；

4. 股权激励计划的有效期，限制性股票的授予日、限售期和解除限售安排，股票期权的授权日、可行权日、行权有效期和行权安排；

5. 限制性股票的授予价格或者授予价格的确定方法，股票期权的行权价格或者行权价格的确定方法，以及定价合理性的说明；

6. 激励对象获授权益、行使权益的条件；

7. 挂牌公司授出权益、激励对象行使权益的程序;

8. 调整权益数量、标的股票数量、授予价格或者行权价格的方法和程序;

9. 绩效考核指标(如有),以及设定指标的科学性和合理性;

10. 股权激励会计处理方法、限制性股票或股票期权公允价值的确定方法、涉及估值模型重要参数取值合理性、实施股权激励应当计提费用及对挂牌公司经营业绩的影响;

11. 股权激励计划的变更、终止;

12. 挂牌公司发生控制权变更、合并、分立、终止挂牌以及激励对象发生职务变更、离职、死亡等事项时股权激励计划的执行;

13. 挂牌公司与激励对象之间相关纠纷或争端解决机制;

14. 挂牌公司与激励对象的其他权利义务。

本条所称的股本总额是指股东大会批准本次股权激励计划时已发行的股本总额。

《上市公司股权激励管理办法》

第二条 本办法所称股权激励是指上市公司以本公司股票为标的,对其董事、高级管理人员及其他员工进行的长期性激励。

上市公司以限制性股票、股票期权实行股权激励的,适用本办法;以法律、行政法规允许的其他方式实行股权激励的,参照本办法有关规定执行。

第八条 激励对象可以包括上市公司的董事、高级管理人员、核心技术人员或者核心业务人员,以及公司认为应当激励的对公司经营业绩和未来发展有直接影响的其他员工,但不应当包括独立董事和监事。外籍员工任职上市公司董事、高级管理人员、核心技术人员或者核心业务人员的,可以成为激励对象。

单独或合计持有上市公司5%以上股份的股东或实际控制人及其配偶、父母、子女,不得成为激励对象。下列人员也不得成为激励对象:

(一) 最近12个月内被证券交易所认定为不适当人选;

(二) 最近12个月内被中国证监会及其派出机构认定为不适当人选;

(三) 最近12个月内因重大违法违规行为被中国证监会及其派出机构行政处罚或者采取市场禁入措施;

(四) 具有《公司法》规定的不得担任公司董事、高级管理人员情形的;

（五）法律法规规定不得参与上市公司股权激励的；

（六）中国证监会认定的其他情形。

第九条 上市公司依照本办法制定股权激励计划的，应当在股权激励计划中载明下列事项：

（一）股权激励的目的；

（二）激励对象的确定依据和范围；

（三）拟授出的权益数量，拟授出权益涉及的标的股票种类、来源、数量及占上市公司股本总额的百分比；分次授出的，每次拟授出的权益数量、涉及的标的股票数量及占股权激励计划涉及的标的股票总额的百分比、占上市公司股本总额的百分比；设置预留权益的，拟预留权益的数量、涉及标的股票数量及占股权激励计划的标的股票总额的百分比；

（四）激励对象为董事、高级管理人员的，其各自可获授的权益数量、占股权激励计划拟授出权益总量的百分比；其他激励对象（各自或者按适当分类）的姓名、职务、可获授的权益数量及占股权激励计划拟授出权益总量的百分比；

（五）股权激励计划的有效期，限制性股票的授予日、限售期和解除限售安排，股票期权的授权日、可行权日、行权有效期和行权安排；

（六）限制性股票的授予价格或者授予价格的确定方法，股票期权的行权价格或者行权价格的确定方法；

（七）激励对象获授权益、行使权益的条件；

（八）上市公司授出权益、激励对象行使权益的程序；

（九）调整权益数量、标的股票数量、授予价格或者行权价格的方法和程序；

（十）股权激励会计处理方法、限制性股票或股票期权公允价值的确定方法、涉及估值模型重要参数取值合理性、实施股权激励应当计提费用及对上市公司经营业绩的影响；

（十一）股权激励计划的变更、终止；

（十二）上市公司发生控制权变更、合并、分立以及激励对象发生职务变更、离职、死亡等事项时股权激励计划的执行；

（十三）上市公司与激励对象之间相关纠纷或争端解决机制；

（十四）上市公司与激励对象的其他权利义务。

06

股权激励如何留人、留心？

深圳市富安娜家居用品股份有限公司（以下简称富安娜公司）对彭鑫、余松恩、陈瑾、周西川等30余名前高级管理人员（这些高级管理人员离职后，部分跳槽到富安娜公司的竞争对手水星家纺等企业工作）提起诉讼，要求其基于股权激励约定向富安娜公司赔偿违约金。2015年1月19日，持续两年多的富安娜天价股权激励索赔系列案件尘埃落定，虽然富安娜公司赢得了诉讼，但是这也从另一方面反映了富安娜公司股权激励的失败。下面以彭鑫案件为例进行具体介绍。

2003年11月，彭鑫入职富安娜公司，2009年8月，彭鑫以个人原因为由向富安娜公司提出辞职。

2007年6月20日，富安娜公司召开第一次临时股东大会，审议通过了《深圳市富安娜家居用品股份有限公司限制性股票激励计划（草案）》，同意富安娜公司以定向发行新股的方式，向高级管理人员及主要业务骨干发行700万股限制性股票，发行价格为1.45元/股（以下币种均为人民币）。同年，彭鑫向富安娜公司支付了40165元，认购富安娜公司的股票27700股。2007年6月29日，富安娜公司在深圳市市场监督管理局（原深圳市工商行政管理局）办理了股权变更登记，富安娜公司提交的核发证照（通知书）情况记录表显示，富安娜公司于2007年6月29日的注册资本为7700万元，其中彭鑫持有富安娜公司0.0360%的股份。富安娜公司实施股权激励后的股权结构如图7-3所示。

富安娜公司为能够顺利IPO，于2008年3月，召开第一届董事会第九次会议，会议达成了《关于终止〈深圳市富安娜家居用品股份有限公司限制性股票激励计划（草案）〉的议案》（以下简称《议案》），《议案》决定终止实施《深圳市富安娜家居用品股份有限公司限制性股票激励计划（草案）》，拟对109名激励对象所持有的700万股限制性股票作如下处理：给予限制性股票持有人股票回售选择权，对于放弃股票回售选择权的限制性

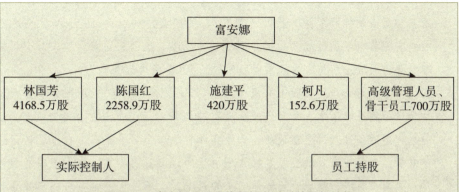

图 7-3 富安娜公司实施股权激励后的股权结构

股票持有人，其持有的限制性股票全部转换为同股数的无限制性的公司普通股，与公司其他普通股股东所持有的股票同股同权等。该草案"特别提示"部分规定，本限制性股票激励计划的期限为 4.5 年，包括禁售期 1.5 年、限售期 3 年，自激励对象获授限制性股票之日起 1.5 年（即 2007 年下半年及 2008 年度），为限制性股票禁售期。第一条"释义"部分规定，限制性股票指富安娜公司根据本计划授予激励对象的、转让受到限制的富安娜公司普通股，以及因公司送红股或转增股本而新增的相应股份。第十条"限制性股票的授予和解锁程序"部分规定，激励对象在获授限制性股票后，享有与公司普通股股东相同的权利、承担相同的义务，但限制性股票的转让受本计划限制。第十一条"限制性股票的回购、再授予与注销"部分规定，在本限制性股票禁售期和限售期内，激励对象因辞职而终止与公司的劳动关系时，公司有权根据公司上一年度经审计的每股净资产作价回购其所持限制性股票，激励对象因触犯法律、违反职业道德、泄露公司机密、失职或渎职等行为严重损害公司利益或声誉，公司有权根据限制性股票认购成本价回购其所持限制性股票。

2008 年 3 月 20 日，富安娜公司召开 2008 年第二次临时股东大会，审议通过了《关于终止〈深圳市富安娜家居用品股份有限公司限制性股票激励计划（草案）〉的议案》。同日，彭鑫出具确认函及承诺函，其中确认函内容为："本人彭鑫，根据公司 2007 年第一次临时股东大会审议通过的《深圳市富安娜家居用品股份有限公司限制性股票激励计划（草案）》的有关约定，现持有公司限制性股票 2.77 万股。根据公司 2008 年第二次临时股东大会审议通过的《关于终止〈深圳市富安娜家居用品股份有限公司限制性股票激励计划（草案）〉的议案》的有关约定，本人同意将持有的公司限制性股票转换为同股数的无限制性的公司普通股，与公司其他普通股股东所持有的股票同股同权。"承诺函内容为："本人彭鑫，为深圳市富安娜家居用品股份有限公司（以下简称'公司'）的股东。截至本承诺函签署日，本人持有公司股份2.77万股。鉴于本人在公司任职，且是以优惠的条件获得上述股份，本人在此自愿向公司承诺：①自本承诺函签署日至公司申请首次公开发行A股并上市之日起三年内，本人不以书面的形式向公司提出辞职、不连续旷工超过七日、不发生侵占公司资产并导致公司利益受损的行为、不发生收受商业贿赂并导致公司利益受损的行为；②若发生上述违反承诺的情形，本人自愿承担对公司的违约责任并向公司支付违约金，违约金=（本人持有的公司股票在证券市场可以公开抛售之日的收盘价-本人发生上述违反承诺的情形之日的上一年度的公司经审计的每股净资产）×（本承诺函签署日本人持有的股份+本人持有的公司股票在证券市场可以公开出售之日前赠送的红股）；③若发生上述违反承诺的情形，本人应在持有公司的股票在证券市场可以公开出售之日后三个交易日内向公司支付违约金。"

2009年12月30日，富安娜公司发布首次公开发行股票上市公告书，富安娜公司的控股股东，担任公司董事、监事、高级管理人员的股东及其他股东均承诺：自公司股票上市之日起36个月内不转让或者委托他人管理其所持有的本公司股份，其于首次公开发行前已发行的股份可上市交易时间为2012年12月30日。同日，富安娜股票（股票代码：002327）在深圳证券交易所上市，首次公开发行后总股本数为10300万股。

2010年和2012年，经过两次转增，彭鑫持有的富安娜公司股份增至43212股。

广东大华德律会计师事务所于2009年7月21日出具的富安娜公司财务报表的审计报告显示，2008年12月31日，富安娜公司的净资产值为221190622.33元，总股本数为7700万股。

截至2012年12月31日，富安娜股票的收盘价为43元/股。

富安娜公司向法院提出的诉讼请求为：①彭鑫向富安娜公司支付违约金1306298.76元（违约金暂以富安娜公司2012年12月25日收盘价33.10元为依据计算，具体支付的金额以2012年12月30日的收盘价计）及至付清之日止的迟延付款利息（利息从 2013 年 1 月 9 日起算）；②本案的诉讼费用（诉讼费及保全费）由彭鑫承担。庭审中，富安娜公司明确其第 1 项诉讼请求中的违约金金额为 1301977.56 元。

法院判决：彭鑫应于判决生效之日起十日内向富安娜公司支付 1301977.56 元及利息（利息自 2013 年 1 月 9 日起按中国人民银行同期同档次贷款利率计算至判决确定的付款之日止）。本案案件受理费 16556.68 元、保全费 5000 元，共计 21556.68 元，由彭鑫负担。

法院认为，富安娜公司的股权激励计划不违反法律强制性规定，是合法有效的。股权激励计划终止时，彭鑫向富安娜公司出具了承诺函，该承诺函对激励对象违约行为的处理明确，也是合法有效的。彭鑫提前离职，富安娜公司有权回购股份，并要求激励对象支付违约金，故判决彭鑫败诉。

案例来源：Alpha 法律数据库（2014）深中法商终字第 1770 号民事判决书（有改动）。

律师解析

股权激励往往是企业对重要岗位员工的一种变相的财富赠与，以实现留人、留心的目的，促进企业稳健发展，实现企业与员工的双赢。但是，如果股权激励计划不周全，反而会加剧高级管理人员离职现象，富安娜公司高级管理人员大量离职的事件并非个案。

富安娜公司起诉原始股东案，被称为 A 股股权激励纠纷第一案。该纠纷主要暴露出如下问题，值得大家参考借鉴。

（1）股权激励应建立在科学评价的基础上，选择品德优、有价值、有潜力的员工作为激励对象，并制定行之有效的股权激励制度，进而实现真正留人、留心。

（2）根据激励对象的不同，分别选择不同的激励模式，或是采取不同激励模式的组合，这样才能有效达到留人与激励的目的。

（3）富安娜公司股权激励方案，使 109 位高级管理人员及主要业务骨干均直接持有计划上市的主体公司股票，存在严重的缺陷。

（4）股权激励方案中，必备要素（包括人、量、价、行权条件与锁定、退出规则等）一定要齐全、完整，相关的转让程序与签署文件也要规范，并做好档案管理工作。

法律依据

《中华人民共和国民法典》

第一百五十八条　民事法律行为可以附条件，但是根据其性质不得附条件的除外。附生效条件的民事法律行为，自条件成就时生效。附解除条件的民事法律行为，自条件成就时失效。

第一百五十九条　附条件的民事法律行为，当事人为自己的利益不正当地阻止条件成就的，视为条件已经成就；不正当地促成条件成就的，视为条件不成就。

《上市公司股权激励管理办法》

第九条　上市公司依照本办法制定股权激励计划的，应当在股权激励计划中载明下列事项：

（一）股权激励的目的；

（二）激励对象的确定依据和范围；

（三）拟授出的权益数量，拟授出权益涉及的标的股票种类、来源、数量及占上市公司股本总额的百分比；分次授出的，每次拟授出的权益数量、涉及的标的股票数量及占股权激励计划涉及的标的股票总额的百分比、占上市公司股本总额的百分比；设置预留权益的，拟预留权益的数量、涉及标的股票数量及占股权激励计划的标的股票总额的百分比；

（四）激励对象为董事、高级管理人员的，其各自可获授的权益数量、占股权激励计划拟授出权益总量的百分比；其他激励对象（各自或者按适当分类）的姓名、职务、可获授的权益数量及占股权激励计划拟授出权益总量的百分比；

（五）股权激励计划的有效期，限制性股票的授予日、限售期和解除限售安排，股票期权的授权日、可行权日、行权有效期和行权安排；

（六）限制性股票的授予价格或者授予价格的确定方法，股票期权的行权价格或者行权价格的确定方法；

（七）激励对象获授权益、行使权益的条件；

（八）上市公司授出权益、激励对象行使权益的程序；

（九）调整权益数量、标的股票数量、授予价格或者行权价格的方法和程序；

（十）股权激励会计处理方法、限制性股票或股票期权公允价值的确定方法、涉及估值模型重要参数取值合理性、实施股权激励应当计提费用及对上市公司经营业绩的影响；

（十一）股权激励计划的变更、终止；

（十二）上市公司发生控制权变更、合并、分立以及激励对象发生职务变更、离职、死亡等事项时股权激励计划的执行；

（十三）上市公司与激励对象之间相关纠纷或争端解决机制；

（十四）上市公司与激励对象的其他权利义务。

第十条　上市公司应当设立激励对象获授权益、行使权益的条件。拟分次授出权益的，应当就每次激励对象获授权益分别设立条件；分期行权的，应当就每次激励对象行使权益分别设立条件。

激励对象为董事、高级管理人员的，上市公司应当设立绩效考核指标作为激励对象行使权益的条件。

第二十条　上市公司应当与激励对象签订协议，确认股权激励计划的内容，并依照本办法约定双方的其他权利义务。

上市公司应当承诺，股权激励计划相关信息披露文件不存在虚假记载、误导性陈述或者重大遗漏。

所有激励对象应当承诺，上市公司因信息披露文件中有虚假记载、误导性陈述或者重大遗漏，导致不符合授予权益或行使权益安排的，激励对象应当自相关信息披露文件被确认存在虚假记载、误导性陈述或者重大遗漏后，将由股权激励计划所获得的全部利益返还公司。

07

如何处理大股东与激励对象的关系？

案例　2008 年 11 月，国美创始人黄光裕因涉嫌非法经营罪、操纵证券市场罪、受贿罪等罪行被北京公安局带走调查，国美集团也陷入危机。职业经理人陈晓临危受命，就任国美总裁，就此拉开了黄光裕与陈晓国美控制权之争。

陈晓上台后立马开始对国美进行大刀阔斧的"改革"：一是成功引入

资本方"贝恩资本",黄光裕股份被稀释;二是推出家电行业金额最大的一次股权激励方案,赢得董事局成员拥戴。国美第一次股权激励管理层授受股份分配如表7-1所示。陈晓通过这些手段企图达到控制国美的目的,但是这次股权激励方案制订匆忙,是陈晓利用现行相关治理机制的规则,在大股东与管理层产生冲突的时候出台的,以调动管理层积极性、创造业绩为借口,最终沦为高级管理人员谋取私利的手段。

国美管理层与创始人的纷争持续近两年,最终黄氏家族利用长期积累的人脉和资源优势,使投资者倒戈,迫使陈晓离职,但国美集团的经营业绩因此次权力斗争受到重大不利影响。

表7-1　　　　　国美第一次股权激励管理层授受股份分配

姓名	职位	激励数量（万份）	行权价	有效期
陈　晓	总裁	2200		
王俊洲	副总裁	2000		
魏立秋	副总裁	1800	1.9港元/股	10年
李俊涛	副总裁	1800		
孙一丁	执行董事	1300		
伍建华	执行董事	1000		

数据来源:《股权激励你不能做——股权激励失败启示录》。

案例来源:《从"国美控制权之争"看上市家族企业治理》(有改动)。

🔍 律师解析

企业进行股权激励,本意是要造就一批优秀的职业经理人,如果处理不好老板与职业经理人的关系,小则可能造成职业经理人丧失创业激情,大则可能引发老板与职业经理人之间的控制权之争。

1. 股权激励的方案要达到留住人才的目的

人才是企业的第一生产力。企业大股东往往担心优秀管理人员和核心技术人员跳槽,于是想尽办法留住这些优秀人才,仅仅通过加薪的方式难以留住这些人才。近几十年来,国内外的众多企业通过股权激励的方式留住人才的效果明显,实施股权激励的企业越来越多。

2. 一手抓增长，一手抓控制

股权激励促使公司完善治理结构，推动公司业绩增长。同时，公司也要在公司章程、规则制度、股权激励方案等方面，做好对激励对象的控制和约束。

3. 股权激励是把"双刃剑"

股权激励的本质，就是将一部分企业的利润通过股权的形式分给职业经理人，类似于大股东对企业优秀人才合法的"商业贿赂"。但股权激励不能仅仅使人才分到利益，也应使人才具有相应的责任心和使命感，这就要将企业管理层由代理人的角色换位成企业所有者的角色，通过利益绑定的方式，提高激励对象的归属感和忠诚度，增强企业的凝聚力和向心力。

我们也要保持清醒的认识，股权激励是一把"双刃剑"，在企业没有做好充分的股权激励准备时，切不可盲目实施股权激励，要谨慎制定企业激励的策略，发挥其积极作用，避免造成严重的负面影响。同时，对于高级管理人员，企业也要非常重视精神激励。精神激励带来的成就感和荣誉感，能使职业经理人认同企业文化，增强其归属感，使其愿意与企业同甘共苦，他们也会把企业当作施展才华的舞台。否则，即使企业提供再丰厚的薪酬，这些"心高气傲"缺乏归属感的职业经理人，迟早也会跳槽到别的企业。

 法律依据

《中华人民共和国公司法》

第四十二条　股东会会议由股东按照出资比例行使表决权；但是，公司章程另有规定的除外。

第四十六条　董事会对股东会负责，行使下列职权：

（一）召集股东会会议，并向股东会报告工作；

（二）执行股东会的决议；

（三）决定公司的经营计划和投资方案；

（四）制订公司的年度财务预算方案、决算方案；

（五）制订公司的利润分配方案和弥补亏损方案；

（六）制订公司增加或者减少注册资本以及发行公司债券的方案；

（七）制订公司合并、分立、解散或者变更公司形式的方案；

（八）决定公司内部管理机构的设置；

（九）决定聘任或者解聘公司经理及其报酬事项，并根据经理的提名决定聘任或者解聘公司副经理、财务负责人及其报酬事项；

（十）制定公司的基本管理制度；

（十一）公司章程规定的其他职权。

第四十九条　有限责任公司可以设经理，由董事会决定聘任或者解聘。经理对董事会负责，行使下列职权：

（一）主持公司的生产经营管理工作，组织实施董事会决议；

（二）组织实施公司年度经营计划和投资方案；

（三）拟订公司内部管理机构设置方案；

（四）拟订公司的基本管理制度；

（五）制定公司的具体规章；

（六）提请聘任或者解聘公司副经理、财务负责人；

（七）决定聘任或者解聘除应由董事会决定聘任或者解聘以外的负责管理人员；

（八）董事会授予的其他职权。

公司章程对经理职权另有规定的，从其规定。

经理列席董事会会议。

第一百零三条　股东出席股东大会会议，所持每一股份有一表决权。但是，公司持有的本公司股份没有表决权。

股东大会作出决议，必须经出席会议的股东所持表决权过半数通过。但是，股东大会作出修改公司章程、增加或者减少注册资本的决议，以及公司合并、分立、解散或者变更公司形式的决议，必须经出席会议的股东所持表决权的三分之二以上通过。

第一百一十一条　董事会会议应有过半数的董事出席方可举行。董事会作出决议，必须经全体董事的过半数通过。

董事会决议的表决，实行一人一票。

08

如何确定股权激励对象？

案例

刘总从事餐饮行业多年，在某省会城市有三家火锅店。2020年上半年受疫情的影响，生意受到了较大的冲击。刘总下半年为加大创收，激发员工工作热情，对全体员工实施了股权激励。股权激励刚开始时，的确提高了员工的工作积极性，但时间长了，股权激励变成了"大锅饭"，员工很快都失去了工作积极性。

律师解析

选择股权激励的对象就像选择结婚对象一样，如果选择的不适合自己，后果会很严重。如何确定股权激励对象，是股权激励的重点问题之一。激励员工的方法有很多，其中用股权激励员工是老板的最高激励手段。因此，激励对象要与老板具有相近的价值观，认同企业文化和发展理念，愿意与企业长期发展；同时公司也要考虑激励对象的能力和贡献度，即激励对象能为企业创造的价值。以下三个具体筛选标准供参考。

（1）不可代替的员工。一个员工最大的价值在于在公司里的不可替代性，这样的员工往往很难在市场上招聘到，这样的人才也往往是公司的中坚力量，所以公司可以通过股权激励的方式，牢牢锁定这样的人才。

（2）具有潜力的员工。股权激励对象还应该是对企业未来具有战略价值的潜力人才，这主要针对的是年轻人，具体来说应满足以下要求：具有较强研发能力、掌握关键技术、具有潜在的资源、工作能力强、工作认真。

（3）作出过贡献的员工。这些功臣为公司作出了历史贡献，公司发展到现在正是基于他们的贡献。因此，在确定激励对象时，公司要参考员工在公司的服务年限、作出的贡献等因素确定授予股权的员工，以再次激发他们的动力。

法律依据

《中华人民共和国公司法》

第二十四条　有限责任公司由五十个以下股东出资设立。

第七十八条　设立股份有限公司，应当有二人以上二百人以下为发起人，其中须有半数以上的发起人在中国境内有住所。

第四十二条　股东会会议由股东按照出资比例行使表决权；但是，公司章程另有规定的除外。

09

企业不同时期的股权激励特点

律师解析

咨询股权激励的公司有很多，有处于创业期的公司，有刚过创业期转入成长期的公司，也有经过多年发展已经进入成熟期的公司。不同发展阶段的公司实施股权激励的特点也不同，下面给大家做个简要的说明。

1. 创业期企业股权激励的特点

公司初创时期，资金少、人员少、工作量大，对此阶段的核心员工实施的股权激励要作为薪酬体系的补充手段。一方面是因为这个阶段需要参与者对公司充满信心，不计较工作的多与杂，不计较收入低，把公司的事情当成自己的事情去做，而股权激励可以达到这样的效果；另一方面，创业初期，公司处在求生存阶段，没有太多的现金去吸引优秀的人才加盟，股权期权成了拿未来换当下的最好承诺，在一定程度上解决了企业当下需要人才又要控制人力成本的难题。

2. 成长期企业的股权激励特点

当企业迈过艰难的创业期，进入成长期，特别是扩张较快时，是实施股权激励最好的阶段。此时，企业往往伴随着较高的管理成本和风险，如何保持核心人才的稳定并且使其保持全力以赴的状态，就显得尤为重要，就需要开启股权激励这个物质奖励与精神鼓励并存的通道。此时股权激励的特点，就是根据具体情况，给予核心高级管理人员实股、限制性股权、期权或虚拟股票。

3. 成熟期企业的股权激励特点

当公司经过多年的发展已经具有较大规模和较强的行业影响力时，公司往往会考虑进入资本市场。专业的投资机构对公司进行投资前，或者公司 IPO 之前、"新三板"市场（全国中小企业股份转让系统）挂牌前、四板市场（区域性股权交易市场）挂牌前，是给员工实施股权激励的绝佳时机，一般情况下，此时员工对公司前景看好，自愿持股人数较多，通过持股平台的设计，达到"老板请客，市场买单"的目的。

 法律依据

《中华人民共和国公司法》

第三十四条　股东按照实缴的出资比例分取红利；公司新增资本时，股东有权优先按照实缴的出资比例认缴出资。但是，全体股东约定不按照出资比例分取红利或者不按照出资比例优先认缴出资的除外。

第三十六条　有限责任公司股东会由全体股东组成。股东会是公司的权力机构，依照本法行使职权。

第四十二条　股东会会议由股东按照出资比例行使表决权；但是，公司章程另有规定的除外。

10

股权激励时机和方案决定成败

创立于 1990 年的苏宁电器，2004 年 7 月在深交所（深圳证券交易所）挂牌上市，得到了资本市场的大力追捧。截至 2016 年 3 月，苏宁已推行了三次股权激励计划，但三次均以失败告终。

2007 年 1 月 29 日，苏宁经董事会审议通过了第一次股权激励计划，拟授予 34 名公司高级管理人员 2200 万份股票期权，占激励计划公告日公司股本总额的 3.05%，首次授予 851 万份，行权价格为 66.60 元。但是，本次股权激励因行权条件过于宽松，最终未获监管部门通过，第一次股权激励胎死腹中。

2008 年 7 月 28 日，苏宁发布第二次股权激励计划。2008 年，全球范围的金融危机爆发，世界经济形势发生巨大变化。在此大背景下，苏宁于 2008 年 12 月 30 日对外公告，宣布终止此次股权激励计划。发布终止公告当日，苏宁股价已跌至 18.10 元，与第二次股权激励公告日的股价 46.17 元相比，下跌 60.80%，与行权价格 58.00 元相比，下跌 68.79%。当股价已经与行权价产生相当大的差距，股票激励计划也丧失了行权意义，第二次股权激励方案也以失败收场。

2010 年 8 月 25 日，苏宁推出第三次股权激励计划草案，激励股份占总股本的 1.21%。该激励草案是向激励对象定向发行股票，行权价格为 14.50 元，行权条件为销售收入增长率不低于 20% 且复合净利润增长率不低于 25%，在股票授权日起五年内分 4 期行权，每期行权 25%。随后几年，由于公司销售收入增长率和净利润增长率均严重下滑（2009—2013 年的销售收入和净利润增长率如图 7-4 所示），无法满足股权激励的行权条件。故 2016 年 3 月，苏宁对外公告第三次股权激励计划终止，且在有效期内无激励对象行权。至此，第三次股权激励计划宣告失败。

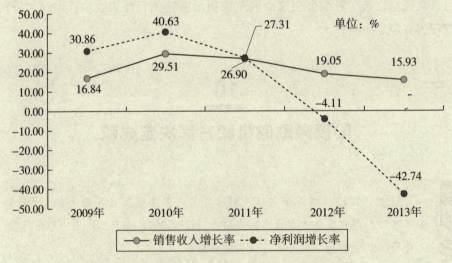

图 7-4 2009—2013 年销售收入与净利润增长率

数据来源：《股权激励你不能做——股权激励失败启示录》。

案例来源：搜狐网《从苏宁的三次股权激励计划中能学到什么?》（有改动）。

律师解析

从苏宁的三次股权激励，尤其是第三次股权激励中，可以整理总结出以下几个方面的失败原因。

首先，股权激励的时机选择不当。苏宁 2008 年推行第二次股权激励时，正值金融危机。苏宁 2010 年实施第三次股权激励时，正逢"家电下乡"政策，但是 2012 年以后，"家电下乡"政策红利消失，行业竞争加剧。苏宁 2010 年的股权激励方案对未来市场趋势判断错误，使股权激励推行的效果大打折扣。

其次，股权激励的对象的选择不尽合理。被激励的中层管理人员是由公司实际控制人张近东单方做出的决定，并没有明确确定激励对象的选择标准；同时，苏宁对激励对象的授予只具体到了个人而非职位，且股权激励计划涉及的人数和范围略显不足。

再次，股权激励考核指标稍显单一。苏宁主要采用每股收益、净利润、销售收入等简单的财务指标作为股权激励的考核条件，虽然也引入了工作态度和服务满意度等非财务类的考核指标，但评分机构成员大多由公司高级管理人员直接分派，评分机构可能做出有失公允的评价，使员工产生消极心理。

最后，股权激励的行权价格制定存在问题。在我国股票市场，股价并不能完全反映企业的真实价值，行权价格或高或低的状况极易发生，直接影响到激励效果。苏宁第三次股权激励方案中确定的行权价格为 14.50 元，结合行业平均值来看，定价相对较高。而行权价格偏高会使激励对象产生行权遥不可及的感觉，无法激发其斗志，对企业的收入增长造成负面的影响。相反，假如行权价格较低，会导致激励对象轻而易举地达成目标，背离了股权激励的出发点，员工也会安于现状，失去上进心和斗志。

综上，实施股权激励，需要掌握宏观及行业趋势，选择合适的股权激励时机和方案，当大环境发生极大改变时，企业应该顺应趋势，提前制定有效的应对策略，抓住危机背后的机遇，科学制定行权标准。

法律依据

《上市公司股权激励管理办法》

第十条　上市公司应当设立激励对象获授权益、行使权益的条件。拟分次授出权益的，应当就每次激励对象获授权益分别设立条件；分期行权的，应当就每次激励对象行使权益分别设立条件。

激励对象为董事、高级管理人员的，上市公司应当设立绩效考核指标作为激励对象行使权益的条件。

第十八条　上市公司发生本办法第七条规定的情形之一的，应当终止实施股权激励计划，不得向激励对象继续授予新的权益，激励对象根据股权激励计划已获授但尚未行使的权益应当终止行使。

在股权激励计划实施过程中，出现本办法第八条规定的不得成为激励对象情形的，上市公司不得继续授予其权益，其已获授但尚未行使的权益应当终止行使。

第五十一条　上市公司在股东大会审议股权激励计划之前拟终止实施股权激励的，需经董事会审议通过。

上市公司在股东大会审议通过股权激励计划之后终止实施股权激励的，应当由股东大会审议决定。

第五十二条　上市公司股东大会或董事会审议通过终止实施股权激励计划决议，或者股东大会审议未通过股权激励计划的，自决议公告之日起 3 个月内，上市公司不得再次审议股权激励计划。

11

受周期和政策影响大的行业如何实施股权激励？

案例

2008 年 4 月，美好置业集团股份有限公司（以下简称美好公司）首次推出股权激励计划，采取股票期权的激励模式。但是，当年 9 月，美好公司宣告终止此次股权激励计划，理由是"证券市场发生重大变化，导致激励计划无法实现激励目的，已不具备可操作性"。就此，美好公司成为中国第一家推出股权激励草案，却在实施前终止激励计划的房地产上市公司。

2009 年 7 月，美好公司公布了第二次股权激励计划草案。2010 年 2 月，股权激励完成期权授予登记；2010 年 7 月，公司对股票期权数量和行权价格进行了调整；2011 年 4 月，美好公司以业绩指标未达到行权条件要求为由，终止了本次股权激励计划。

> 2011 年 12 月，美好公司推出第三次股权激励计划草案，同年 7 月，美好公司首次向激励对象授予限制性股票。2013 年 7 月，美好公司以公司 2012 年业绩指标未达到股权激励第一期要求的解锁条件，且继续实施已无法达到预期的激励效果为由，终止了第三次股权激励计划。

案例来源：《美好集团股权激励三度失败案例研究》（有改动）。

 律师解析

一、为什么美好公司三次股权激励都折戟沉沙？

我国的房地产行业一直是拉动国民经济发展的重要产业之一。在几十年的发展中，我国房地产行业逐渐形成了自己的行业特性，其中最为突出的特征就是周期性和政策性强。

2008 年，我国共有近十家房地产上市公司推出股权激励计划，最终均以停止实施告终，股权激励失败率高达 100%，美好公司就是其中之一。导致众多房企在股权激励上铩羽而归的关键因素，正是这一年席卷全球的金融危机。

2009 年，为了挽救持续走低的中国经济，国家宏观政策的雨露开始洒向干旱已久的中国房地产市场。由于政策的扶持，房地产业迅速出现了复苏的迹象。但是，当政府察觉到房价增长过快、房地产行业的投机风气渐浓时，再次强势出手，先后公布了"国四条"①"国十一条"②以及"新国十条"③等限制性政策，房地产行业的发展速度被迫慢了下来。2008 年至 2011 年，整个房地产行业的利润指标都呈下降态势，美好公司的利润指标也是大幅下滑（见图 7-5），无法到达股权激励的目的，不得不终止股权激励计划。

美好公司的第三次股权激励计划，给出的公司业绩目标是 2012 年、2013 年、2014 年净利润分别增长 100%、200%、300%，而实际上这几年公司业绩呈下滑趋势（2008—2014 年美好公司的经营情况如图 7-5 所示）。该业绩

---

① "国四条"是指在 2009 年 12 月 14 日温家宝主持召开国务院常务会议上，就促进房地产市场健康发展提出增加供给、抑制投机、加强监管、推进保障房建设四大举措。

② "国十一条"是指 2010 年 1 月 7 日国务院办公厅发布的《国务院办公厅关于促进房地产市场平稳健康发展的通知》。

③ "新国十条"是指 2010 年 4 月 17 日国务院为了坚决遏制部分城市房价过快上涨，发布的《国务院关于坚决遏制部分城市房价过快上涨的通知》。

目标是在国家对房地产行业宏观调控和公司业绩下滑的情况下制定的,明显不切实际,让激励对象感觉是画饼充饥,最后也只得终止。

美好公司在制订股权激励计划的时候,缺乏大局观,忽略国内外行业形势的变化,未考虑房地产行业的周期性和政策性强的特点。同时,股权激励计划设定的行权价格不合理,错估了市场环境变化,制订了错误的经营战略,致使经营状况不佳、公司前景不明。激励对象通过努力从股权激励获得收益的不确定性较大,使激励对象对公司丧失信心,激励方案也就失去了意义。

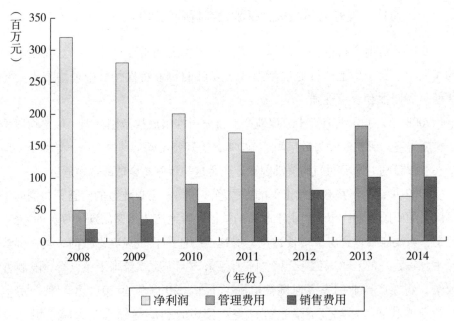

图 7 – 5 美好公司 2008—2014 年经营情况

数据来源:《股权激励你不能做——股权激励失败启示录》。

二、受周期和政策影响大的行业如何实施股权激励?

首先,企业应紧跟国家对行业的政策导向,积极顺应政策趋势变化,同时从自身发展实际出发,相应调整自身的发展规划与业务布局,以改进经营思路,改善经营管理水平。

其次,企业应具备对宏观经济形势的分析与预判能力,选择合适的时机推出股权激励。时机不同,股权激励的实施效果就可能不同,选择合适的时机才能保证股权激励顺利实施，达到激励的预期目的。

最后，制定合理的行权价格。在制定行权价格的时候，应充分考虑企业的发展和政策的周期性，设置合理的价格，激励对象才会努力达到行权条件以行权获利，真正达到激励效果。

综上，企业实施股权激励应看清行业性质，结合行业发展特征，考虑经济形势波动和国家调控政策的影响，科学预测未来行业发展趋势，合理设定业绩目标，这就要求企业不断放大自身战略视野和格局，在此基础上制订合理合法的股权激励计划。

 法律依据

《上市公司股权激励管理办法》

第十条　上市公司应当设立激励对象获授权益、行使权益的条件。拟分次授出权益的，应当就每次激励对象获授权益分别设立条件；分期行权的，应当就每次激励对象行使权益分别设立条件。

激励对象为董事、高级管理人员的，上市公司应当设立绩效考核指标作为激励对象行使权益的条件。

第十八条　上市公司发生本办法第七条规定的情形之一的，应当终止实施股权激励计划，不得向激励对象继续授予新的权益，激励对象根据股权激励计划已获授但尚未行使的权益应当终止行使。

在股权激励计划实施过程中，出现本办法第八条规定的不得成为激励对象情形的，上市公司不得继续授予其权益，其已获授但尚未行使的权益应当终止行使。

第五十一条　上市公司在股东大会审议股权激励计划之前拟终止实施股权激励的，需经董事会审议通过。

上市公司在股东大会审议通过股权激励计划之后终止实施股权激励的，应当由股东大会审议决定。

第五十二条　上市公司股东大会或董事会审议通过终止实施股权激励计划决议，或者股东大会审议未通过股权激励计划的，自决议公告之日起3个月内，上市公司不得再次审议股权激励计划。

12

股权架构对激励对象分红的影响

案例

　　2001 年 11 月 30 日，杭州海康威视数字技术股份有限公司（以下简称海康威视）在杭州成立。上市后，海康威视只用了 3 年时间便成长为深圳证券交易所中小板的"市值王"。现任的副董事长龚虹嘉也曾因减持价值 46.8 亿元的股票被称为"套现王"。2004 年 1 月，海康威视董事会通过决议，对以胡扬忠、程惠芳、毕会娟为代表的经营团队给予期权激励。2007 年 11 月，享受股权激励的 51 人进入行权期。如何行权，当时有两种方案可供选择：第一种是自然人直接持有海康威视的股份；第二种是自然人间接持股，享受激励的员工注册成立持股公司，持股公司再持有海康威视的股份。海康威视采取了第二种方案作为行权方案。第二种方案的选择，既让 51 个自然人享有海康威视股份的财产权，又避免了海康威视股份的表决权的分散。

案例来源：《一本书看透股权架构》（有改动）。

律师解析

　　第二种方案是不是最佳选择呢？海康威视 2011 年年报显示，公司持股平台杭州威讯投资管理有限公司、杭州康普投资有限公司已于 2011 年 6 月迁往乌鲁木齐市，并分别变更为新疆威讯投资管理有限合伙企业和新疆普康投资有限合伙企业。既然第二种方案是当时的选择，并且已经成立了有限责任公司，为什么又将平台公司迁到将近 4000 公里外的乌鲁木齐？这就回归到股权激励的一个目的——让激励对象享受到公司发展带来的红利，这就牵涉如何将股权变现的问题。作为持股平台的有限责任公司，股权分红税率高达 40%。在新疆，自然人合伙人适用的税率为 20%。以合伙企业作为持股平台，能够最大限度地实现股权激励的目的。2020 年 9 月 30 日海康威视的前四大股东如图 7-6 所示。

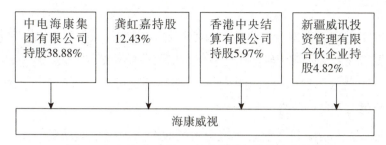

图 7 - 6　2020 年 9 月 30 日海康威视的前四大股东

　　企业家心中理想的持股平台大多为有限合伙企业。有限合伙企业可以很好地实现企业家心中理想的"钱权分离"，因为对于企业家而言，拥有股权中的话语权比拥有股权中的财产权更重要。企业家作为有限合伙企业中的普通合伙人，承担有限合伙企业的无限连带责任，享有有限合伙企业决议的全部表决权，既可要"权"，又可要"钱"。激励对象作为有限合伙人，只要股权增值带来的"钱"，而不需要股权对应的"权"。有限合伙企业为平衡企业家和激励对象之间的"钱"与"权"，提供了完美的平台。

📋 **法律依据**

《中华人民共和国公司法》

　　第一百零三条　股东出席股东大会会议，所持每一股份有一表决权。但是，公司持有的本公司股份没有表决权。

　　股东大会作出决议，必须经出席会议的股东所持表决权过半数通过。但是，股东大会作出修改公司章程、增加或者减少注册资本的决议，以及公司合并、分立、解散或者变更公司形式的决议，必须经出席会议的股东所持表决权的三分之二以上通过。

《中华人民共和国合伙企业法》

　　第二条　本法所称合伙企业，是指自然人、法人和其他组织依照本法在中国境内设立的普通合伙企业和有限合伙企业。

　　普通合伙企业由普通合伙人组成，合伙人对合伙企业债务承担无限连带责任。本法对普通合伙人承担责任的形式有特别规定的，从其规定。

　　有限合伙企业由普通合伙人和有限合伙人组成，普通合伙人对合伙企业债务承担无限连带责任，有限合伙人以其认缴的出资额为限对合伙企业债务承担责任。

第六十七条　有限合伙企业由普通合伙人执行合伙事务。执行事务合伙人可以要求在合伙协议中确定执行事务的报酬及报酬提取方式。

第六十九条　有限合伙企业不得将全部利润分配给部分合伙人；但是，合伙协议另有约定的除外。

《关于个人独资企业和合伙企业投资者征收个人所得税的规定》

第三条　个人独资企业以投资者为纳税义务人，合伙企业以每一个合伙人为纳税义务人。

第 八 章

股权的对外融通

创 业 守 业 与 股 权 激 励

01

股权融资的主要方式

案例

　　2014 年 9 月 1 日，湖南湘江翔鱼私募股权基金管理企业（有限合伙）（以下简称翔鱼私募）与湖南活力种业科技股份有限公司（以下简称活力公司）签订《湖南活力种业科技股份有限公司增资扩股协议》（以下简称《增资扩股协议》），约定翔鱼私募以 446 万元认购活力公司 111.5 万股。2014 年 9 月 1 日，翔鱼私募与活力公司大股东燕翔签订《湖南活力种业科技股份有限公司增资扩股协议之补充协议》（以下简称《补充协议》），约定在 2017 年 12 月 31 日前，活力公司无法完成向中国证券监督管理委员会提交上市申请材料并得到受理，或者活力公司主动撤回上市发行申请或上市发行申请被劝退、被撤回或未获得审核通过或未予核准的，一旦出现上述条款情形，翔鱼私募有权要求燕翔回购其在活力公司的全部或部分股份，并约定了回购金额的两种计算方式，以高者为准。

案例来源：中国裁判文书网（2019）湘 0112 民初 247 号民事判决书（有改动）。

律师解析

　　中小企业在发展过程中获取资金的渠道主要为股权融资和债权融资。所谓股权融资是指企业的股东愿意让出部分股权，通过企业增资的方式引进新股东。股权融资所获得的资金，企业无须还本付息，但新股东将与老股东同样分享企业的盈利与增长。股权融资的特点决定了其用途的广泛性，既可以充实企业的营运资金，也可以用于企业的投资活动。上述案例中，活力公司通过将股份转让给翔鱼私募的方式而获取企业发展资金的行为本质上就是股权融资。

　　股权融资按融资的渠道来划分，主要有两大类：公开市场发售和私募发售。公开市场发售就是通过股票市场向公众投资者发行企业的股票来募集资金，我们常说的企业的上市、上市企业的增发和配股都是利用公开市场进行股权融资的具体形式。而私募发售是指企业自行寻找特定的投资人，吸引其增资入股的融资方式。因为绝大多数股票市场对于申请发行股票的企业都有一定的条件要求，对大多数中小企业来说，公开市场发行股票的门槛较难达到，私募发售成为民营中小微企业进行股权融资的主要方式。另外，私募发售产权关系简单、融资成本较低，因此，私募发售成为近几年来经济活动最活跃的股权融资方式。

另外，中小微企业通过内外部股权激励的方式融资，也是股权融资的重要渠道，股权激励主要有限制性股票（股权）、期权、虚拟股票、员工持股计划等形式，企业需要根据自身的具体情况决定股权激励的融资模式。

法律依据

《中华人民共和国公司法》

第一百三十七条　股东持有的股份可以依法转让。

第一百四十四条　上市公司的股票，依照有关法律、行政法规及证券交易所交易规则上市交易。

《中华人民共和国证券法》

第十二条　公司首次公开发行新股，应当符合下列条件：

（一）具备健全且运行良好的组织机构；

（二）具有持续经营能力；

（三）最近三年财务会计报告被出具无保留意见审计报告；

（四）发行人及其控股股东、实际控制人最近三年不存在贪污、贿赂、侵占财产、挪用财产或者破坏社会主义市场经济秩序的刑事犯罪；

（五）经国务院批准的国务院证券监督管理机构规定的其他条件。

上市公司发行新股，应当符合经国务院批准的国务院证券监督管理机构规定的条件，具体管理办法由国务院证券监督管理机构规定。

公开发行存托凭证的，应当符合首次公开发行新股的条件以及国务院证券监督管理机构规定的其他条件。

《私募投资基金监督管理暂行办法》

第二条　本办法所称私募投资基金（以下简称私募基金），是指在中华人民共和国境内，以非公开方式向投资者募集资金设立的投资基金。

私募基金财产的投资包括买卖股票、股权、债券、期货、期权、基金份额及投资合同约定的其他投资标的。

非公开募集资金，以进行投资活动为目的设立的公司或者合伙企业，资产由基金管理人或者普通合伙人管理的，其登记备案、资金募集和投资运作适用本办法。

02

股权融资的常见误区

2011 年 4 月 9 日，山东瀚霖生物技术有限公司（甲方，以下简称瀚霖公司）与杭州境界投资股份有限公司（乙方，现已改名为宁波境界投资股份有限公司）、苏州香樟一号投资管理中心（有限合伙）（丙方）、天津硅谷天堂合盈股权投资基金合伙企业（有限合伙）（丁方）及瀚霖公司的实际控制人曹务波（戊方）签订增资协议。协议第一条约定，甲、乙、丙、丁、戊各方一致同意，乙方向甲方溢价增资，增资金额合计人民币 4200 万元，丙方向甲方溢价增资人民币 4900 万元，丁方向甲方溢价增资 4900 万元，其中，700 万元作为甲方的注册资本，其余 4200 万元进入甲方的资本公积，本次增资完成后，丁方持有甲方新增注册资本 700 万元。增资协议"第四条新股东的权利"中约定，（一）增资完成后，乙方、丙方、丁方自增资的工商登记变更之日起即根据其实际缴纳的出资比例依法享有各项股东权利……（七）回购权：1. 发生以下情形时，乙方、丙方、丁方将有权要求甲方或者戊方回购其持有的全部或部分甲方股权；（1）甲方在 2013 年年底没有公开发行 A 股股票；（2）甲方 2011 年实现的经审计扣除非经常性损益后的净利润低于 16000 万元……3. 乙方、丙方、丁方根据上述规定行使回购权时，回购对价为乙方、丙方、丁方拟转让股权对应的甲方上一年度经审计净资产与乙方投资额加年资金成本 8% 计算孰高者为准（单利计算，但应减去乙方、丙方、丁方已分配利润）。

2012 年 6 月 19 日，受瀚霖公司的委托，国富浩华会计师事务所对瀚霖公司的财务报表进行了审计，包括 2011 年 12 月 31 日的资产负债表和 2011 年度的利润表、现金流量表、所有者权益变动表。审计报告中的利润表显示，瀚霖公司在 2011 年度实现的净利润为 30491082.65 元。

因瀚霖公司 2011 年的净利润远未能达到增资协议约定的不低于 16000 万元，且事实上已经不可能在 2013 年年底实现上市。

苏州香樟一号投资管理中心（有限合伙）、天津硅谷天堂合盈股权投资基金合伙企业（有限合伙）先后将曹务波、瀚霖公司诉至法院。山东省高级人民法院分别作出（2013）鲁商初字第 18 号、（2014）鲁商初字第 25 号民事判决书，判决曹务波与瀚霖公司向苏州香樟一号投资管理中心（有限合伙）、天津硅谷天堂合盈股权投资基金合伙企业（有限合伙）支付相关款项及逾期付款利息。

案例来源：Alpha 法律数据库（2013）鲁商初字第 18 号民事判决书、中国裁判文书网（2014）鲁商初字第 25 号民事判决书（有改动）。

律师解析

瀚霖公司在成立之初，凭借自己领先的技术水平和中国科学院教授担任首席科学家的名号，就在市场上产生了巨大影响，具有非常大的发展空间。但该公司为了取得大量的发展资金，冒险通过限制条件（净利润数额、公司上市）进行大规模的融资，最终上市失败，公司在无休止的官司中陷入绝境。

股权融资限制条件过多，是企业在股权融资过程中常会陷入的误区。股权融资的误区不仅会阻碍企业融资成功，也会为企业的后续发展埋下诸多隐患。所以，企业在股权融资过程中，一定要注意避开以下误区。

1. 企业对投资方的期望值太高

企业希望通过股权融资，在获得资金的同时，还能获得各种产业资源。中国有很多优秀的投资者和投资机构，但更多的投资者都是财务投资者，很难为企业提供产业资源，企业不应对投资者抱有太高的期望。只有借助投资者的资金，结合自身的努力，才能达到迅速发展的目的。

2. 股权融资越多越好

一般情况下，上轮融到的资金，能支撑到下一个目标阶段就可以了，股权融资并不是越多越好。如果一开始就争取大量资金，未来可供稀释的股权空间就比较小，不利于创始人控制公司。而且，过多的股权融资往往也意味着资金很难得到有效利用。另外，如果企业上市申报前股权融资太多，会造成企业资产负债率过低，就很难解释募集资金的必要性，在发行审核时也会遇到阻碍。

3. 一份商业计划书就可以融到资金

目前，随着中国金融业的迅速发展，很多企业都开始尝试以股权融资的方式获取资金。但是，也不乏一些心怀叵测的"皮包公司"，只通过一纸商业计划书和无数夸大其词的吹嘘，就骗取了投资者信任的案例。这些案例，使投资者开始提高警惕，提高了企业股权融资的难度。企业想要争取到资金，必须要做好各方面的准备，用事实来说服投资者。所以商业计划书一定要注意宣传的真实可信性，避免出现过于主观、夸大宣传、可信度较低、专业性不够等问题。否则，企业的信誉将有可能受损，股权融资自然也不可能完成。

4. 股权融资限制性条件多

有的创业者，在企业发展初期就签订对赌协议，给企业加上各种约束条件。发展初期，企业的发展模式、发展前景等均不清晰，若是在这时就为企业加上各种约束条件，不仅会影响创始人开拓市场的规划和节奏，也会给企业发展埋下隐患。上述案例中的瀚霖公司就是冒险进行大规模限制条件多的股权融资，结果陷入企业和投资者双输的局面。因此，企业在股权融资过程中，绝不能将企业的前途命运作为赌注，否则一旦赌博失败，企业就会陷入绝境。

5. 不了解投前估值与投后估值

企业估值是股权融资的重要环节之一，很多企业在股权融资时，不能区分投前估值与投后估值。理论上，企业价值都是通过未来预测收益折现得到的。企业预测未来收益时如果只考虑现有的资金实力，那就是投前估值；如果考虑了即将引入的资金，那就是投后估值。企业做盈利预测时，建议把即将引入的资金考虑进去。

创始人一定要充分认识到股权融资的精髓所在，只有走出股权融资的误区，才能让所融资金更好地助力企业发展。

 法律依据

《中华人民共和国公司法》

第一百七十八条　有限责任公司增加注册资本时，股东认缴新增资本的出资，依照本法设立有限责任公司缴纳出资的有关规定执行。

股份有限公司为增加注册资本发行新股时，股东认购新股，依照本法设立股份有限公司缴纳股款的有关规定执行。

第一百六十七条　股份有限公司以超过股票票面金额的发行价格发行股份所得的溢价款以及国务院财政部门规定列入资本公积金的其他收入，应当列为公司资本公积金。

《全国法院民商事审判工作会议纪要》

二、关于公司纠纷案件的审理

（一）关于"对赌协议"的效力及履行

实践中俗称的"对赌协议"，又称估值调整协议，是指投资方与融资方在达成股权性融资协议时，为解决交易双方对目标公司未来发展的不确定性、信息不对称以及代理成本而设计的包含了股权回购、金钱补偿等对未来目标公司的估值进行调整的协议。从订立"对赌协议"的主体来看，有投资方与目标公司的股东或者实际控制人"对赌"、投资方与目标公司"对赌"、投资方与目标公司的股东、目标公司"对赌"等形式。人民法院在审理"对赌协议"纠纷案件时，不仅应当适用合同法的相关规定，还应当适用公司法的相关规定；既要坚持鼓励投资方对实体企业特别是科技创新企业投资原则，从而在一定程度上缓解企业融资难问题，又要贯彻资本维持原则和保护债权人合法权益原则，依法平衡投资方、公司债权人、公司之间的利益。对于投资方与目标公司的股东或者实际控制人订立的"对赌协议"，如无其他无效事由，认定有效并支持实际履行，实践中并无争议。但投资方与目标公司订立的"对赌协议"是否有效以及能否实际履行，存在争议。对此，应当把握如下处理规则：

5.【与目标公司"对赌"】投资方与目标公司订立的"对赌协议"在不存在法定无效事由的情况下，目标公司仅以存在股权回购或者金钱补偿约定为由，主张"对赌协议"无效的，人民法院不予支持，但投资方主张实际履行的，人民法院应当审查是否符合公司法关于"股东不得抽逃出资"及股份回购的强制性规定，判决是否支持其诉讼请求。

投资方请求目标公司回购股权的，人民法院应当依据《公司法》第35条关于"股东不得抽逃出资"或者第142条关于股份回购的强制性规定进行审查。经审查，目标公司未完成减资程序的，人民法院应当驳回其诉讼请求。

投资方请求目标公司承担金钱补偿义务的，人民法院应当依据《公司法》第 35 条关于"股东不得抽逃出资"和第 166 条关于利润分配的强制性规定进行审查。经审查，目标公司没有利润或者虽有利润但不足以补偿投资方的，人民法院应当驳回或者部分支持其诉讼请求。今后目标公司有利润时，投资方还可以依据该事实另行提起诉讼。

03

股权融资的风险与防范

案例

1994 年，蔡达标和好友潘宇海开了一间"168 蒸品店"，生意越做越大，发展成为开遍大街小巷的"真功夫"。当时的股权分配是潘宇海占 50%，蔡达标及其妻潘敏峰（潘宇海之姐）各占 25%，而在 2006 年，蔡达标和其妻潘敏峰离婚，潘敏峰用 25% 的股份换来了子女的抚养权，此后蔡达标和潘宇海各占 50% 的股份。

2007 年，"真功夫"引入了今日资本和联动投资，蔡达标和潘宇海各让出 3% 的股份给两家风险投资公司。"真功夫"为了做强做大，并最终 IPO 成功，在 2008 年年底由蔡达标引入了麦当劳中国区总裁张帆助阵公司改革。他们通过打造新的公司管理和治理结构，将"真功夫"的高层进行大量变更，原潘姓"家族化"管理的模式受到冲击，潘宇海基本丧失了对"真功夫"的控制权，蔡达标大权在握。因"真功夫"的控制权和发展理念问题，潘宇海与蔡达标的矛盾凸显，并不断激化。蔡达标挪用公司巨额资金，潘宇海到公安机关报案，最终以蔡达标被判处 14 年有期徒刑、"真功夫"IPO 停滞收场。"真功夫"这一场闹剧，反映出原始股权配置不合理的问题，也反映出公司股东在融资、引进外来财务投资者或战略投资者的同时，没有优化公司治理结构，最终引发严重的股东对峙，导致悲剧发生。

案例来源：http://finance.sina.com.cn/focus/zkungfu/（有改动）。

律师解析

1. 股权融资的风险

创始人进行股权融资，是为了给企业筹集发展资金；投资者愿意为企业注资，是为了获取更大的利润。只有在投融双方都有利可图的情况下，交易才能顺利进行。然而，天下没有无风险的生意，股权融资也存在着一定的风险，主要表现在以下五个方面。

（1）股权结构设置不当风险。上述案例中，"真功夫"公司在成立初期，股权设置已明显不合理，后该公司在引入投资者时，未能解决股东持股比例、表决比例（公司控制权）问题，为公司的发展埋下了隐患。

（2）控制权稀释风险。投资者获得企业的一部分股份，必然导致企业原有股东的控制权被稀释，甚至有可能丧失实际控制权。

（3）机会风险。企业选择了股权融资，从而可能会失去其他融资方式带来的机会。

（4）经营风险。若创始股东在公司战略、经营管理方式等方面与投资者股东产生重大分歧，会导致企业经营决策困难。另外，大量权益资本的流入，可能促使企业的投资行为随意化，将企业经营陷于危险境地。

（5）商业秘密泄露风险。企业在股权融资时，必须将企业的经营状况、财务状况等相关情况提供给投资者，可能使企业的一些商业秘密泄露。

2. 股权融资规避风险的措施

股权融资是企业常见的融资方式之一，只要采取适当的措施，就可以尽量规避上述风险，主要措施有以下七个方面。

（1）设置科学合理的公司治理结构。企业进行股权融资时，必须设置合理的股权结构和董事会结构，防止企业控制权旁落。一般来讲，投资机构注资时，为保护其自身利益，一般会要求与融资企业签订投资协议，约定融资方提供业绩保证或者董事会人员安排保证等。企业控股股东在签订协议前，一定要充分认识到这些协议对企业控制权的影响，要客观估计企业的成长能力，不要为了获得高估值，而做出不切实际的业绩保证或不合理的人员安排保证。

（2）股权动态调整。初创型企业，特别是人才型企业，一般前期需要资金，后期主要依赖人才推动，对融资的需求会越来越弱。为真正发挥人才的价值，并促进企业的可持续发展，就需要根据企业发展的具体情况对股权进行动态调整，原则上让贡献大的人才获得更多的利益。

（3）对资金型投资者的回报可以灵活约定。对于仅能够提供资金这种单一资源的投资者，最好约定一个合理的投资回报区间，超过部分可以封顶，或者采用逐步回购股权的方式来解决公司股权分配问题和融资风险问题。

（4）多种融资形式并用。股权融资和债权融资在企业不同的发展阶段扮演了不同的角色，要根据企业的具体情况选择采用单一的或组合的融资方式。

（5）企业只需提供商业计划书的摘要。制作商业计划书时，尽量不要泄露机密的信息和数据，把企业的优势讲清楚即可，同时要与投资者签署保密协议。

（6）考虑全局，关注企业未来发展。企业可与多家投资机构交流，确保找到最适合企业的投资机构。企业融资不仅是为了解决当前的问题，还要符合企业的长期发展战略。

（7）听取外部专家建议。外聘投资服务机构或律师等专业人才，为企业的融资提供专业的意见和建议，可以尽量避免企业融资的陷阱。

📖 法律依据

《中华人民共和国公司法》

第三十四条　股东按照实缴的出资比例分取红利；公司新增资本时，股东有权优先按照实缴的出资比例认缴出资。但是，全体股东约定不按照出资比例分取红利或者不按照出资比例优先认缴出资的除外。

第四十三条　股东会的议事方式和表决程序，除本法有规定的外，由公司章程规定。

股东会会议作出修改公司章程、增加或者减少注册资本的决议，以及公司合并、分立、解散或者变更公司形式的决议，必须经代表三分之二以上表决权的股东通过。

第七十一条　有限责任公司的股东之间可以相互转让其全部或者部分股权。

股东向股东以外的人转让股权，应当经其他股东过半数同意。股东应就其股权转让事项书面通知其他股东征求同意，其他股东自接到书面通知之日起满三十日未答复的，视为同意转让。其他股东半数以上不同意转让的，不同意的股东应当购买该转让的股权；不购买的，视为同意转让。

经股东同意转让的股权，在同等条件下，其他股东有优先购买权。两个以上股东主张行使优先购买权的，协商确定各自的购买比例；协商不成的，按照转让时各自的出资比例行使优先购买权。

公司章程对股权转让另有规定的，从其规定。

第一百七十八条　有限责任公司增加注册资本时，股东认缴新增资本的出资，依照本法设立有限责任公司缴纳出资的有关规定执行。

股份有限公司为增加注册资本发行新股时，股东认购新股，依照本法设立股份有限公司缴纳股款的有关规定执行。

《私募投资基金监督管理暂行办法》

第二条　本办法所称私募投资基金（以下简称私募基金），是指在中华人民共和国境内，以非公开方式向投资者募集资金设立的投资基金。

私募基金财产的投资包括买卖股票、股权、债券、期货、期权、基金份额及投资合同约定的其他投资标的。

非公开募集资金，以进行投资活动为目的设立的公司或者合伙企业，资产由基金管理人或者普通合伙人管理的，其登记备案、资金募集和投资运作适用本办法。

《中华人民共和国证券法》

第十一条　设立股份有限公司公开发行股票，应当符合《中华人民共和国公司法》规定的条件和经国务院批准的国务院证券监督管理机构规定的其他条件，向国务院证券监督管理机构报送募股申请和下列文件：

（一）公司章程；

（二）发起人协议；

（三）发起人姓名或者名称，发起人认购的股份数、出资种类及验资证明；

（四）招股说明书；

（五）代收股款银行的名称及地址；

（六）承销机构名称及有关的协议。

依照本法规定聘请保荐人的，还应当报送保荐人出具的发行保荐书。

法律、行政法规规定设立公司必须报经批准的，还应当提交相应的批准文件。

第十四条　公司对公开发行股票所募集资金，必须按照招股说明书或者其他公开发行募集文件所列资金用途使用；改变资金用途，必须经股东大会作出决议。擅自改变用途，未作纠正的，或者未经股东大会认可的，不得公开发行新股。

04

股权融资解决的不仅是资金问题

案例

　　美团于 2018 年 9 月 20 日在香港交易所上市，是继小米之后香港第二家实行 AB 股的上市公司。天眼查数据显示，美团截至 IPO 经历了 11 轮融资，我们来看一下美团的融资历程和类别。

　　一、风险投资

　　从美团融资的历程来看，2010 年到 2015 年的融资主要来源于外部融资，融资渠道主要是风险投资。美团 2010 年到 2015 年的投资人主要是红杉资本、泛大西洋资本、挚信资本、阿里巴巴等，其中红杉资本、泛大西洋资本、挚信资本都是著名的风险投资企业。

　　二、私募股权融资

　　从 2010 年到 2016 年，美团的融资渠道除风险投资之外，还有私募股权融资。从投资人来看，阿里巴巴、腾讯等企业对美团的投资属于私募股权融资，融资额占比也比较高。私募股权融资更适合发展到了一定规模、有了相对稳定现金流的企业。

　　三、并购融资

　　2016 年美团并购大众点评，公司在业务上保持相对独立性，实现了强强联合。

　　案例来源：https：//www.docin.com/p-2097233287.html（有改动）。

律师解析

　　美团通过多次的股权融资，不仅引进了资金，又引来了战略合作伙伴，助其成功上市，股权融资在其中发挥了重要作用。所以，股权融资对企业而言，不仅可以解决企业的资金需要，更满足了企业在发展中的多方面需求。股权融资能帮助企业解决包含但不限于如下问题。

　　（1）完善公司法人治理机构。股权融资需要建立较为完善的公司法人治理机构。公司的法人治理机构一般由股东会或股东大会、董事会、监事会、高级管理层组成，相互之间形成多重风险约束和权力制衡机制。股权融资可以在比较短的时间内有效改善企业的法人治理机构，提高企业核心竞争力，并最终带来企业业绩和股东价值的提升。

（2）指导企业运营，降低企业的经营风险。投资者除为企业发展提供所需要的资金外，还提供合理的管理制度、丰富的资本运作经验、市场渠道、监管体系和法律框架等，可以快速改变企业的收入与成本结构，降低企业的经营风险。很多天使投资人都是行业中的巨擘，有着丰富的创业经验和行业经验，他们提供的关于企业战略、产品、技术方面的专业意见，对创业公司来说是无价之宝。

（3）帮助企业实现跨越式发展。企业可通过资金优势，快速领先对手，占领行业制高点。

（4）帮助企业获得投资者背后的资源加持。为了扶持早期项目，天使投资人往往愿意向创业者提供包括但不限于政府、媒体、人才、市场渠道及下一轮融资的渠道等资源，为企业打通上升的渠道。

（5）有利于企业再融资。股票的发行和上市不但为上市公司带来大量资金，而且为其通过资本市场再融资创造了条件，如增发新股、配股、发行债券。同时企业上市后，实力增强，信誉提高，比较容易以优惠条件获得银行贷款。

（6）帮助企业引进高水平的经营管理人才和技术人才，建立新的客户网络及市场渠道，提高企业收购兼并能力，促进企业快速成长。

法律依据

《中华人民共和国证券法》

第十二条　公司首次公开发行新股，应当符合下列条件：

（一）具备健全且运行良好的组织机构；

（二）具有持续经营能力；

（三）最近三年财务会计报告被出具无保留意见审计报告；

（四）发行人及其控股股东、实际控制人最近三年不存在贪污、贿赂、侵占财产、挪用财产或者破坏社会主义市场经济秩序的刑事犯罪；

（五）经国务院批准的国务院证券监督管理机构规定的其他条件。

上市公司发行新股，应当符合经国务院批准的国务院证券监督管理机构规定的条件，具体管理办法由国务院证券监督管理机构规定。

公开发行存托凭证的，应当符合首次公开发行新股的条件以及国务院证券监督管理机构规定的其他条件。

第三十二条　股票发行采取溢价发行的，其发行价格由发行人与承销的证券公司协商确定。

第七十八条　发行人及法律、行政法规和国务院证券监督管理机构规定的其他信息披露义务人，应当及时依法履行信息披露义务。

《中华人民共和国公司法》

第一百七十八条　有限责任公司增加注册资本时，股东认缴新增资本的出资，依照本法设立有限责任公司缴纳出资的有关规定执行。

股份有限公司为增加注册资本发行新股时，股东认购新股，依照本法设立股份有限公司缴纳股款的有关规定执行。

《私募投资基金监督管理暂行办法》

第二条　本办法所称私募投资基金（以下简称私募基金），是指在中华人民共和国境内，以非公开方式向投资者募集资金设立的投资基金。

私募基金财产的投资包括买卖股票、股权、债券、期货、期权、基金份额及投资合同约定的其他投资标的。

非公开募集资金，以进行投资活动为目的设立的公司或者合伙企业，资产由基金管理人或者普通合伙人管理的，其登记备案、资金募集和投资运作适用本办法。

第三十四条　本办法所称创业投资基金，是指主要投资于未上市创业企业普通股或者依法可转换为普通股的优先股、可转换债券等权益的股权投资基金。

第三十五条　鼓励和引导创业投资基金投资创业早期的小微企业。

享受国家财政税收扶持政策的创业投资基金，其投资范围应当符合国家相关规定。

05
企业估值的方法

　　联创公司诉称，TQ公司系一家在开曼群岛注册的公司，肖军为其实际控股股东和核心管理人。据肖军介绍，B轮投资前，TQ公司估值为5亿美元，TQ公司总共发行了10亿股普通股；TQ公司运行状况良好，拟于2020年前完成IPO，TQ公司保证届时整体估值不低于10亿美元。为此，肖军要求联创公司为B轮增资领投人，投资3000万美元。后联创公司与各方形成了初步投资意愿，并在肖军的一再催促下，于2015年3月25日向其指定的轩潮公司账户预付了1000万元人民币。2015年3月27日，联创公司与TQ公司、肖军就B轮投资签订了投资意向书，2015年3月30日，各方正式签订了增资协议。联创公司在向轩潮公司账户转入人民币1000万元预付款后调查发现：TQ公司存在严重的税务问题，其提供的2014年度财报显示亏损为4244.50万元，但交付预付款后TQ公司提供的普华永道审计报告显示仅轩潮公司的亏损就达10847.58万元，其主要原因系对方未依法缴纳增值税，并未能计提存货跌价准备，采购时未取得增值税发票，销售时也未开具增值税发票，故普华永道的审计报告依据会计原则按照账面收入的17%全额计提了增值税销项税额。联创公司认为，普华永道的审计报告客观公允，TQ公司引资前提供的财务资料严重失信并存在重大财务风险。同时，TQ公司存在虚构交易信息等严重失信的事实。联创公司在调查中还发现，TQ公司大量使用个人账户进出资金，无法判定真实财务状况。联创公司认为，TQ公司估值已严重偏离，肖军未尽基本的诚信义务且联创公司不能豁免未满足之交割先决条件，TQ公司、肖军已构成根本违约。因此，联创公司将TQ公司、轩潮公司、肖军诉至法院。

案例来源：中国裁判文书网（2015）浙杭商外初字第66号民事判决书（有改动）。

 律师解析

　　企业的价值评估也称估值。在股权融资中，估值对股权交易的定价和交

易方式具有重大影响，因此，投融资双方都会使用相应的估值方法对融资企业的价值大小进行评估。上述案例中，TQ公司的估值与实际不符，直接导致联创公司终止本次增资行为。该案例充分说明企业的价值评估能否做到客观和准确，对投融资双方的决策都有着非常重要的意义。

在实践中，企业估值要做到绝对客观和准确并不容易。目前国内常用的价值评估理论和实践都还有不足之处。不同的人倾向于不同的理论，使用不同的方法。在实践中常用的方法有重置资产法、市盈率法、现金流量折现法等。

1. 重置资产法

以企业的资产为基础，也就是根据现在的价格水平购买同样的资产或重建一个同样的企业所需要的资金来估算该企业的价值。

2. 市盈率法

市盈率是指一个企业的股票市价与其每股收益的比率，计算公式为市盈率（P/E）=股票市价/每股收益。而市盈率法，是用一个选定的市盈率与融资企业净利润相乘来得到企业估值的方法，或者说用一个选用的市盈率与融资企业的每股收益（每股净利润）相乘来得到企业单个股份价值的方法。市盈率法的基本原理就是，一个企业的价值是由它所表现出的盈利能力所决定的。市盈率法的计算公式是由市盈率计算公式变换而来的，即企业股票市价=市盈率×每股收益。

3. 现金流量折现法

任何资产的价值是由这种资产今后产生现金回报的能力所决定的，产生现金回报的能力越强，该项资产的价值越高。因此，资产的价值大小就等于将这种资产未来各期所产生的净现金流加以折现后的现值之和。同样，一个企业的价值就等于将该企业未来各期所产生的净现金流逐一折现后再进行相加所得之和。

上述估值方法各有自己的优点和缺点，也各有一定的适用范围和对象。在实践中，企业应该根据评估对象的具体情况进行客观分析，在多种方法中择优选择一种最为合适的评估方法，同时也要参考使用其他方法，从多种角度来评估目标企业的价值，对各种方法评估出来的数据进行比较和取舍，尽可能地降低估值失误的风险。

法律依据

《中国证券监督管理委员会关于证券投资基金估值业务的指导意见》

一、估值业务基本要求

（一）为准确、及时进行基金估值和份额净值计价，基金管理人应制定基金估值和份额净值计价的业务管理制度，明确基金估值的程序和技术；建立估值委员会，健全估值决策体系；使用可靠的估值业务系统；确保估值人员熟悉各类投资品种的估值原则及具体估值程序；完善相关风险监测、控制和报告机制。

（二）基金管理人对投资品种进行估值时应保持估值程序和技术的一致性。同一基金管理人对管理的不同基金持有的具有相同特征的同一投资品种的估值原则、程序及技术应当一致（中国证监会规定的特殊品种除外）。

为确保估值程序和技术的持续适用性，基金管理人应建立定期复核和审阅机制，以确保相关估值程序和技术不存在重大缺陷。

（三）基金管理人应充分理解相关估值原则及技术，与托管人充分协商，谨慎确定公允价值。托管人在复核、审查基金资产净值和基金份额申购、赎回价格之前，应认真审阅基金管理人采用的估值原则及技术。当对估值原则及技术有异议时，托管人有义务要求基金管理人作出合理解释，通过积极商讨达成一致意见。

（四）基金管理人应履行与基金估值相关的披露义务，应当在半年度和年度报告中披露估值程序、估值技术及重大变化、假设、输入值、对基金资产净值及当期损益的影响等对基金估值有重大影响的信息。

当基金管理人改变估值技术时，应本着最大限度保护基金份额持有人利益的原则及时进行临时公告。

（五）基金管理人改变估值技术，导致基金资产净值的变化在 0.25% 以上的，应就基金管理人所采用的相关估值技术、假设及输入值的适当性等咨询会计师事务所的专业意见。

会计师事务所在对基金年度财务报告出具审计报告时，应对报告期间基金的估值技术及其重大变化，特别是对估值的适当性，采用外部信息进行估值的客观性和可靠性程度，以及相关披露的充分性和及时性等发表意见。

（六）货币市场基金应按本通知的有关估值原则确定投资品种的影子

价格。

《保荐人尽职调查工作准则》

第二条　本准则所称尽职调查是指保荐人对拟推荐公开发行证券的公司（以下简称"发行人"）进行全面调查，充分了解发行人的经营情况及其面临的风险和问题，并有充分理由确信发行人符合《证券法》等法律法规及中国证监会规定的发行条件以及确信发行人申请文件和公开发行募集文件真实、准确、完整的过程。

第三条　本准则主要针对首次公开发行股票的工业企业的基本特征制定。保荐人应当在参照本准则基础上，根据发行人的行业、业务、融资类型不同，在不影响尽职调查质量前提下调整、补充、完善尽职调查工作的相关内容。

06

如何通过股权激励整合上下游资源？

案例

泸州老窖作为大众化的浓香型白酒，在行业的激烈竞争中，能立足四川，走向全国，并发展成大型白酒上市公司，除因为前期的内涵式发展之外，还离不开对下游经销商的共荣举措——股权激励。

2006年11月10日，泸州老窖向8名区域经销商定向增发1228.4万股股份，增发价为12.22元/股，锁定期为12个月，并于11月29日办理了本次发行相关股份的股权登记。对经销商的激励，直接促进泸州老窖的销售量大幅提升。数据显示，泸州老窖2005年通过向该8名经销商销售"国窖1573"与泸州老窖特曲系列产品获得主营业务收入1.3亿元，占泸州老窖2005年主营业务收入14.57亿元的8.92%。2006年上半年泸州老窖向该8家经销商销售产品获得主营业务收入1.38亿元，占该公司2006年上半年主营业务收入9.91亿元的13.93%。显然，大的经销商正发挥越来越大的作用；而与此同时，泸州老窖的销售收入快速增长，一跃成为中国白酒行业的领跑者之一。

泸州老窖在其 2006 年年报中也表示，此举为"进一步形成产商结盟，固化经销渠道奠定了基础"。

从泸州老窖的历史股价（见图 8-1）可以看出，2006 年经销商以 12.22 元的价格购入泸州老窖的股票，而 2008 年其股价涨到 76.60 元，涨幅近 600%。此次股权激励计划的成功实行，对公司的业绩提升有很大的帮助。在这种激励下，泸州老窖从一个名不见经传的二三流酒坊成长为跻身"一线品牌"的酒企。

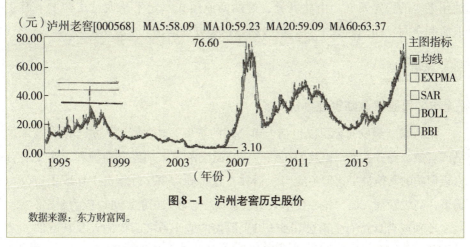

图 8-1　泸州老窖历史股价

数据来源：东方财富网。

案例来源：http://stock.eastmoney.com/a/2010032370018016.html（有改动）。

律师解析

通过股权激励去整合上下游产业链，已经成为不少企业做强做大的手段之一。常用的有以下三种模式。

一是区域性合作。以泸州老窖为例，2009 年，泸州老窖以原泸州老窖渠道管理团队、经销客户及其管理团队共同出资建立区域性销售公司——柒泉公司。柒泉公司的营销模式是通过股权链接，建立了品牌、渠道、职业经理人利益联盟，减少了利益冲突，使利益各方齐心协力共谋发展，对泸州老窖的业绩提升至关重要。

二是成立合资企业。2016 年，泸州老窖与四川发展（控股）有限责任公司合资成立重庆诗仙太白泸渝酒类销售有限公司，也就是主体公司跟上下游资源方合资打造一个新公司共谋发展。

三是上下游企业持股品牌公司。如泸州老窖的经销商，可以根据销量，经过换算拿到品牌公司泸州老窖相应的股份。经销商销量越多，持股越多，就会使双方利益绑定，建立更加牢靠的合作关系。

这三种合作方式，定位和功能各不相同，各有利弊，但有一个共同点——通过股权链接的方式，把供应商、经销商或资源方绑定在一起，就使企业之间的竞争，立刻转变为自己的产业链集群企业与其他单个企业的竞争，优势不言自明。

泸州老窖利用人性"趋利"的特点，设计了多套利益共享机制，驱动了泸州老窖的稳定发展。由此可见，好的商业模式一定不是通过压榨上下游获取微利空间，而是做大平台，营造利益相关方都能茁壮成长的环境。

 法律依据

《上市公司股权激励管理办法》

第八条　激励对象可以包括上市公司的董事、高级管理人员、核心技术人员或者核心业务人员，以及公司认为应当激励的对公司经营业绩和未来发展有直接影响的其他员工，但不应当包括独立董事和监事。外籍员工任职上市公司董事、高级管理人员、核心技术人员或者核心业务人员的，可以成为激励对象。

单独或合计持有上市公司 5% 以上股份的股东或实际控制人及其配偶、父母、子女，不得成为激励对象。下列人员也不得成为激励对象：

（一）最近 12 个月内被证券交易所认定为不适当人选；

（二）最近 12 个月内被中国证监会及其派出机构认定为不适当人选；

（三）最近 12 个月内因重大违法违规行为被中国证监会及其派出机构行政处罚或者采取市场禁入措施；

（四）具有《公司法》规定的不得担任公司董事、高级管理人员情形的；

（五）法律法规规定不得参与上市公司股权激励的；

（六）中国证监会认定的其他情形。

第十一条　绩效考核指标应当包括公司业绩指标和激励对象个人绩效指标。相关指标应当客观公开、清晰透明，符合公司的实际情况，有利于促进公司竞争力的提升。

上市公司可以公司历史业绩或同行业可比公司相关指标作为公司业绩指标对照依据，公司选取的业绩指标可以包括净资产收益率、每股收益、每股分红等能够反映股东回报和公司价值创造的综合性指标，以及净利润增长率、主营业务收入增长率等能够反映公司盈利能力和市场价值的成长性指标。以同行业可比公司相关指标作为对照依据的，选取的对照公司不少于 3 家。

激励对象个人绩效指标由上市公司自行确定。

上市公司应当在公告股权激励计划草案的同时披露所设定指标的科学性和合理性。

07

如何避免股权融资陷阱？

2012 年，武汉市某药物科技有限公司（以下简称药物公司）作为一家处于上升发展阶段的企业，急需大量资金进行市场推广，以扩大市场份额。在确定企业无法继续从银行获取贷款后，该公司开始接触多家投资公司，试图获取企业发展所需资金。2012 年 12 月，北京某创新科技促进发展中心的王先生主动向药物公司致电，称可为该公司介绍投资方，进行股权融资。

王先生将药物公司实际控制人带到北京市东城区瑞典某公司北京代表处，由邵某进行接待。看过药物公司提供的相关材料后，邵某称可为该公司提供资金，并于 12 月 16 日签订了融资意向书。后邵某提出药物公司需要到指定的某（北京）国际资产评估有限公司制作项目评估报告，药物公司经与该评估公司协商，以 16 万元的价格制作了评估报告，之后邵某说还需要制作一个法律意见书，也需要到指定的某律师事务所去制作。药物公司与某律师事务所的卢某谈，卢某要价 50 万元，邵某还帮其议价，最后商定以 20 万元的价格制作了法律意见书。药物公司将项目评估报告、法律意见书交给邵某后，邵某又提出需购买手机和现金来打点法务部、财务部。同时，在融资合同定稿后，邵某以路费、托管方案制订费、公司注册费用等名义再次向药物公司索要了共计 60 余万元。后因投资方迟迟未能按照融资合同的约定支付款项，药物公司实际控制人到瑞典某公司北京代表处准备找邵某沟通时，发现瑞典某公司北京代表处已人去楼空，手机全部关机，人员失联。药物公司在花费百万余元的情况下，不仅未能给公司带来资金，还使公司错过发展良机，损失惨重！

律师解析

能为企业解决资金问题的机构主要有银行、券商、投资公司、融资性担保公司、投资基金等，不同的金融机构，在出资前有不同的尽职调查模式，调查的侧重点也不同。对此，融资的企业一定要擦亮眼睛，防止被骗。上述案例中，药物公司为了解决企业市场份额问题，求金若渴，而邵某等人正是利用药物公司融资心切的心理，以及不熟悉投资惯例和程序等弱点，通过所谓的考察费、评估费、保证金、各类招待费、公关费等名义，与其他机构（如评估机构等）相互勾结，共同骗取药物公司的相关财产，使药物公司损失惨重。因此，企业在融资过程中一定要注意以下几个方面，避免落入融资陷阱，造成不必要的损失。

1. 对投资方的合法性和实力进行调查

在融资过程中，投资方通常会对融资企业进行深入的尽职调查。而融资企业却常常忽略对投资方的调查，从而导致了一些融资骗局的出现。所以融资企业也应该做好对投资方的调查：一方面，要从工商局网站上查看投资方是否属于正规合法的投资机构；另一方面，真正的投资机构一定有成功的投资案例，企业可通过查询投资机构成功案例、分析案例真实性等方式，对投资方的实力进行调查。

2. 切勿随意支付费用

通常情况下，正规的投资机构都会自行负担考察费用，也不存在向融资企业索要所谓的"公关费"等费用的情况，一旦遇到需要提前支付额外费用的，融资企业就需要格外留意了。

3. 聘请专业人员或机构全程进行服务

大多数创业者及融资企业对于投资惯例和程序等是不熟悉的，想把融资风险降到最低，最好聘请专业的融资服务机构或者律师全程跟踪服务，事先对投资方的性质和真实性进行判断，这样才能防患于未然。

4. 注意考察投资方的专业化程度及投资态度

在和投资方进行接触沟通时，融资企业可以针对投资方的专业性提出一定的问题，如果投资方只是泛泛而谈或对投资行业的惯例不清楚，融资企业就需要提高警惕。另外，一般情况下，投资方的态度会更加谨慎，毕竟他才是出资的一方。如果投资方在没有进行深入的企业尽职调查之前，就轻而易举地表达出强烈的投资意愿，并明确表态一定会投资，融资企业就要敬而远之了。

5. 了解投资方的尽职调查手段

尽职调查是指对目标公司的资产和负债情况、经营和财务情况、法律关系以及目标企业所面临的机会与潜在的风险进行的一系列调查。尽职调查的目的是尽量避免投资风险。尽职调查通常需经历以下程序：投资方组成尽职调查小组（通常包括律师、会计师等专业人才，以下简称尽调小组）；双方签署保密协议；尽调小组准备一份尽职调查清单；融资方在尽调小组的指导下，准备尽职调查清单上的材料；尽调小组成员查看尽职调查材料，并对融资方进行实地调研；尽调小组向投资方管理层出具尽职调查报告；投资方决策是否投资；对投资方决定投资的企业或项目展开投资性谈判；签订投资协议；按投资协议约定放款。

如果投资机构没有按照上述程序开展工作，融资企业一定要提高警惕，最后敬而远之。

6. 保护好企业的商业秘密

企业成功的关键因素就是企业的核心知识产权和商业模式，无论在什么情况下，融资企业都要严格保护企业的商业秘密。融资过程中，可向投资方介绍企业的真实情况，获取投资方信任，但一定不能泄露企业的核心机密。

 法律依据

《融资担保公司监督管理条例》

第二条　本条例所称融资担保，是指担保人为被担保人借款、发行债券等债务融资提供担保的行为；所称融资担保公司，是指依法设立、经营融资担保业务的有限责任公司或者股份有限公司。

第三条　融资担保公司开展业务，应当遵守法律法规，审慎经营，诚实守信，不得损害国家利益、社会公共利益和他人合法权益。

《中华人民共和国商业银行法》

第二条　本法所称的商业银行是指依照本法和《中华人民共和国公司法》设立的吸收公众存款、发放贷款、办理结算等业务的企业法人。

第三条　商业银行可以经营下列部分或者全部业务：

（一）吸收公众存款；

（二）发放短期、中期和长期贷款；

（三）办理国内外结算；

（四）办理票据承兑与贴现；

（五）发行金融债券；

（六）代理发行、代理兑付、承销政府债券；

（七）买卖政府债券、金融债券；

（八）从事同业拆借；

（九）买卖、代理买卖外汇；

（十）从事银行卡业务；

（十一）提供信用证服务及担保；

（十二）代理收付款项及代理保险业务；

（十三）提供保管箱服务；

（十四）经国务院银行业监督管理机构批准的其他业务。

经营范围由商业银行章程规定，报国务院银行业监督管理机构批准。

商业银行经中国人民银行批准，可以经营结汇、售汇业务。

《中华人民共和国证券投资基金法》

第二条　在中华人民共和国境内，公开或者非公开募集资金设立证券投资基金（以下简称基金），由基金管理人管理，基金托管人托管，为基金份额持有人的利益，进行证券投资活动，适用本法；本法未规定的，适用《中华人民共和国信托法》《中华人民共和国证券法》和其他有关法律、行政法规的规定。

第九条　基金管理人、基金托管人管理、运用基金财产，基金服务机构从事基金服务活动，应当恪尽职守，履行诚实信用、谨慎勤勉的义务。

基金管理人运用基金财产进行证券投资，应当遵守审慎经营规则，制定科学合理的投资策略和风险管理制度，有效防范和控制风险。

基金从业人员应当具备基金从业资格，遵守法律、行政法规，恪守职业道德和行为规范。

《中共中央　国务院关于深化投融资体制改革的意见》

四、创新融资机制，畅通投资项目融资渠道

（十）大力发展直接融资。依托多层次资本市场体系，拓宽投资项目融资渠道，支持有真实经济活动支撑的资产证券化，盘活存量资产，优化金融资源配置，更好地服务投资兴业。结合国有企业改革和混合所有制机制创新，优化能源、交通等领域投资项目的直接融资。通过多种方式加大对种子期、初创期企业投资项目的金融支持力度，有针对性地为"双创"项目提供股权、债权以及信用贷款等融资综合服务。加大创新力度，丰富债券品种，进一步发展企业债券、公司债券、非金融企业债务融资工具、项目收益债等，支持重点领域投资项目通过债券市场筹措资金。开展金融机构以适当方式依法持有企业股权的试点。设立政府引导、市场化运作的产业（股权）投资基金，积极吸引社会资本参加，鼓励金融机构以及全国社会保障基金、保险资金等在依法合规、风险可控的前提下，经批准后通过认购基金份额等方式有效参与。加快建立规范的地方政府举债融资机制，支持省级政府依法依规发行政府债券，用于公共领域重点项目建设。

（十一）充分发挥政策性、开发性金融机构积极作用。在国家批准的业务范围内，政策性、开发性金融机构要加大对城镇棚户区改造、生态环保、城乡基础设施建设、科技创新等重大项目和工程的资金支持力度。根据宏观调控需要，支持政策性、开发性金融机构发行金融债券专项用于支持重点项目建设。发挥专项建设基金作用，通过资本金注入、股权投资等方式，支持看得准、有回报、不新增过剩产能、不形成重复建设、不产生挤出效应的重点领域项目。建立健全政银企社合作对接机制，搭建信息共享、资金对接平台，协调金融机构加大对重大工程的支持力度。

（十二）完善保险资金等机构资金对项目建设的投资机制。在风险可控的前提下，逐步放宽保险资金投资范围，创新资金运用方式。鼓励通过债权、股权、资产支持等多种方式，支持重大基础设施、重大民生工程、新型城镇化等领域的项目建设。加快推进全国社会保障基金、基本养老保险基金、企业年金等投资管理体系建设，建立和完善市场化投资运营机制。

（十三）加快构建更加开放的投融资体制。创新有利于深化对外合作的投融资机制，加强金融机构协调配合，用好各类资金，为国内企业走出去和重点合作项目提供更多投融资支持。在宏观和微观审慎管理框架下，稳步放宽境内企业和金融机构赴境外融资，做好风险规避。完善境外发债备案制，募集低成本外汇资金，更好地支持企业对外投资项目。加强与国际金融机构和各国政府、企业、金融机构之间的多层次投融资合作。

《中华人民共和国公司法》

第六条 设立公司，应当依法向公司登记机关申请设立登记。符合本法规定的设立条件的，由公司登记机关分别登记为有限责任公司或者股份有限公司；不符合本法规定的设立条件的，不得登记为有限责任公司或者股份有限公司。

法律、行政法规规定设立公司必须报经批准的，应当在公司登记前依法办理批准手续。

公众可以向公司登记机关申请查询公司登记事项，公司登记机关应当提供查询服务。

08

私募股权投资的特点

案例

2005 年 8 月，郭曼等人整合国内 3 家航空电视媒体公司成立了航美传媒。同年 11 月，航美传媒获得私募大鳄鼎晖基金 1000 万美元的风险投资，这是继分众传媒后，国内第二家获国际风险基金投资的传媒公司。2007 年 11 月 8 日，航美传媒在美国纳斯达克上市，股票代码为 AMCN，发行价为 15 美元，开盘价为 19.5 美元，收盘价为 20.9 美元，较发行价上涨近 40%，市值超过 10 亿美元，成功融资 2.25 亿美元，第二大股东鼎晖基金减持股份套现 4875 万美元。

案例来源：https：//baike. baidu. com/item/% E9% 83% AD% E6% 9B% BC/8841819？ fr = aladdin （有改动）。

律师解析

私募股权投资有广义和狭义之分。广义的私募股权投资涵盖企业首次公开发行股票前各阶段的权益投资，即对处于种子期、初创期、发展期、扩展期、成熟期等各类企业进行的权益投资。狭义的私募股权投资主要指对已经形成一定规模的、有稳定现金流的成熟企业的股权投资。上述案例中，鼎晖基金在航美传媒上市前对其进行股权投资，并在航美传媒上市后通过减持股份获取高额回报的行为，属于典型且较为成功的私募股权投资。

私募股权投资作为一种常见的投资方式，有其独特的属性。

首先，在募集方式上，只能通过非公开方式募集资金，不得利用任何传播媒体做广告宣传，更不得以任何诱导性承诺吸引投资者，主要通过私人关系、券商、投资银行或投资咨询公司筹集资金。

其次，在募集对象上，对象只是少数特定的投资者，而且门槛较高，针对性较强，更像为高收入阶层人士量身定做的投资服务产品。

再次，就法律对股权投资信息的披露要求来说，私募股权投资在这方面要低得多，政府监管也比较宽松，加上投资方向主要为非上市股权，各项交易都可以在私下通过协商完成，隐蔽性更强。

最后，私募股权投资存在的形式一般是封闭式的合伙企业募集资金设立的基金，封闭期间不上市流通，合伙投资人不能随意抽资，同时也有以公司形式存在或契约形式存在的私募。

私募投资机构能给企业带来的好处是显而易见的，如给中小微企业带来发展所需的资金，帮助改善企业的治理结构，给企业带来规范的管理模式，给企业带来市场、订单，为企业寻找优秀的高级管理人员，给企业带来较好的政府人脉资源，改善企业的外部经营环境，增强企业的商誉等。

法律依据

《中华人民共和国合伙企业法》

第二条　本法所称合伙企业，是指自然人、法人和其他组织依照本法在中国境内设立的普通合伙企业和有限合伙企业。

普通合伙企业由普通合伙人组成，合伙人对合伙企业债务承担无限连带责任。本法对普通合伙人承担责任的形式有特别规定的，从其规定。

有限合伙企业由普通合伙人和有限合伙人组成，普通合伙人对合伙企业债务承担无限连带责任，有限合伙人以其认缴的出资额为限对合伙企业债务承担责任。

《中华人民共和国证券投资基金法》

第三十一条　对非公开募集基金的基金管理人进行规范的具体办法，由国务院金融监督管理机构依照本章的原则制定。

第八十七条　非公开募集基金应当向合格投资者募集，合格投资者累计不得超过二百人。

前款所称合格投资者，是指达到规定资产规模或者收入水平，并且具备相应的风险识别能力和风险承担能力、其基金份额认购金额不低于规定限额的单位和个人。

合格投资者的具体标准由国务院证券监督管理机构规定。

第九十一条　非公开募集基金，不得向合格投资者之外的单位和个人募集资金，不得通过报刊、电台、电视台、互联网等公众传播媒体或者讲座、报告会、分析会等方式向不特定对象宣传推介。

第一百二十七条　违反本法规定，擅自公开或者变相公开募集基金的，责令停止，返还所募资金和加计的银行同期存款利息，没收违法所得，并处所募资金金额百分之一以上百分之五以下罚款。对直接负责的主管人员和其他直接责任人员给予警告，并处五万元以上五十万元以下罚款。

第一百三十五条　违反本法规定，向合格投资者之外的单位或者个人非公开募集资金或者转让基金份额的，没收违法所得，并处违法所得一倍以上五倍以下罚款；没有违法所得或者违法所得不足一百万元的，并处十万元以上一百万元以下罚款。对直接负责的主管人员和其他直接责任人员给予警告，并处三万元以上三十万元以下罚款。

《中华人民共和国公司法》

第七十一条　有限责任公司的股东之间可以相互转让其全部或者部分股权。

股东向股东以外的人转让股权，应当经其他股东过半数同意。股东应就其股权转让事项书面通知其他股东征求同意，其他股东自接到书面通知之日起满三十日未答复的，视为同意转让。其他股东半数以上不同意转让的，不同意的股东应当购买该转让的股权；不购买的，视为同意转让。

经股东同意转让的股权，在同等条件下，其他股东有优先购买权。两个以上股东主张行使优先购买权的，协商确定各自的购买比例；协商不成的，按照转让时各自的出资比例行使优先购买权。

公司章程对股权转让另有规定的，从其规定。

第一百七十八条　有限责任公司增加注册资本时，股东认缴新增资本的出资，依照本法设立有限责任公司缴纳出资的有关规定执行。

股份有限公司为增加注册资本发行新股时，股东认购新股，依照本法设立股份有限公司缴纳股款的有关规定执行。

09

股权众筹与非法集资有何不同？

案例

2015年3月至2016年4月，王家林及银瑞林投资公司决定以银瑞林酒店股权众筹为名，通过子公司华银公司开展集资业务。王家林及银瑞林投资公司组织华银公司员工通过散发宣传单、召开投资交流会的形式对外宣传银瑞林酒店投资的喀什酒店等项目需要融资，承诺定期还本付息，以9%至18%的年利率吸引社会不特定群体投资；在华银公司设立融资办公室，姜某负责以现金、转账等形式收取融资款、兑付利息，并按照王家林等人的安排将融资款转入王家林指定的银行账户，由王家林支配。截至2016年4月，王家林及银瑞林投资公司共吸引205名投资者，共计吸收资金2076.30万元，最终给投资者造成实际损失779.6666万元。

2015年7月至2016年4月，王家林及银瑞林投资公司在华银公司经营地成立丝路公司，同样以银瑞林酒店股权众筹为名，通过丝路公司开展集资业务。截至2016年4月，王家林及银瑞林投资公司共吸引357名投资者，共计吸收资金4482.25万元，最终给投资者造成实际损失3336.5463万元。

2016年7月，因银瑞林投资公司不能按时支付约定的利息及本金，部分投资者向公安机关报案。2019年3月，合肥市庐阳区人民法院作出（2018）皖0103刑初58号刑事判决书，判决银瑞林投资公司犯非法吸收公众存款罪，判处罚金人民币四百万元；被告人王家林犯非法吸收公众存款罪，判处有期徒刑九年零二个月。

案例来源：中国裁判文书网（2018）皖0103刑初58号刑事判决书（有改动）。

律师解析

股权众筹是指通过出让公司一定比例股份，利用互联网渠道获得投资者投资的一种融资模式。股权众筹与非法集资都给予投资者一定的回报，以达成自身融资的目的，但股权众筹并不等同于非法集资，真正意义上的股权众筹不是用来牟取非法利益的手段，而是通过合法方式解决企业融资困难的一种重要方式。

上述案例中，王家林及银瑞林投资公司为牟取非法利益，打着股权众筹的幌子，以不合法的方式向不特定投资者吸收资金，造成投资者巨大损失，最终被认定为刑事犯罪，受到法律惩罚。

股权众筹是企业融资的重要方式之一，但采取该方式融资时必须严格把控股权众筹的红线，防止股权众筹演变为非法集资。

首先，从发行方式来看，在股权众筹中融资者不得在社会上擅自公开或采用变相公开方式发行证券，否则，就涉嫌非法集资。

其次，从融资对象来看，股权众筹中融资者不得向社会不特定对象发行证券。融资完成后，融资者（企业或自然人）发起设立的融资企业的股东人数累计不得超过 200 人。非法集资是向社会不特定对象筹集资金，这里"不特定对象"是指社会公众，而不是指特定少数人。这是股权众筹区别于非法集资的关键地方，虽然股权众筹平台在互联网上面对社会大众，但是在股权众筹时融资者只能采取非公开的形式面向符合法律规定的投资者融资。

最后，股权众筹不承诺还本付息。股权众筹本身是一项具有风险和激进属性的投资活动，而非法集资的重要属性之一是"承诺在一定期限内以货币、实物、股权等方式还本付息或者给付回报"，股权众筹虽然的确是以"股权"交换利益，但此种股权本身风险大，本身并不带有"还本付息"的一般功能，真正让股权投资者获得回报的是——项目运营良好、项目上市、项目被收购后投资者退出，从而获得投资收益。在国内股权众筹领域，真实的项目失败率高达七成，所谓的股权回报，其实更多的是一种预期风险或收益权的转移。即便是股权众筹中存在对赌协议，此种对赌协议也往往无法视作一种还本付息的承诺。

把控好上述股权众筹红线，才能降低融资风险，更好地利用股权众筹解决企业融资问题。

 法律依据

《中华人民共和国证券法》

第九条 公开发行证券，必须符合法律、行政法规规定的条件，并依法报经国务院证券监督管理机构或者国务院授权的部门注册。未经依法注册，任何单位和个人不得公开发行证券。证券发行注册制的具体范围、实施步骤，由国务院规定。

有下列情形之一的，为公开发行：

（一）向不特定对象发行证券；

（二）向特定对象发行证券累计超过二百人，但依法实施员工持股计划的员工人数不计算在内；

（三）法律、行政法规规定的其他发行行为。

非公开发行证券，不得采用广告、公开劝诱和变相公开方式。

《私募股权众筹融资管理办法（试行）（征求意见稿）》

第十二条 【发行方式及范围】融资者不得公开或采用变相公开方式发行证券，不得向不特定对象发行证券。融资完成后，融资者或融资者发起设立的融资企业的股东人数累计不得超过 200 人。法律法规另有规定的，从其规定。

第十三条 【禁止行为】融资者不得有下列行为：

（一）欺诈发行；

（二）向投资者承诺投资本金不受损失或者承诺最低收益；

（三）同一时间通过两个或两个以上的股权众筹平台就同一融资项目进行融资，在股权众筹平台以外的公开场所发布融资信息；

（四）法律法规和证券业协会规定禁止的其他行为。

《中华人民共和国刑法》

第一百七十六条 非法吸收公众存款或者变相吸收公众存款，扰乱金融秩序的，处三年以下有期徒刑或者拘役，并处或者单罚金；数额巨大或者有其他严重情节的，处三年以上十年以下有期徒刑，并处罚金；数额特别巨大或者有其他特别严重情节的，处十年以上有期徒刑，并处罚金。

单位犯前款罪的，对单位判处罚金，并对其直接负责的主管人员和其他直接责任人员，依照前款的规定处罚。

第一百九十二条　以非法占有为目的，使用诈骗方法非法集资，数额较大的，处三年以上七年以下有期徒刑，并处罚金；数额巨大或者有其他严重情节的，处七年以上有期徒刑或者无期徒刑，并处罚金或者没收财产。

《最高人民法院关于审理非法集资刑事案件具体应用法律若干问题的解释》

第一条　违反国家金融管理法律规定，向社会公众（包括单位和个人）吸收资金的行为，同时具备下列四个条件的，除刑法另有规定的以外，应当认定为刑法第一百七十六条规定的"非法吸收公众存款或者变相吸收公众存款"：

（一）未经有关部门依法批准或者借用合法经营的形式吸收资金；

（二）通过媒体、推介会、传单、手机短信等途径向社会公开宣传；

（三）承诺在一定期限内以货币、实物、股权等方式还本付息或者给付回报；

（四）向社会公众即社会不特定对象吸收资金。

未向社会公开宣传，在亲友或者单位内部针对特定对象吸收资金的，不属于非法吸收或者变相吸收公众存款。

10

股权投资的退出设计

案例　　2011 年，天津硅谷天堂合丰投资基金合伙企业（有限合伙）（以下简称天津硅谷天堂合丰投资基金）作为甲方、新疆天海绿洲农业科技股份有限公司（以下简称天海绿洲股份公司）作为乙方、李志民及其他 8 名天海绿洲股份公司的股东作为丙方签订《关于新疆天海绿洲农业科技股份有限公司之增资协议书》（以下简称《增资协议》）。协议第 2.1 款约定"各方同意，按乙方 2011 年预测扣非后净利润 1.2 亿元的 13.8 倍进行估值，即乙方估值为 165600 万元人民币，本次公司计划引资 15000 万元，其中甲方出资人民币 1500 万元，占本次增资后公司的 0.9058% 的股权。实收资本（股本）和资本公积的金额由公司全体股东及甲方共同决议通过增资方案进行综合安排。"第 7.2 款约定"控股股东承诺回购：公司在增资方缴纳认购价款之日起 36 个月内没有成功 IPO 或 2011 年实际扣非后净利润低于 2011 年目标净利润的 70%，则增资方有权书面向控股股东提出回购要求，控股股东应在收到增资方通知后 15 个工作日内无条件地回购增资方持有的全部公司股权并支付回购价款，回购价款等于增资方认购价款加上以 12% 的年单利回报率计算的实际利息。"

《增资协议》签订后，天津硅谷天堂合丰投资基金于 2011 年 11 月 10 日向天海绿洲股份公司认缴增资额 1500 万元，李志民及天海绿洲股份公司于 2012 年 2 月 7 日制订公司章程修正案并办理了工商变更登记，确认增资方的出资金额及享有股份比例。

因天海绿洲股份公司未按约在 36 个月内完成 IPO，天津硅谷天堂合丰投资基金要求李志民履行股权回购义务，以人民币 2040 万元（暂计算至 2014 年 11 月 15 日）回购全部股权。因双方沟通未达成一致意见，天津硅谷天堂合丰投资基金向法院提起诉讼。

2016 年 6 月 24 日，新疆维吾尔自治区阿克苏地区中级人民法院作出 (2015) 阿中民二初字第 112 号民事判决书，判决李志民向天津硅谷天堂合丰投资基金支付股权回购款 2225.4247 万元（认购价款 1500 万元与以 12% 年利率自 2011 年 11 月 10 日至 2015 年 11 月 20 日期间计算的利息之和）。

案例来源：天眼查 (2015) 阿中民二初字第 112 号民事判决书（有改动）。

 **律师解析**

股权投资的运作一般需要经过募集、投资和退出三个阶段，而退出是股权投资的最终目标，也是投资者实现盈利的重要环节。可以说，在退出之后，投资的整个过程才算是真正完成。所以，许多投资者在投资企业时，往往都会根据企业的实际发展状况，选择最合适的方式从企业退出，以满足投资回报最大化的需求。

在上述案例中，天津硅谷天堂合丰投资基金的最终退出方式为股权回购。天海绿洲股份公司未能按照《增资协议》之约定在 36 个月内完成 IPO，触发了《增资协议》中所约定的回购条件，致使法院判决李志民履行回购义务，向天津硅谷天堂合丰投资基金支付相应股权回购价款。

股权回购是指被投资企业大股东或创始股东出资购买股权投资者持有的股份，从而使股权投资实现退出的行为。当投资方认为所投资企业效益未达预期，或者所投资企业无法达到投资协议中的特定条款，可根据投资协议要求被投资企业股东回购股权，从而实现退出。股权回购属于一种收益稳定的退出方式，对于大多数股权投资者来说，股权回购通常是备用的退出方法，当被投资企业不是很成功的时候，股权投资者为了保证已投入资金的安全，便可采用此种方式退出。

除股权回购之外，股权投资还有哪些常见的退出方式呢？

1. IPO 退出

IPO 也就是常说的上市，IPO 退出是指企业在发展成熟以后，通过在证券市场挂牌上市使股权投资资金实现增值和退出的方式，企业上市主要分为境内上市和境外上市，境内上市主要是指在深圳证券交易所或者上海证券交易所上市，境外上市常见的有在香港交易所、纽约证券交易所和纳斯达克等交易所上市。在证券市场杠杆的作用下，IPO 之后，投资机构可抛售其手里持有的股票获得高额的收益。因此，IPO 退出是投资者最喜欢的退出方式。

2. 并购退出

并购退出是指投资机构向目标公司投资后，因收购方购买目标公司的全部或部分股权，股权投资机构向收购方出让股权，以实现退出的方式。企业并购过程中，收购方一般都为大企业，其资金规模大，融资能力强，可以提供足够的资金使投资机构顺利退出，资金回笼速度快。另外，企业并购通常只需要通过企业谈判就可以完成，避免 IPO 烦琐的程序和各种监管措施，交易成本低。

3. 新三板退出

新三板即全国中小企业股份转让系统，是我国多层次资本市场的一个重要组成部分，是继上海证券交易所、深圳证券交易所之后第三家全国性证券交易场所。目前，新三板的转让方式有做市转让和协议转让两种。新三板市场的市场化程度比较高，发展非常快，且市场的机制比较灵活，市场监管比较宽松。

4. 股权转让退出

股权转让退出指的是投资机构依法将自己的股东权益有偿转让给他人，

是套现退出的一种方式。常见的股权转让包括私下协议转让、在区域股权交易中心公开挂牌转让等。

5. 清算退出

清算退出是指投资机构通过被投资企业清算实现退出，主要是针对投资项目失败的一种退出方式，也是投资机构最不愿意看到的退出方式。对于已确认项目失败的创业资本应尽早采用清算方式退出，以尽可能多地收回残值。

 法律依据

《中华人民共和国公司法》

第七十一条 有限责任公司的股东之间可以相互转让其全部或者部分股权。

股东向股东以外的人转让股权，应当经其他股东过半数同意。股东应就其股权转让事项书面通知其他股东征求同意，其他股东自接到书面通知之日起满三十日未答复的，视为同意转让。其他股东半数以上不同意转让的，不同意的股东应当购买该转让的股权；不购买的，视为同意转让。

经股东同意转让的股权，在同等条件下，其他股东有优先购买权。两个以上股东主张行使优先购买权的，协商确定各自的购买比例；协商不成的，按照转让时各自的出资比例行使优先购买权。

公司章程对股权转让另有规定的，从其规定。

第一百三十七条 股东持有的股份可以依法转让。

第一百三十八条 股东转让其股份，应当在依法设立的证券交易场所进行或者按照国务院规定的其他方式进行。

第一百八十条 公司因下列原因解散：

（一）公司章程规定的营业期限届满或者公司章程规定的其他解散事由出现；

（二）股东会或者股东大会决议解散；

（三）因公司合并或者分立需要解散；

（四）依法被吊销营业执照、责令关闭或者被撤销；

（五）人民法院依照本法第一百八十二条的规定予以解散。

第一百八十二条 公司经营管理发生严重困难，继续存续会使股东利益受到重大损失，通过其他途径不能解决的，持有公司全部股东表决权百分之十以上的股东，可以请求人民法院解散公司。

　　第一百八十三条　公司因本法第一百八十条第（一）项、第（二）项、第（四）项、第（五）项规定而解散的，应当在解散事由出现之日起十五日内成立清算组，开始清算。有限责任公司的清算组由股东组成，股份有限公司的清算组由董事或者股东大会确定的人员组成。逾期不成立清算组进行清算的，债权人可以申请人民法院指定有关人员组成清算组进行清算。人民法院应当受理该申请，并及时组织清算组进行清算。

《中华人民共和国证券法》

　　第十二条　公司首次公开发行新股，应当符合下列条件：

　　（一）具备健全且运行良好的组织机构；

　　（二）具有持续经营能力；

　　（三）最近三年财务会计报告被出具无保留意见审计报告；

　　（四）发行人及其控股股东、实际控制人最近三年不存在贪污、贿赂、侵占财产、挪用财产或者破坏社会主义市场经济秩序的刑事犯罪；

　　（五）经国务院批准的国务院证券监督管理机构规定的其他条件。

　　上市公司发行新股，应当符合经国务院批准的国务院证券监督管理机构规定的条件，具体管理办法由国务院证券监督管理机构规定。

　　公开发行存托凭证的，应当符合首次公开发行新股的条件以及国务院证券监督管理机构规定的其他条件。

　　第三十七条　公开发行的证券，应当在依法设立的证券交易所上市交易或者在国务院批准的其他全国性证券交易场所交易。

　　非公开发行的证券，可以在证券交易所、国务院批准的其他全国性证券交易场所、按照国务院规定设立的区域性股权市场转让。

　　第六十二条　投资者可以采取要约收购、协议收购及其他合法方式收购上市公司。

　　第七十条　采取要约收购方式的，收购人在收购期限内，不得卖出被收购公司的股票，也不得采取要约规定以外的形式和超出要约的条件买入被收购公司的股票。

　　第七十一条　采取协议收购方式的，收购人可以依照法律、行政法规的规定同被收购公司的股东以协议方式进行股份转让。

以协议方式收购上市公司时，达成协议后，收购人必须在三日内将该收购协议向国务院证券监督管理机构及证券交易所作出书面报告，并予公告。

在公告前不得履行收购协议。

第七十六条 收购行为完成后，收购人与被收购公司合并，并将该公司解散的，被解散公司的原有股票由收购人依法更换。

收购行为完成后，收购人应当在十五日内将收购情况报告国务院证券监督管理机构和证券交易所，并予公告。

《全国中小企业股份转让系统业务规则（试行）（自 2013 年 2 月 8 日起施行）》

2.1 股份有限公司申请股票在全国股份转让系统挂牌，不受股东所有制性质的限制，不限于高新技术企业，应当符合下列条件：

（一）依法设立且存续满两年，有限责任公司按原账面净资产值折股整体变更为股份有限公司的，存续时间可以从有限责任公司成立之日起计算；

（二）业务明确，具有持续经营能力；

（三）公司治理机制健全，合法规范经营；

（四）股权明晰，股票发行和转让行为合法合规；

（五）主办券商推荐并持续督导；

（六）全国股份转让系统公司要求的其他条件。

3.1.1 股票转让采用无纸化的公开转让形式，或经中国证监会批准的其他转让形式。

3.1.2 股票转让可以采取协议方式、做市方式、竞价方式或其他中国证监会批准的转让方式。经全国股份转让系统公司同意，挂牌股票可以转换转让方式。

3.1.3 挂牌股票采取协议转让方式的，全国股份转让系统公司同时提供集合竞价转让安排。

3.1.4 挂牌股票采取做市转让方式的，须有 2 家以上从事做市业务的主办券商（以下简称"做市商"）为其提供做市报价服务。

做市商应当在全国股份转让系统持续发布买卖双向报价，并在报价价位和数量范围内履行与投资者的成交义务。做市转让方式下，投资者之间不能成交。全国股份转让系统公司另有规定的除外。

第 九 章

印章管理

创 业 守 业 与 股 权 激 励

01

印章刻制注意事项

案例

2019 年 3 月 29 日 11 时许，民警在工作中发现白某经营的某复印店内存在私刻印章的现象，经调查，违法行为人白某在未获得公安机关许可的情况下私自刻制印章，违反了《中华人民共和国治安管理处罚法》第五十二条的规定，后由公安机关依法对其实施行政处罚。

律师解析

公章是公司行为的主要证明，在民商事活动中，加盖公章通常对确认民事法律行为效力具有重要意义。因此，公司刻制印章的规格、式样、名称、质料等就显得尤为重要。在刻制印章时，应当按照法律的规定，经过有权部门批准，并且，未经允许不得刻制任何单位的印章，否则，可能害人害己。

私刻自己单位的印章，没有在法定机构备案，可能导致其他人以本单位名义刻制的印章无法核验真伪。私刻其他单位的印章，可能面临牢狱之灾。

法律依据

《国务院关于国家行政机关和企业事业单位社会团体印章管理的规定》

二十三、印章制发机关应规范和加强印章制发的管理，严格办理程序和审批手续。国家行政机关和企业事业单位、社会团体刻制印章，应到当地公安机关指定的刻章单位刻制。

《中华人民共和国刑法》

第二百八十条　伪造、变造、买卖或者盗窃、抢夺、毁灭国家机关的公文、证件、印章的，处三年以下有期徒刑、拘役、管制或者剥夺政治权利，并处罚金；情节严重的，处三年以上十年以下有期徒刑，并处罚金。

伪造公司、企业、事业单位、人民团体的印章的，处三年以下有期徒刑、拘役、管制或者剥夺政治权利，并处罚金。

《中华人民共和国治安管理处罚法》

第五十二条　有下列行为之一的，处十日以上十五日以下拘留，可以并处一千元以下罚款；情节较轻的，处五日以上十日以下拘留，可以并处五百元以下罚款：

（一）伪造、变造或者买卖国家机关、人民团体、企业、事业单位或者其他组织的公文、证件、证明文件、印章的；

（二）买卖或者使用伪造、变造的国家机关、人民团体、企业、事业单位或者其他组织的公文、证件、证明文件的；

（三）伪造、变造、倒卖车票、船票、航空客票、文艺演出票、体育比赛入场券或者其他有价票证、凭证的；

（四）伪造、变造船舶户牌，买卖或者使用伪造、变造的船舶户牌，或者涂改船舶发动机号码的。

02

各类印章的使用范围

案例

2017 年 10 月 13 日，滁州市宏威新型建材有限公司（以下简称宏威公司）与安徽鲁班建设投资集团有限公司（以下简称鲁班公司）签订一份销售合同，合同约定由宏威公司向鲁班公司承建的滁州市实验中学苏滁校区工程提供煤矸石空心砖。合同签订后，宏威公司积极履行了供货义务，鲁班公司却迟迟不支付货款。宏威公司为维护自身合法权益，于 2020 年 1 月 15 日向滁州市琅琊区人民法院提起诉讼，请求鲁班公司支付拖欠货款。被告鲁班公司辩称，其并非涉案合同的相对方，因为涉案合同上的印章为安徽鲁班建设投资集团有限公司滁州市实验中学苏滁校区项目部工程资料专用章，该印章不具有代表公司对外签订合同的效力且该印章上也特别注明其他用途无效，所以，被告认为原告在明知该枚印章只能接受工程资料不能用于签订合同的情况下，依然签订涉案合同，不属于善意相对人，因此其不应承担支付货款的责任。法院经审理认为，涉案合同是双方当事人的真实意思表示，双方应当按照约定积极履行自己的义务，虽然合同需方加盖的是安徽鲁班建设投资集团有限公司滁州市实验中学苏滁校区项目部工程资料专用章，但原告所供材料用于被告鲁班公司承建的滁州市实验中学苏滁校区工程，原告有理由相信需方加盖安徽鲁班建设投资集团有限公司滁州市实验中学苏滁校区项目部工程资料专用章行为代表被告鲁班公司。所以，被告鲁班公司应当向原告支付拖欠货款。

案例来源：中国裁判文书网（2020）皖 1102 民初 451 号民事判决书（有改动）。

律师解析

从上述案例中可以看出，被告在签订合同时没有加盖合同专用章而是使用了工程资料专用章，该行为是否构成表见代理暂且不论，就公司印章的使用范围来说，凡是属于企业经营类的合同、协议等文件，一般应当使用合同专用章或企业公章。但在实践中存在大量的像被告一样对印章使用范围不够明确的情形，该行为会产生一定的风险，主要体现在：一方面，盖章文书的效力难以确定，可能会像案例中的涉案合同一样被认定有效，也可能会被认定无效；另一方面，在涉及诉讼或仲裁时，如果印章单位没有证据证明合同所涉印章与己无关或为他人私盖，法院或仲裁机构可能认定该合同有效，反之则认定无效。无论是哪种情形，都会产生一定的争议，增加合同双方的诉讼成本。

从原告宏威公司的角度来说，虽然法院支持了其诉讼请求，但其作为一个企业，应熟知企业印章的使用范围，在签订合同时，应明确对方所用印章是否与所签文本相匹配，防范因印章使用范围不当而产生的风险。

企业印章是企业身份和权力的象征，是企业经营管理活动中行使职权的重要凭证和工具，盖有企业印章的文件，是受法律保护的有效文件，同时也意味着企业对文件内容承担法律责任，所以明确企业印章的使用范围对一个企业正常的经营活动至关重要。那么企业的印章都有哪些，其使用范围又是怎样的呢？

1. 公章

公章是企业所有印章中权力最大的一枚印章，是一个企业最高权力的象征。关于公章的使用范围，除了一些特别规定（如在一些财务事项中只能盖财务章和法人章），公章可以用于单位内外一切事务。只要加盖了企业公章，就代表企业对盖章内容的认可，企业就要承担相应的法律责任。

2. 合同专用章

合同专用章专门用于对外签订合同，有些企业没有合同专用章，也可用公章代替。合同章是专用的，如无特别约定和说明只能加盖在合同上，产生合同成立并生效的法律效力。合同章如加盖在合同之外的文件上，很可能因主体、对象不一致等原因而无效。

3. 法定代表人章

该印章代表公司的法定代表人认可盖章的事项，一般不可单独使用。法定代表人章如果单独使用只代表法定代表人的个人行为，不代表公司行为。另需特别注意的是，公司在对外签订合同时，除非合同中有条款明确约定必须同时加盖公章和法定代表人章合同才能生效，否则只需加盖公章或合同专用章合同即可生效，加盖法定代表人章与否对合同的效力没有影响。

4. 财务专用章

该印章一般与法定代表人章一起作为银行预留印鉴，主要用于办理公司的会计核算和银行结算业务。公司的财务事务，一般加盖财务专用章。

5. 发票专用章

企业、单位和个体工商户在日常经营中涉及发票时，需加盖发票专用章。该印章印模里应含有单位名称、发票专用章字样、税务登记号。

6. 部门专用章

除上述印章之外，有些公司还刻制了很多部门专用章，比如采购专用章、行政专用章、技术专用章、项目部专用章等。该类印章在公司内部具有一定的效力，对外的效力目前在实践中还存在一定的争议。因此，在对外活动中，尤其是在签订合同时应该注意，要拒绝对方使用此类印章，要求对方在合同上加盖合同专用章或公章。

综上，印章在公司的日常经营活动中具有重要的作用，所以公司对印章的使用要制定严格的管理制度，防范因印章的使用不当可能出现的风险。

03

印章管理注意事项

案例 1

　　2020 年 4 月，当当网的创始人李国庆带人进入当当网办公室，拿走 47 枚公章、财务章，并发布《告当当全体员工书》，此事发生后，当当网也迅速做出回应：公司已经报警，公章、财务章即日作废。该事件引发激烈探讨，该事件引发的公司印章的管理问题显得尤为重要。

案例来源：https://baijiahao.baidu.com/s?id=1665097253559544586&wfr=spider&for=pc（有改动）。

案例 2

　　海南鲁泉实业有限公司（以下简称鲁泉公司）于 2000 年 5 月 30 日经海南省工商行政管理局批准成立，注册资本为 388 万元，公司股东王洪英出资 155.2 万元，持有公司 40% 的股份，陈延峰出资 116.4 万元，持有公司 30% 的股份，崔传珍出资 116.4 万元，持有公司 30% 的股份，法定代表人为王洪英。鲁泉公司股东崔传珍、陈延峰、王洪英于 2009 年 5 月 3 日、2009 年 5 月 18 日、2009 年 9 月 3 日分别与张少荣、陈怀深、邹春金就同一块土地签订了土地使用权转让合同，三份合同均盖有公司公章，且三人都按照合同约定支付了相关款项。后鲁泉公司及股东"一地多卖"导致张少荣、陈怀深、邹春金就合同效力问题分别提起了诉讼。

　　其中在陈怀深提起的诉讼中，法院查明，鲁泉公司于 2000 年 5 月 30 日经海南省工商行政管理局批准成立后，先后使用过两枚"海南鲁泉实业有限公司"公章。经查实，鲁泉公司先后使用的两枚公章均没有在公安机关登记备案，鲁泉公司在工商部门年检时，先后使用过这两枚公章，并附有年检公章备案资料，从 2000 年 5 月 30 日公司成立时起鲁泉公司使用第一枚公章，从 2008 年 6 月 11 日起鲁泉公司使用第二枚公章。最后经鉴定证实鲁泉公司先后使用的两枚公章均在公司年检、经营管理时，先后使用过。所以，三份合同均是合法有效的。

案例来源：中国裁判文书网（2013）民提字第 184 号民事判决书（有改动）。

律师解析

公司印章的管理，通常能够反映公司内部治理中，各股东对公司的控制权。我国并未有明确法律规定印章应当由谁来实际占有、控制和管理，公司印章保管问题属于公司内部自治的范畴。另外，公司公章作为公司日常经营、对外交易活动中最有公信力的证明载体，是公司意思表示的最佳方式。一份文件，一旦加盖公章，就代表这份文件得到了公司的认可，也代表着公司要承担相应的责任。

当当网的创始人李国庆带人拿走47枚公章、财务章的行为，虽然对与当当网关联公司有业务往来的公司的伤害相对较小，但无疑会对当当网关联公司自身的正常经营造成严重影响。在此先不讨论李国庆行为的合法性，这件事情说明，当当网控制人对公司印章的风险管控措施是有制度漏洞的。在上述案例2中，鲁泉公司在经营中存在两枚公章，且在公司年检、经营中先后使用，导致土地使用权转让合同上加盖的公章被法院认可而使鲁泉公司陷入被动。

为最大限度地避免印章管理中的风险，律师有以下六个方面建议。

（1）公司章程应明确规定公司各类印章的保管机构，并明确规定各类印章产生法律效力的必备条件，如：加盖公章的文件必须同时有法定代表人签字，该文件才生效；加盖财务章的文件必须同时有财务经理的签字，该文件才生效，依此类推。

（2）公司的规章制度应明确规定各类印章的具体保管人员和使用程序。只有符合一定流程的盖章文件，才具有法律效力。

（3）各类型印章分开管理。对印章的保管要设置专人、专区，避免过于集中，从而降低内部人员的道德风险。还应明确各类印章管理人的相应职责及责任承担问题，制定违规损失赔偿制度。印章管理人可签署专门的履责承诺书，载明管理的起始时间，声明已经知晓公司印章管理制度，保证履行管理职责，承诺承担违反管理规定造成公司损失的赔偿责任。

（4）根据公司主要业务和各个印章的用印频率，分别设置不同的审批权限和审批人，做到用印必登记，登记必详细，一事一登记，盖章文件留档，从而最大限度地降低风险。

（5）保证印章刻制的加密性和保密性。目前，随着技术的发展，仿造印章变得越来越简单，且能达到以假乱真的地步，一般只有通过司法鉴定才能辨其真伪。所以，公司在刻制印章的时候，要做到加密和保密。所谓"加密"即在印章上做暗标，以使该印章具有自己独特的标记，与伪造的印章有明显的区别；所谓"保密"是指公司应将印章的加密视作公司机密，对其加以保护，除办理加密的人员和企业老板外，控制印章加密的知晓范围。

（6）处理好携带公章外出的问题。一般应禁止公章外携，确实需要的，应当由专人携带，实行双人监督，密封保管，用时开封，用完加封。

 法律依据

《中华人民共和国公司法》

第十一条　设立公司必须依法制定公司章程。公司章程对公司、股东、董事、监事、高级管理人员具有约束力。

第二十五条　有限责任公司章程应当载明下列事项：

（一）公司名称和住所；

（二）公司经营范围；

（三）公司注册资本；

（四）股东的姓名或者名称；

（五）股东的出资方式、出资额和出资时间；

（六）公司的机构及其产生办法、职权、议事规则；

（七）公司法定代表人；

（八）股东会会议认为需要规定的其他事项。

《中华人民共和国劳动合同法》

第四条　用人单位应当依法建立和完善劳动规章制度，保障劳动者享有劳动权利、履行劳动义务。

用人单位在制定、修改或者决定有关劳动报酬、工作时间、休息休假、劳动安全卫生、保险福利、职工培训、劳动纪律以及劳动定额管理等直接涉及劳动者切身利益的规章制度或者重大事项时，应当经职工代表大会或者全体职工讨论，提出方案和意见，与工会或者职工代表平等协商确定。

在规章制度和重大事项决定实施过程中，工会或者职工认为不适当的，有权向用人单位提出，通过协商予以修改完善。

用人单位应当将直接涉及劳动者切身利益的规章制度和重大事项决定公

示，或者告知劳动者。

第八十九条　用人单位制定的劳动规章制度违反法律、法规规定的，由劳动行政部门给予警告，责令改正；对劳动者造成损害的，应当承担赔偿责任。

《国务院关于国家行政机关和企业事业单位社会团体印章管理的规定》

二十三、印章制发机关应规范和加强印章制发的管理，严格办理程序和审批手续。国家行政机关和企业事业单位、社会团体刻制印章，应到当地公安机关指定的刻章单位刻制。

《民办非企业单位印章管理规定》

三、印章的制发程序

民办非企业单位刻制印章须在取得登记证书后向登记管理机关提出书面申请及印章式样，持登记管理机关开具的同意刻制印章介绍信及登记证书到所在地县、市（区）以上公安机关办理备案手续后刻制。

四、印章的管理和缴销

（一）民办非企业单位的印章经登记管理机关、公安机关备案后，方可启用。

（二）民办非企业单位应当建立健全印章使用管理制度，印章应当有专人保管。对违反规定使用印章造成严重后果的，应当追究保管人或责任人的行政责任或法律责任。

（三）民办非企业单位因变更登记、印章损坏等原因需要更换印章时，应到登记管理机关交回原印章，按本规定程序申请重新刻制。

（四）民办非企业单位印章丢失，经声明作废后，可以按本规定程序申请重新刻制。重新刻制的印章应与原印章有所区别。如五角星两侧加横线。

（五）民办非企业单位办理注销登记后，应当及时将全部印章交回登记管理机关封存。

（六）民办非企业单位被撤销，应当由登记管理机关收缴其全部印章。

（七）登记管理机关对收缴的和民办非企业单位交回的印章，要登记造册，送当地公安机关销毁。

（八）民办非企业单位非法刻制印章的，由公安机关处以500元以下罚款或警告，并收缴其非法刻制的印章。

（九）对未经公安机关批准，擅自承制民办非企业单位印章的企业，由公安机关《中华人民共和国治安管理处罚法》的规定予以处罚。

04

空白合同等文件用印注意事项

案例

　　2008 年 8 月 30 日，合肥某公司与芜湖某公司签订的合作协议书约定：芜湖某公司自 2008 年 9 月 1 日起关闭二级备件市场的所有对外销售窗口，由合肥某公司独立承担二级备件市场全国销售业务，并承担销售过程中的所有费用。该协议显示：暂定从 2008 年 9 月 1 日起执行至 2018 年 8 月 31 日止。协议生效后，合肥某公司为履行合同，积极投入资金开拓市场，但芜湖某公司在合同期限内擅自进行二级备件的销售，并压低销售价格，此行为给合肥某公司造成严重损失，协商无果后，合肥某公司将芜湖某公司起诉到法院。庭审中，芜湖某公司辩称其对于十年期协议并不知情，且该协议中的履行期限"2018 年 8 月 31 日"部分为手写，系公司加盖印章后由合肥某公司自行填写，因此不产生法律效力。

　　法院认为：虽该十年期合作协议的履行期限部分为手写，但芜湖某公司加盖印章予以确认，故手写部分并不影响合同效力，即便芜湖某公司系将空白文本盖章后交由合肥某公司填写，也应视该行为系对自身民事权利的处分，是其对合肥某公司合同履行期限的确定。

律师解析

　　加盖公章的文件是公司行为的证明，在民商事活动中，加盖公章通常对确认民事法律行为效力具有重要意义。公司对外出具加盖公章的空白文本时，应尽到合理谨慎的注意义务来避免风险，一旦发生纠纷，通常法院会认为：其应当能够预测该行为可能产生的风险，公司对外就要承担相应的法律责任。即使再追究相关经办人员的责任，也无法弥补对外的损失。

　　建议公司规定禁止对外出具加盖公章的空白文本，即使因交易、业务惯例等原因必须出具的，也应把可以确定的内容尽量填写清楚，并通过录音、邮件、微信、短信等方式留存相关免责的证据，避免产生纠纷时无法提供证据。

 法律依据

《中华人民共和国民法典》

第四百九十条　当事人采用合同书形式订立合同的，自当事人均签名、盖章或者按指印时合同成立。在签名、盖章或者按指印之前，当事人一方已经履行主要义务，对方接受时，该合同成立。

（对应原《中华人民共和国合同法》第三十二条　当事人采用合同书形式订立合同的，自双方当事人签字或者盖章时合同成立。）

第五百零二条　依法成立的合同，自成立时生效，但是法律另有规定或者当事人另有约定的除外。

依照法律、行政法规的规定，合同应当办理批准等手续的，依照其规定。

（对应原《中华人民共和国合同法》第四十四条　依法成立的合同，自成立时生效。法律、行政法规规定应当办理批准、登记等手续生效的，依照其规定。）

05

印章遗失怎么办？

案例

　　张某于 2019 年 2 月 12 日向平阴县人民法院提起诉讼，称济南道博化工有限公司分别在 2008 年 8 月 31 日、2008 年 11 月 11 日从其处借款 10000 元、3000 元，并出具了两份盖有济南道博化工有限公司（以下简称道博公司）财务专用章的收据。道博公司辩称其财务专用章在 2007 年 12 月已丢失，并于 2008 年 1 月 18 日在公安局备案的济南康利嘉和印章厂重新刻制了财务专用章，同时于 2008 年 1 月 30 日在《山东商报》刊登公告，声明其财务专用章作废。法院经审理认定，道博公司在印章遗失后先刻印章再刊登公告的做法与印章管理办法不符，且未提交重新备案或者准刻手续，另道博公司在《山东商报》公告声明中的内容为"济南道博化工有限公司遗失财务专用章法人章声明作废", 不能证实被告道博公司遗失的财务专用章系原告张某提交的借据上加盖的"济南道博化工有限公司财务专用章", 所以该借据是合法有效的。

案例来源: 中国裁判文书网 (2019) 鲁 0124 民初 530 号民事判决书 (有改动)。

 **律师解析**

公章对每个企业都具有特殊的意义, 它不仅是企业对内管理、对外展开经营活动的重要凭证, 也是企业形象的具体表现。企业的每一次签章行为都会对企业产生重大影响, 所以公章一旦不小心遗失, 将会给企业带来严重影响。那么对于公章遗失, 公司应该怎么办呢?

首先, 由法人代表携带其身份证原件及复印件、工商营业执照副本原件及复印件到公章丢失地所辖派出所进行报案并领取报案证明。

其次, 由法人代表持报案证明原件及复印件、工商营业执照副本原件及复印件在市级以上每日公开发行的报纸上登报声明, 声明公章作废, 因每个地方的规定不同, 所以具体在哪个报纸刊登声明可以咨询当地工商行政管理机关。

再次, 在登报公示后, 企业法人代表携带营业执照副本复印件、法定代表人身份证复印件、企业出具的刻章证明、法人授权委托书、所有股东身份证复印件各一份、股东证或者工商局打印的股东名册、派出所报案回执及登报声明的复印件到公安机关办理新刻印章备案。

最后, 办理手续的经办人员到公安机关批准的刻制单位刻制新印章, 注意新刻的印章要与丢失的印章有所不同。

从上述案例中可以看出, 道博公司在印章遗失后, 新刻印章的程序与《中华人民共和国印章管理办法》的规定不相符, 致使其承担了相应的责任。所以, 企业在印章遗失后一定要及时地、严格地按照上述程序进行新印章的刻制, 以免使自身陷入纠纷泥潭, 承担不利后果。

法律依据

《中华人民共和国印章管理办法》

第十一条 需要更换印章的, 须公告声明原印章作废后按照本办法第七条、第八条规定重新办理备案或准刻手续。

印章遗失、被抢、被盗的，应当向备案或批准刻制的公安机关报告，并采取公告形式声明作废后，按照前款规定重新办理备案或准刻手续。

《河南省印章业治安管理工作规范》

第七条　需要刻制公章的单位，应将单位设立的批准文件、登记证书、《营业执照》和主管单位的证明信，以及公章的名称、形状、规格尺寸、材质、字体、排列顺序等内容，报所在地县级以上公安机关治安部门受理、验证，经核实审批并将信息录入印章治安管理信息系统备案后，出具《准予刻制印章通知单》。用章单位凭公安机关出具的《准予刻制印章通知单》到指定的公章刻制企业刻制。

第九条　因单位名称变更或者公章损坏，需要重新刻制公章的，按照本规范第七条的规定重新办理刻制手续；新公章刻制后，原有公章作废，并予以销毁。

公章被抢、被盗或者因其他原因丢失的，应当立即向原办理刻制公章审批手续的公安机关治安部门如实报告，并在所在省辖市以上公开发行的报纸上声明原公章遗失作废；需要重新刻制的，凭遗失作废声明按照本办法第七条的规定办理刻制手续。

06

私刻印章与私用印章的不同法律后果
——腾讯与老干妈纠纷简析

案例　2020年6月，腾讯与老干妈之间的纠纷引发广泛关注。腾讯请求法院查封、冻结老干妈约1624万元的资产，而老干妈则称从未与腾讯签订过《联合市场推广合作协议》（以下简称《合作协议》），并已就此事向公安机关报案。7月1日，贵阳市公安局双龙分局发表警方通报，初步查明系三名犯罪嫌疑人伪造老干妈公司印章，冒充公司市场经营部经理，与腾讯签订《合作协议》，其目的是获取腾讯在推广活动中配套赠送的网络游戏礼包码，之后通过互联网倒卖非法获取经济利益，目前犯罪嫌疑人已被依法刑事拘留。贵阳警方发布通报后，腾讯发动态："今天中午的辣椒酱突然不香了。"而支付宝则发文表示："希望天下无假章。"

案例来源：https：//baijiahao. baidu. com/s? id = 1671071450904149243&wfr = spider&for = pc（有改动）。

🔍 **律师解析**

腾讯起诉的主要依据是《合作协议》中的公司名称和公章，该案件主要争议焦点为《合作协议》上公章的真假以及三名市场经理的行为是否得到老干妈的合法授权，是否构成表见代理。根据《全国法院民商事审判工作会议纪要》第 41 条的规定："代理人以被代理人名义签订合同，要取得合法授权。代理人取得合法授权后，以被代理人名义签订的合同，应当由被代理人承担责任。"据此，本案可能出现以下两种结果。

（1）合同中老干妈公章是假的，三名犯罪嫌疑人的身份、职务、人事关系等与老干妈没有任何关联，且上述三人没有提供过任何类似于授权委托书和工作证明等足以让腾讯确认三人身份属于老干妈的材料，那么，《合作协议》则不具有法律效力，腾讯只能请求伪造印章的人承担法律责任，而无法请求老干妈承担责任。

（2）合同中老干妈公章是真的，但三名犯罪嫌疑人私自用印，没有得到公司的授权。此时，老干妈员工私自用真实公章签订了合同，公章为真，是老干妈单方内部管理问题，这不影响该协议的效力。腾讯在履行完相关合同约定的服务义务后，有权要求老干妈按协议约定向腾讯支付相应款项，老干妈只能依据其公司制度向相关责任人追究责任。

对公司来说，各项业务的展开及公司发展离不开大量的合同。合同管理越完善，合同风险防范越到位，公司的发展就越长远。通过上述案例，可知合同上加盖公章的行为对外可以视为公司法人的意志，对合同双方均具有法律效力，那么公司公章的日常管理就尤为重要。对公司员工来说，私自用印可能会给公司带来巨大的经济风险，自身也将面临相应的法律责任；对公司来说，印章管理不慎，则会面临公章被私用，甚至是巨额的经济损失。

📑 **法律依据**

《全国法院民商事审判工作会议纪要》

41.【盖章行为的法律效力】司法实践中，有些公司有意刻制两套甚至多套公章，有的法定代表人或者代理人甚至私刻公章，订立合同时恶意加盖非备案的公章或者假公章，发生纠纷后法人以加盖的是假公章为由否定合同效力的情形并不鲜见。人民法院在审理案件时，应当主要审查签约人于盖章之时有无代表权或者代理权，从而根据代表或者代理的相关规则来确定合同的效力。

法定代表人或者其授权之人在合同上加盖法人公章的行为，表明其是以法人名义签订合同，除《公司法》第 16 条等法律对其职权有特别规定的情形外，应当由法人承担相应的法律后果。法人以法定代表人事后已无代表权、加盖的是假章、所盖之章与备案公章不一致等为由否定合同效力的，人民法院不予支持。

代理人以被代理人名义签订合同，要取得合法授权。代理人取得合法授权后，以被代理人名义签订的合同，应当由被代理人承担责任。被代理人以代理人事后已无代理权、加盖的是假章、所盖之章与备案公章不一致等为由否定合同效力的，人民法院不予支持。

07

印章的刻制、收缴和销毁

案例

河南某村委会于 2013 年与乙公司签订土地开发合作协议，约定将本村部分集体土地流转给乙公司使用，由乙公司按照使用年限向村委会支付租金。协议签订后，乙公司在前两年均能按时支付相关费用，但自 2016 年 1 月 1 日开始拒不支付租金。经多次催要无果，村委会决定依法向法院提起诉讼。在案件被法院受理后，村委会询问案件进展时，法官告知村委会已经向法院递交了加盖公章的撤诉申请书，本案已经裁定按撤诉处理。

村委会领导在核对涉案撤诉申请书时，发现在落款处加盖的公章系村委会已经废弃不用的公章，但村委会未及时办理相关的印章收缴手续，且法院对该撤诉申请书加盖的公章仅具有形式审查的义务，导致该案件最终按照村委会撤诉处理。印章的不及时收缴不仅给村委会造成了诉讼费、律师费等损失，还浪费了司法资源。

律师解析

在上述案例中，村委会无论是基于什么原因废弃其公章，在公章废弃后，都应按照《中华人民共和国印章管理办法》的相关规定将废弃公章进行收缴并予以销毁，这样才能降低印章带来的相关风险，减少印章所属单位的不必要损失。

印章在企业经营活动中占据重要的地位，是企业必不可少的组成部分。印章虽小，但作用巨大。近年来，因印章产生的问题和纠纷屡见不鲜。"印章事件"背后反映的是单位内部管理问题，不管是大型集团公司，还是小型企业，印章管理不完善似乎成了当下传统印章管理模式的通病。企业要想解决印章产生的问题，就应该严格遵守相关法律的规定，加强印章各个环节的管理。

从《国务院关于国家行政机关和企业事业单位社会团体印章管理的规定》中可以看出，企业印章管理主要涉及两个方面：一是印章的刻制，二是印章的销毁和收缴。

一是关于印章的刻制。第一，企业需要刻制公章的，需持有营业执照副本、法定代表人身份证先到公安机关登记备案，再到指定的地点刻章。第二，一些专用印章的刻制，如经济合同专用章、财务专用章等，应经过企业领导的批准，且其在名称、样式上应与企业的正式印章有所区别，避免不必要的损失。

二是印章的收缴和销毁。印章像企业一样，有其自身的生命周期，当出现以下三种情况时，企业应当及时停止使用并收缴印章：①有关企业单位、部门、项目部或机构被注销或撤销的；②有关企业单位、部门、项目部或机构名称发生变更的；③印章发生损坏的。印章销毁发生在印章停止使用并收缴之后，根据《中华人民共和国印章管理办法》第十五条的规定进行处理。如果属于可以自行销毁的印章，可以由单位根据其内部管理制度的具体规定自行组织销毁。另外，还需特别注意的是，当印章遗失或失窃时，如果被声明已经作废，即便后来又被找回，或者曾经在空白纸上盖过印章的，均不得再用，并按相关规定予以收缴和销毁。

另外，企业事业单位的法定代表人变更时，为区分前任与后任的责任，建议对单位的公章等印章进行更换，封存原有印章，封存满两年后，如无特殊情况，予以销毁。

 法律依据

《国务院关于国家行政机关和企业事业单位社会团体印章管理的规定》

一、国家行政机关和企业事业单位、社会团体的印章为圆形，中央刊国徽或五角星。

十五、国家行政机关和企业事业单位、社会团体印章所刊名称，应为法定名称。如名称字数过多不易刻制，可以采用规范化简称。

二十二、国家行政机关和企业事业单位、社会团体的其他专用印章（包括经济合同章、财务专用章等），在名称、式样上应与单位正式印章有所区别，经本单位领导批准后可以刻制。

二十三、印章制发机关应规范和加强印章制发的管理，严格办理程序和审批手续。国家行政机关和企业事业单位、社会团体刻制印章，应到当地公安机关指定的刻章单位刻制。

《中华人民共和国印章管理办法》

第十五条　印章停止使用后，使用单位应当在十日内将印章全部交回上级主管部门或登记管理机关封存；逾期不交的，由上级主管部门或登记管理机关予以收缴。上级主管部门或登记管理机关对交回和收缴的印章要登记造册，并于十日内送备案或批准刻制的公安机关。

公安机关对交回和收缴的印章，需预存两年，无特殊情况的，预存期满后予以销毁。

第 十 章

合同管理

创 业 守 业 与 股 权 激 励

01

企业常用的合同类型

 律师解析

合同是民事主体之间设立、变更、终止民事法律关系的协议。现代商业活动之所以能够正常有序进行，与合同的作用密不可分。常用的合同一般共可分为以下四大类。

（1）涉及企业本身存在、变更或消亡的合同。如《公司设立合同》《公司解散协议》《增加出资合同》《股权转让协议》《股权质押协议书》等。

（2）企业内部的合同。如公司与高级管理人员、员工、劳务派遣人员签订的《劳动合同》《劳务合同》《劳务派遣合同》，企业与其分公司、各部门签订的合同。

（3）企业正常经营活动中，与各种合作方签订的不同类型的经济类合同。如《买卖合同》《房屋租赁合同》《加工定做合同》《运输协议》《贷款合同》《融资租赁协议》《抵押合同》《股权质押合同》《建设工程施工合同》等。

（4）在诉讼、仲裁、信访等活动中，在司法、行政机关的主持下与其他主体达成的协议。如《解除合同协议书》《和解协议》《赔偿协议书》等。

"契"，意为证明买卖、抵押、租赁等关系的文书，"约"，意为拘束、限制。自古以来，我国便有将买卖、抵押、租赁等商业行为、商业约定以文书形式固定下来，以约束各方当事人的习惯和经验。现代商业经营活动虽然随着科技的发展而变得更加便利和多样，但同时，商业经营的波动性和风险也随之加大。尽管存在多种多样的合同，但万变不离其宗，合同的主要目的都是确定各方的权利义务，最大限度地保障企业经营的稳定性。企业在经营活动中，无论采用何种类型的合同，都应尽可能以书面形式订立合同，尽量避免法律风险。

法律依据

《中华人民共和国民法典》

第一百一十九条　依法成立的合同，对当事人具有法律约束力。

（对应原《中华人民共和国民法总则》第一百一十九条　依法成立的合同，对当事人具有法律约束力。）

第四百六十九条　当事人订立合同，可以采用书面形式、口头形式或者其他形式。

书面形式是合同书、信件、电报、电传、传真等可以有形地表现所载内容的形式。

以电子数据交换、电子邮件等方式能够有形地表现所载内容，并可以随时调取查用的数据电文，视为书面形式。

（对应原《中华人民共和国合同法》第十条　当事人订立合同，有书面形式、口头形式和其他形式。法律、行政法规规定采用书面形式的，应当采用书面形式。当事人约定采用书面形式的，应当采用书面形式。）

第四百条　设立抵押权，当事人应当采用书面形式订立抵押合同。

（对应原《中华人民共和国物权法》第一百八十五条　设立抵押权，当事人应当采取书面形式订立抵押合同。）

第四百二十七条　设立质权，当事人应当采用书面形式订立质押合同。

（对应原《中华人民共和国物权法》第二百一十条　设立质权，当事人应当采取书面形式订立质押合同。）

第六百八十五条　保证合同可以是单独订立的书面合同，也可以是主债权债务合同中的保证条款。

第三人单方以书面形式向债权人作出保证，债权人接收且未提出异议的，保证合同成立。

（对应原《中华人民共和国担保法》第十三条　保证人与债权人应当以书面形式订立保证合同。）

第五百八十六条　当事人可以约定一方向对方给付定金作为债权的担保。定金合同自实际交付定金时成立。

定金的数额由当事人约定；但是，不得超过主合同标的额的百分之二十，超过部分不产生定金的效力。实际交付的定金数额多于或者少于约定数额的，视为变更约定的定金数额。

（对应原《中华人民共和国担保法》第九十条 定金应当以书面形式约定。当事人在定金合同中应当约定交付定金的期限。定金合同从实际交付定金之日起生效。）

《中华人民共和国劳动合同法》

第十条 建立劳动关系，应当订立书面劳动合同。

已建立劳动关系，未同时订立书面劳动合同的，应当自用工之日起一个月内订立书面劳动合同。

《中华人民共和国合伙企业法》

第四条 合伙协议依法由全体合伙人协商一致、以书面形式订立。

02

合同签订前的注意事项

案例

张某事业有成，经朋友介绍，与 H 市腾飞房地产开发公司（以下简称腾飞公司）总经理王某相识，王某出手阔绰，为人处世也颇为豪爽，很快就与张某熟络。一次酒局之后，王某称最近因政策变更，刚接的楼盘开发资金出现缺口，需要资金周转，向张某询问是否愿意投资，可以提供高额的利息回报。张某日常也关注腾飞公司的新楼盘，再加上被高额利息诱惑，当即与王某达成一致意见，向腾飞公司出借 800 万元款项，约定借款期限为一年。在正常支付两个月利息后，腾飞公司开发的新楼盘忽然停工，有报道称腾飞公司资金链断裂，公司破产，张某大惊，赶忙联系王某，王某称公司确实无力偿还债务。张某无奈，赶忙起诉腾飞公司，但经律师调查才知晓，在张某出借款项之前，已经有数个工程承包人起诉腾飞公司，财产保全数额高达数亿元，远超腾飞公司资产，即便案件胜诉，之后也很难拿回借款。

案例来源：《合同签订事前注意事项》，微信公众号"修谨律师"（有改动）。

律师解析

合同作为民事主体的意思表示，一般情况下在签订后生效，生效后便对双方具有约束力。任何一方如未按照合同的约定履行相应义务，便须承担违约责任。实务中，合同签订前未排查对方风险的情况较多，也常导致合同履行障碍，合同目的无法实现。为了避免风险，在合同签订之前，对合同相对方的审查就显得尤为重要。

合同相对方的审查，并不仅仅是查询对方是否真实存在、公司名称是否正确就足够避免风险。首先，在查询对方情况时，应当同时查看对方的工商登记相关变动、动产或不动产的质押、抵押登记信息、股权质押登记信息、股权查封信息、对外投资信息等公司资产相关信息；其次，应当前往相关诉讼信息网站，查询对方是否存在诉讼纠纷，公司及股东的财产是否被查封保全；最后，应当通过现场勘查、其他商业伙伴等多种途径，了解对方公司的经营状况、资产情况、对方提供资料的真实性、合同签订运作的真实情况及合同目标实现的可能性。此外，如认为合同的签订具有风险，应当聘请专业律师对其资信情况进行尽职调查，根据风险等级设定相应的权利义务及责任承担条款，尽力将风险降至最低，必要时可要求对方提供相应的担保措施。如发现对方故意隐瞒或提供虚假信息，应当第一时间与律师沟通，以维护自己的权益。律师的全程介入把控，可在风险产生或可能产生的第一时间采取措施，以最大程度避免损失。

法律依据

《中华人民共和国民法典》

第五百零九条　当事人应当按照约定全面履行自己的义务。

当事人应当遵循诚信原则，根据合同的性质、目的和交易习惯履行通知、协助、保密等义务。

（对应原《中华人民共和国合同法》第六条　当事人行使权利、履行义务应当遵循诚实信用原则。）

第五百条　当事人在订立合同过程中有下列情形之一，造成对方损失的，应当承担赔偿责任：

（一）假借订立合同，恶意进行磋商；

（二）故意隐瞒与订立合同有关的重要事实或者提供虚假情况；

（三）有其他违背诚信原则的行为。

［对应原《中华人民共和国合同法》第四十二条　当事人在订立合同过程中有下列情形之一，给对方造成损失的，应当承担损害赔偿责任：（一）假借订立合同，恶意进行磋商；（二）故意隐瞒与订立合同有关的重要事实或者提供虚假情况；（三）有其他违背诚实信用原则的行为。］

03

合同何时成立、生效？

案例

因季节变化，生产冬衣的海棠贸易公司（以下简称海棠公司）订单突然大量增加，用来生产冬衣的原材料储备数量仅够十天的订单。海棠公司原有的几家供应商均无法及时供货。海棠公司得知昙花盛世集团手中掌握了大量的原材料，海棠公司遂与昙花盛世集团接洽，并最终签订了原材料供货合同。在合同签订后，海棠公司加足马力生产，原材料很快就供不应求，其间多次催促昙花盛世集团供货，但昙花盛世集团均以重重理由推脱，直到原材料消耗光，昙花盛世集团也一直未供货。海棠公司此时不得不寻找其他原材料供应商，以高价购买原材料，即便如此，海棠公司依旧延迟了半个月的时间才赶上冬衣订单的供货进度，因此失去了部分市场，并因延迟完成订单不得不支付一大笔违约金。事后，海棠公司才知晓，昙花盛世集团将原材料以高价转让给了其他公司，所以未提供给海棠公司。

为挽回损失，海棠公司起诉昙花盛世集团，要求昙花盛世集团赔偿违约金及损失。庭审中，昙花盛世集团表示，双方签订的原材料供货合同约定在双方法定代表人签字并加盖公章、并且海棠公司向昙花盛世集团提供商业保函后才生效，出现争议的合同没有海棠公司法定代表人签字，海棠公司也没有提供商业保函，所以双方签订的合同自始至终未生效。最终，法院判决原材料供货合同因不满足生效条件而未生效，驳回了海棠公司的诉讼请求。

案例来源：《合同何时成立、生效》，微信公众号"修谨律师"（有改动）。

律师解析

合同是双方或多方当事人形成的书面一致意见，合同各方对合同的具体内容达成一致意见，仅仅说明合同成立，并不意味着合同已经具备法律效力，只有生效的合同才具备法律效力，才对合同各方具有约束力。合同的成立、生效是两个完全不同的概念。

2020 年 8 月 19 日，最高人民法院公布了关于修改《关于审理民间借贷案件适用法律若干问题的规定》的决定，其中第九条的表述由"具有下列情形之一，可以视为具备合同法第二百一十条关于自然人之间借贷合同的生效要件"修改为"自然人之间的借款合同具有下列情形之一的，可以视为合同成立"。最高人民法院将借贷合同的"生效"修改为"成立"，是从司法层面对借款人进行更加有效的保护。

一般情况下，合同在成立的同时生效，但也有特殊情况。法律赋予了民事主体能够约定合同生效时间和生效条件的权利，在合同中如约定了生效条件或生效时间，那合同在成立时并不当然生效，而是在满足了约定的生效条件或生效时间时，合同才开始生效，才对合同签署方产生约束力。以民间借贷为例，如法院认定借贷合同成立但未生效，那出借人将不能依照借贷合同中约定的利息标准主张利息，而只能参考其他方式计息，将可能产生巨大的利息损失。企业家及企业相关人员，应当慎重地审查合同生效的条件——这个细微但意义重大的细节，以免因合同未生效而导致损失。

在此特别提醒，合同的生效并不当然地以满足合同约定的生效条件或生效时间为唯一标准。如一方实际履行合同，而另一方也以实际行动接受，一般情况下即可推定合同已实质上生效并履行。在出现合同僵局的时候，可以以此种方式推进合同的履行，应警惕对方以此种方式强行推进合同履行，制造合同履行陷阱给企业造成损失。此外，如果合同部分内容违法，该部分内容将自始无效。

法律依据

《中华人民共和国民法典》

第四百九十二条　承诺生效的地点为合同成立的地点。

采用数据电文形式订立合同的，收件人的主营业地为合同成立的地点；没有主营业地的，其住所地为合同成立的地点。当事人另有约定的，按照其约定。

第四百九十三条　当事人采用合同书形式订立合同的，最后签名、盖章或者按指印的地点为合同成立的地点，但是当事人另有约定的除外。

（对应原《中华人民共和国合同法》第三十五条　当事人采用合同书形式订立合同的，双方当事人签字或者盖章的地点为合同成立的地点。）

第四百九十条　当事人采用合同书形式订立合同的，自当事人均签名、盖章或者按指印时合同成立。在签名、盖章或者按指印之前，当事人一方已经履行主要义务，对方接受时，该合同成立。

法律、行政法规规定或者当事人约定合同应当采用书面形式订立，当事人未采用书面形式但是一方已经履行主要义务，对方接受时，该合同成立。

（对应原《中华人民共和国合同法》第三十六条　法律、行政法规规定或者当事人约定采用书面形式订立合同，当事人未采用书面形式但一方已经履行主要义务，对方接受的，该合同成立。

第三十七条　采用合同书形式订立合同，在签字或者盖章之前，当事人一方已经履行主要义务，对方接受的，该合同成立。）

第五百零二条　依法成立的合同，自成立时生效，但是法律另有规定或者当事人另有约定的除外。

依照法律、行政法规的规定，合同应当办理批准等手续的，依照其规定。未办理批准等手续影响合同生效的，不影响合同中履行报批等义务条款以及相关条款的效力。应当办理申请批准等手续的当事人未履行义务的，对方可以请求其承担违反该义务的责任。

依照法律、行政法规的规定，合同的变更、转让、解除等情形应当办理批准等手续的，适用前款规定。

（对应原《中华人民共和国合同法》第四十四条　依法成立的合同，自成立时生效。法律、行政法规规定应当办理批准、登记等手续生效的，依照其规定。）

第一百五十八条　民事法律行为可以附条件，但是根据其性质不得附条件的除外。附生效条件的民事法律行为，自条件成就时生效。附解除条件的民事法律行为，自条件成就时失效。

第一百五十九条　附条件的民事法律行为，当事人为自己的利益不正当地阻止条件成就的，视为条件已经成就；不正当地促成条件成就的，视为条件不成就。

（上述两条法条对应原《中华人民共和国合同法》第四十五条　当事人对合同的效力可以约定附条件。附生效条件的合同，自条件成就时生效。附解除条件的合同，自条件成就时失效。当事人为自己的利益不正当地阻止条件成就的，视为条件已成就；不正当地促成条件成就的，视为条件不成就。）

第一百六十条　民事法律行为可以附期限，但是根据其性质不得附期限的除外。附生效期限的民事法律行为，自期限届至时生效。附终止期限的民事法律行为，自期限届满时失效。

（对应原《中华人民共和国合同法》第四十六条　当事人对合同的效力可以约定附期限。附生效期限的合同，自期限届至时生效。附终止期限的合同，自期限届满时失效。）

04

如何审查合同？

案例

　　位于C省的海洋精密零件公司（以下简称海洋公司）是省内精密零件生产行业的龙头企业，产品畅销省内并正在谋求打开省外市场。海洋公司的业务员在L省与L省龙腾机械制造公司（以下简称龙腾公司）洽谈一笔大额订单，因龙腾公司称急用零件，且L省内两家其他零件制造厂也正在与龙腾公司商谈供货，为拿下这笔订单，海洋公司匆忙以龙腾公司提供的合同为模板签订了供货合同，并以最快速度提供产品。但供货后不久，龙腾公司不仅未支付相应货款，反而以海洋公司提供的产品质量不符合合同约定标准及数量为由，在L省起诉海洋公司，要求海洋公司赔偿损失。海洋公司经与律师沟通才了解到，双方签订的供货合同约定的产品质量标准并非海洋公司常用的C省标准，而是L省标准，同时，合同并未约定交货时的数量清点事宜，海洋公司委托的运输公司在交付时也并未留下交付凭证，此外，合同约定争议解决的管辖地为L省。最终，海洋公司在L省败诉，给海洋公司造成了重大损失。

案例来源：《如何审查合同？》，微信公众号"修谨律师"（有改动）。

律师解析

　　合同制度是现代商业活动最重要的运行规则之一，合同不仅是界定双方权利义务的凭证，还是在出现争议的时候，厘定双方责任大小和赔偿标准的依据，更是双方在何时何地以何种方式解决争议的依据。但在实务中，却存在大量不完善、不规范、存在大量歧义的合同。这是由于企业在签订合同时，一看到数页甚至是数十页、上百页的合同，便失去耐心不细看，甚至为拓展业务，不交法务审核便直接签署，这种对待合同的方式，不仅仅是对自己财产和权利的不负责任，最重要的是，一旦产生纠纷可能会使企业损失惨重。如何审查好一份合同呢？有以下几点需要特别用心。

　　1. 严格审查对方资信情况

　　企业在签订合同前，要做到四个审查：①审查对方主体资格，主要是营业执照信息的真实性；②审查对方企业商誉，包括是否有大量诉讼案件；③审查对方财产情况，主要是是否有偿还能力，是否有未执行终结的案件；④审查对方货源情况，要坚持看货，防止货不对板。对方没有履约能力而使企业蒙受损失的案例有很多，这种官司即使打赢也很难执行，因为对方是一个空架子。

　　2. 注重案件的管辖权

　　对于案件的管辖，《中华人民共和国民事诉讼法》有明确的规定：①被告住所地法院；②合同履行地法院；③当事人约定管辖地法院。若采用第一种方式，由于被告所有地是固定的，存在地方保护主义，通常对原告不利；若采用第三种方式，在合同中约定自己一方法院管辖，又太露骨，通常也无法达成一致意见。所以通常从第二种方式入手，即约定合同履行地为我方企业所在地，在无形中隐藏对我方有利的撒手锏，依靠本地的司法部门及时高效维权。

　　3. 注意货物验收及处理的规定

　　（1）质量。需方在验收过程中，发现产品的品种、型号、规格、花色不符合合同的规定的，应于 10 天或商定的期限内提出异议，并保留产品的原装、原封、原标，以免对方推卸责任；发现内在质量不符合规定的，可在保质期内提出书面异议；必须安装运转后才能发现内在质量缺陷的产品，一般从运转之日起 6 个月内提出异议。供方应在收到需方异议后的 10 天内负责处理，书面答复，没有在法定的期限内答复，视为默认对方的要求或异议。

（2）数量。需方在验收过程中，发现数量多，需方可以拒付多交部分的货款及运杂费，双方在同一地点（同城）的，可拒收多交部分，双方不在同一地点的，需方应接收下来，并在收货后的 10 天内通知供方处理。需方在验收过程中，发现数量少，可以拒付少交部分的货款，10 天内通知供方，供方要在 10 天内答复，否则视作默认需方的意见。

（3）合格证及必要（约定）的技术资料。需方在验收货物中，发现无合格证和必要的技术资料，有权拒付这部分产品的货款，一面妥善保管相关证据，一面立即索要相关材料，供方超过合同约定交货期限交来这些材料，视作逾期交货。

4. 注意违约责任一定要明确具体

合同中不要仅仅写"按照法律规定承担违约责任"，因为合同情况千千万，法律没有对违约责任作出明确具体的规定，需要合同的当事方根据合同的具体情况约定。

5. 要书面提出或书面答复

合同的履行、变更要书面提出或书面答复，以保留证据。

法律依据

《中华人民共和国民法典》

第四百七十条　合同的内容由当事人约定，一般包括下列条款：

（一）当事人的姓名或者名称和住所；

（二）标的；

（三）数量；

（四）质量；

（五）价款或者报酬；

（六）履行期限、地点和方式；

（七）违约责任；

（八）解决争议的方法。

当事人可以参照各类合同的示范文本订立合同。

［对应原《中华人民共和国合同法》第十二条　合同的内容由当事人约定，一般包括以下条款：（一）当事人的名称或者姓名和住所；（二）标的；

（三）数量；（四）质量；（五）价款或者报酬；（六）履行期限、地点和方式；（七）违约责任；（八）解决争议的方法。当事人可以参照各类合同的示范文本订立合同。]

第四百九十六条　格式条款是当事人为了重复使用而预先拟定，并在订立合同时未与对方协商的条款。

采用格式条款订立合同的，提供格式条款的一方应当遵循公平原则确定当事人之间的权利和义务，并采取合理的方式提示对方注意免除或者减轻其责任等与对方有重大利害关系的条款，按照对方的要求，对该条款予以说明。提供格式条款的一方未履行提示或者说明义务，致使对方没有注意或者理解与其有重大利害关系的条款的，对方可以主张该条款不成为合同的内容。

（对应原《中华人民共和国合同法》第三十九条　采用格式条款订立合同的，提供格式条款的一方应当遵循公平原则确定当事人之间的权利和义务，并采取合理的方式提请对方注意免除或者限制其责任的条款，按照对方的要求，对该条款予以说明。格式条款是当事人为了重复使用而预先拟定，并在订立合同时未与对方协商的条款。）

第五百零七条　合同不生效、无效、被撤销或者终止的，不影响合同中有关解决争议方法的条款的效力。

（对应原《中华人民共和国合同法》第五十七条　合同无效、被撤销或者终止的，不影响合同中独立存在的有关解决争议方法的条款的效力。）

《中华人民共和国民事诉讼法》

第二十三条　因合同纠纷提起的诉讼，由被告住所地或者合同履行地人民法院管辖。

第三十四条　合同或者其他财产权益纠纷的当事人可以书面协议选择被告住所地、合同履行地、合同签订地、原告住所地、标的物所在地等与争议有实际联系的地点的人民法院管辖，但不得违反本法对级别管辖和专属管辖的规定。

附件

采购合同参考文本

甲方（需方）：

乙方（供方）：

根据《中华人民共和国民法典》及国家现行法律、法规有关规定，为明确甲、乙双方的权利、责任和义务，甲、乙双方本着平等互利、友好合作的原则，就_____供货事宜，订立以下条款，双方共同信守。

一、供货内容：_____，供货标准：_____。

二、项目地址：_____。

三、单价及材料要求。

1. 单价为：_____元/单位。

2. 乙方根据甲方提供的尺寸清单供货，尺寸清单之外的货品及加工费用另行单独核算。

3. 乙方须具备履行本合同相应的资质、场地和工作人员，乙方负责货物的加工、运输、购买货物保险、卸车等事项，并承担相应费用。

4. 乙方所供应的所有材料及加工工艺、加工尺寸及厚度偏差须符合国家（或行业）现行的建材规范标准（按照规范标准中要求最高的标准执行），并应符合以下要求：

A. 标准产品为优等品，产品无质量问题；

B. 产品符合本合同约定尺寸，符合国家现行行业标准中的优等品要求和国家现行标准中的优等品要求。

5. 产品检验标准及方法：产品的放射标准应按国家现行规范标准确定。乙方生产供应的产品以国家标准规定的方法检测检验，但存在高于国家标准规定的检测标准的特别约定的，以双方特别约定为准。乙方在交付产品时应一并提交检测报告。

产品验收完成并不免除乙方应对产品质量承担的责任，如甲方在使用过程中发现产品存在质量或其他任何问题，甲方可随时通知乙方对产品进行修缮或更换，乙方在接到通知后的 2 日内应确定处理方案并及时处理，并承担由此产生的费用。超出 2 日未处理的，乙方应承担违约责任，并赔偿甲方因此产生的全部费用及损失。

四、供货周期。

乙方第一次供货应在_____前完成。以后每次供货乙方应在甲方通知后的 3 日内完成。逾期完成供货的，每逾期 1 日，乙方应向甲方支付该批次供货数量对应货款的 5% 金额的违约金，逾期 7 日未送达，甲方有权解除合同，不再支付乙方任何款项，并有权要求乙方承担违约责任并赔偿由此造成的损失。

五、结算方式。

1. 合同价款结算以甲、乙方双方确认的产品清单为准，双方签字确认后的清单为合同附件。

2. 合同签订后预付_____作为定金；甲方应在每批产品验收合格后_____日内结清乙方该批次货款，金额以双方签字确认的合格产品数量据实计算。每次支付货款前，乙方应提前 3 日向甲方开具合法等值的增值税专用发票，否则甲方有权延期支付货款。本合同所有价款均为含税价。

3. 零星补单产品（产品清单以外）单价按合同单价执行。甲、乙双方协商变更产品品种的，应根据协商一致后签订的书面补充合同确定该品种产品价格。

六、货物的交付及风险的转移。

1. 货物由乙方运输并卸至甲方指定项目地点时，并经过甲方验收合格后，视为将货物交付至甲方，货物交付后所有权及风险一并转移至甲方。运输费用由乙方承担。

甲方指定的地点为：_____。

2. 为保证交货验收工作的顺利进行，甲、乙双方必须委派专人负责现场交货和收货签收工作，并由指定联系人负责签收。

3. 经甲方验收不合格的产品，乙方应负责回收，并于 2 日内交付同等数量的合格产品，否则乙方应向甲方支付该批次不合格产品总价款的 10% 金额的违约金。

七、双方责任。

合同签订之后，在实际供货过程中，甲方已下订单且乙方已经进行生产，如甲方修改或终止该订单，由此造成乙方生产该材料的损失，甲方负责赔偿。

因乙方修改或终止该订单，造成损失的，乙方须在修改或终止该订单后 3 日内先行支付合同总价款的 5% 给甲方，如因此给甲方造成的实际损失超出该数额的，乙方应按照实际损失数额赔偿甲方。

八、不可抗力。

如因不可抗力导致合同不能履行时，遭受不可抗力影响的一方，应当将情况及时通知对方，并尽力避免损失的进一步扩大，否则由有挽救损失义务的一方承担赔偿责任。

九、违约责任。

甲、乙双方均应遵守本协议，任何一方违约，守约方采取各项救济措施所支出的相关费用视为守约方的损失，该费用包括但不限于律师费、诉讼费、保全费、执行费、运费、交通费、住宿费、招待费、评估费、鉴定费、拍卖费等，均由违约方承担。

十、合同争议的解决。

本合同如发生争议，由甲、乙双方协商解决；协商不成的，甲、乙双方均有权向__甲方__所在地人民法院提起诉讼。

十一、联系及送达条款。

1. 甲方对本合同签订及履行事宜的指定联系人为：_____。

 乙方对本合同签订及履行事宜的指定联系人为：_____。

2. 甲方的联系电话为：_____。

 乙方的联系电话为：_____。

3. 甲方的电子邮箱为：_____。

 乙方的电子邮箱为：_____。

4. 甲方的联系地址为：_____。

 乙方的联系地址为：_____。

如须变更以上联系内容，应当及时通知到对方，否则，相关责任由私自变更方承担。

一方需要向对方发出的全部通知、文件往来及送达相关文书等，双方均有权利选择电子邮箱、邮递（包括特快专递、挂号邮寄）方式将文书按照上述约定送达对方。采用电子邮箱方式联系或送达的，以电子邮件发出之日为送达日；采用邮递方式送达的，以对方指定联系人或其工作人员签收日为送达日；对方拒收或因对方联系方式变更等原因导致未签收的，以邮件上载明的退回日为送达日。

如在本合同履行过程中发生纠纷，由第三方（包括但不限于法院、仲裁机构）处理双方纠纷，合同各方均认可第三方按照本条规定的联系内容（电话、地址、联系人）向合同各方送达法律文书，因联系内容变动导致无法送达的或拒收的，第三方无须公告送达，因此所产生的法律后果和其他责任由私自变更方或拒收方承担。

十二、其他。

1. 本合同经甲、乙双方签字并加盖公章后生效，一式两份，双方各执一份，具有同等法律效力。

2. 本合同未尽事宜，经双方协商一致，可另行签订补充协议，补充合同与本合同具有同等的法律效力。

（以下无正文）

甲方：（公章）　　　　　　　　乙方：（公章）

代表人：（签字）　　　　　　　代表人：（签字）

签订日期：　年　月　日　　　　签订日期：　年　月　日

合同附件：产品清单

05

合同的形式审查要点

案例　　甲经纪公司（以下简称甲公司）是一家新成立的艺人经纪公司，为弥补自身刚刚立足经纪行业根基不牢、资源不足的缺点，甲公司经市场调研后，决定以新兴的短视频为传播媒介、以短视频新媒体为渠道推广旗下艺人。经多方对比，甲公司找到了在行业中较有实力的乙文化公司（以下简称乙公司），乙公司也正欲打开H市市场，双方商谈后一拍即合，乙公司甚至当夜派人从A市前往H市，甲公司为此大受感动，两家公司于第二天就签订了短视频运营合作协议。在乙公司的运营下，甲公司的艺人在短视频平台名气大增，极大地增加了甲公司的收入。但在协议履行两个月后，甲公司艺人的名气不仅没有增长，反而降低了许多。甲公司认为原因是短视频平台中各种新奇的内容和推广方式层出不穷，而乙公司没有按照协议约定迎合市场热点变更运营方案；乙公司认为其已经完全履行了合同义务。

双方久争不下，甲公司一纸诉状，在 H 市某法院起诉乙公司违约，要求乙公司承担违约责任。案件受理后，乙公司提出管辖权异议，称协议上写明了签订地在 A 市某区，并约定由签订地人民法院管辖，故本案应当由 A 市某区人民法院管辖。最终，案件移送至 A 市某区人民法院，虽然甲公司不断努力，但案件最终还是在 A 市审理，种种因素交加导致甲公司败诉，甲公司不仅没有追回损失，反而又造成了其他损失。

律师解析

对企业家来说，一份合同最重要的内容，毫无疑问是如何实现合同目标。但是，如果合同只约定了合同目标及各方的权利义务，即便约定得再完美，也依然是一份不完整的、极其危险的合同，因为一旦出现纠纷，合同各方就会发现合同未规定解决纠纷的方式和程序，由此造成新的问题和烦恼。

想要避免这种情形的发生，其实只需要在形式审查中注意以下几个简单的、易被忽略的却又异常重要的细节，有时候就能极大地减少企业追责的成本，轻松挽回损失。

（1）核对合同签订各方主体的名称、合同的目标物和数量是否有误。

（2）各方公章（合同章）的核对及骑缝章的加盖与核对。核对公章（合同章）有助于确定对方名称与公章（合同章）是否一致，印章是否存在伪造或作废的可能，避免出现不必要的损失；而加盖骑缝章并核对无误，有助于确定合同文本的唯一性，避免出现事后对方替换合同内容的情况。

（3）要求法定代表人或代理人签字。在实务中绝大部分的合同均会约定"双方在签字、盖章后生效"，在此种约定的情况下，如未有法定代表人或代理人的签字，合同便有可能被认为未生效，给追究责任造成巨大障碍。即便不存在这样的约定，要求法定代表人或代理人签字，也能够确定合同的经手人，一旦出现加盖伪造或作废印章的情形，便于追究相关人员的责任。同时需要提醒的是，如对方为代理人签字，需核查并留存对方出具的授权委托书并查验其真实性。

（4）核查合同上的签订时间、签订地与争议解决方式。合同文本中的签订时间与合同的成立时间一般存在直接关联，如合同文本中的签订时间出现错误或者没有填写签订的时间，一旦出现争议，又无其他证据佐证的情况下，合同的整体效力便会大打折扣甚至可能被直接否认，另外，也无法确定合同义务的起算时间点。而合同文本中的签订地与争议解决方式，是确认法院管辖权的最重要的依据之一，如上述案例，争议解决方式与签订地直接关联，便能够直接确认唯一管辖地，企业应当慎重对待。

 法律依据

《中华人民共和国民法典》

第一百四十二条　有相对人的意思表示的解释，应当按照所使用的词句，结合相关条款、行为的性质和目的、习惯以及诚信原则，确定意思表示的含义。

无相对人的意思表示的解释，不能完全拘泥于所使用的词句，而应当结合相关条款、行为的性质和目的、习惯以及诚信原则，确定行为人的真实意思。

第四百六十六条　当事人对合同条款的理解有争议的，应当依据本法第一百四十二条第一款的规定，确定争议条款的含义。

合同文本采用两种以上文字订立并约定具有同等效力的，对各文本使用的词句推定具有相同含义。各文本使用的词句不一致的，应当根据合同的相关条款、性质、目的以及诚信原则等予以解释。

（对应原《中华人民共和国合同法》第一百二十五条　当事人对合同条款的理解有争议的，应当按照合同所使用的词句、合同的有关条款、合同的目的、交易习惯以及诚实信用原则，确定该条款的真实意思。合同文本采用两种以上文字订立并约定具有同等效力的，对各文本使用的词句推定具有相同含义。各文本使用的词句不一致的，应当根据合同的目的予以解释。）

第四百九十条　当事人采用合同书形式订立合同的，自当事人均签名、盖章或者按指印时合同成立。在签名、盖章或者按指印之前，当事人一方已经履行主要义务，对方接受时，该合同成立。

法律、行政法规规定或者当事人约定合同应当采用书面形式订立，当事人未采用书面形式但是一方已经履行主要义务，对方接受时，该合同成立。

（对应原《中华人民共和国合同法》第三十六条　法律、行政法规规定或者当事人约定采用书面形式订立合同，当事人未采用书面形式但一方已经履行主要义务，对方接受的，该合同成立。第三十七条　采用合同书形式订立合同，在签字或者盖章之前，当事人一方已经履行主要义务，对方接受的，该合同成立。）

第四百九十一条　当事人采用信件、数据电文等形式订立合同要求签订确认书的，签订确认书时合同成立。

当事人一方通过互联网等信息网络发布的商品或者服务信息符合要约条件的，对方选择该商品或者服务并提交订单成功时合同成立，但是当事人另有约定的除外。

（对应原《中华人民共和国合同法》第三十三条　当事人采用信件、数据电文等形式订立合同的，可以在合同成立之前要求签订确认书。签订确认书时合同成立。）

第四百九十二条　承诺生效的地点为合同成立的地点。

采用数据电文形式订立合同的，收件人的主营业地为合同成立的地点；没有主营业地的，其住所地为合同成立的地点。当事人另有约定的，按照其约定。

（对应原《中华人民共和国合同法》第三十四条　承诺生效的地点为合同成立的地点。采用数据电文形式订立合同的，收件人的主营业地为合同成立的地点；没有主营业地的，其经常居住地为合同成立的地点。当事人另有约定的，按照其约定。）

第四百九十三条　当事人采用合同书形式订立合同的，最后签名、盖章或者按指印的地点为合同成立的地点，但是当事人另有约定的除外。

（对应原《中华人民共和国合同法》第三十五条　当事人采用合同书形式订立合同的，双方当事人签字或者盖章的地点为合同成立的地点。）

06

未签书面合同如何维权？

案例

　　星轨电子公司（以下简称星轨公司）是一家提供互联网安全检查、维护、网络优化服务的公司。2019 年 6 月，星轨公司经客户介绍，与云讯网络公司（以下简称云讯公司）接触。起初云讯公司以试用为名，要求星轨公司提供体验服务，在体验完成后，云讯公司与星轨公司协商由星轨公司继续提供全面优化服务，但在星轨公司提出签订服务合同时，云讯公司以公司总经理出差、合同章在集团总公司等理由，要求星轨公司先提供服务，之后补签合同。星轨公司基于云讯公司所在的集团实力雄厚、之后有可能发展集团业务等缘由，同意先行提供服务。在服务的过程中，除云讯公司外，星轨公司还同时为云讯公司所在集团的其他公司提供了相关服务。在此后的半年时间内，星轨公司一边提供服务，一边要求与云讯公司及集团中其他提供过服务的公司签订合同，但云讯公司均以种种理由推脱，此外，半年时间的服务费，云讯公司也均未结算。

　　星轨公司在云讯公司又一次拖延付款后停止了服务，并要求云讯公司对服务费予以结算，云讯公司拒不结算，星轨公司将云讯公司及集团的其他公司起诉至法院。星轨公司手中除有与云讯公司工作人员的微信聊天记录及部分有云讯公司不同部门高级管理人员和工作人员签字的工作确认单外，再无其他证据，星轨公司提供的服务是无形的，也没有实物可以证明工作的完成情况。故在庭审中，云讯公司及集团的其他公司直接以不存在书面合同为由否认了双方的合同关系，并否认接受星轨公司提供的服务。

　　最终，法院认定了云讯公司其中一部分高级管理人员签字的工作确认单，但因双方无书面合同约定的价款标准或价款的计算方法，无法确认具体的服务费金额，故判决驳回了星轨公司的请求。

案例来源：《未签订书面合同如何维权？》，微信公众号"修谨律师"（有改动）。

律师解析

书面合同是认定各方存在合同关系最直接的证据，在大多数的情况下，签订书面合同是各方开始合作的基础，签订书面合同的时间是合作的起始时间。但在实务中，几乎每个企业都会出现经过口头协商就开始履约，但最终没有书面合同的情形。没有书面合同并非不存在合同关系，但没有书面合同，往往造成企业维权难，维权成本高，甚至造成损失无法挽回的重大风险。

企业在出现未签订书面合同的情形时，一定要在第一时间采取补救措施，尽早化解风险，通常可采取以下四种补救措施。

1. 拒绝提供服务

在未签订书面合同就以行动履行义务，或为履行合同展开前期准备工作的情况下，应当要求对方立即签订书面合同，如对方拒绝，应当中止或终止履约。确因某些正当事由暂时不能签订正式书面合同的，应当以录音、录像、意向书、备忘录等形式明确合作内容，并明确约定签订正式合同的时间，否则合作终止。

2. 补签合同

在双方达成了一致意见，虽然没有书面合同，但双方已经按照合作意向单方履行或互相履行了部分义务的情况下，应当尽早补签书面合同，并在合同中将之前已经履行的情况记录在合同中予以确认。

3. 收集保存有效的签收单、供货单、发票等履行凭证

在没有书面合同的情况下，企业在为对方供货、提供服务等过程中形成的所有聊天记录、签收单、供货单、发票、结算单等履行凭证一定要有对方盖章，如无法盖章，应由对方负责人或受托人签字。此处需要提醒的是，如果是受托人签字，一定要有书面的授权委托书。最关键的是，这些证据，一定要能够单独或组合后确定对方的应付款金额。

4. 发送催缴、确认、对账函件或律师函

在实务中，存在企业履行义务完毕后，才发现没有签订书面合同的情形，此时，应当及时想办法确认债权数额，如通过向对方发送催缴函、确认单、对账函件等材料，要求对方对债权数额进行确认并盖章回复。如对方盖章回复，则视为对方对合同关系和债权数额的认可；如对方不予回复，应当立刻

收集所有履行凭证，聘请律师发送律师函或立即向法院提起诉讼，尽早维权，避免履行义务的证据或成果灭失，或对方财产被第三人申请查封、扣押、冻结而无法向自己偿债。

法律依据

《中华人民共和国民法典》

第四百六十九条　当事人订立合同，可以采用书面形式、口头形式或者其他形式。

书面形式是合同书、信件、电报、电传、传真等可以有形地表现所载内容的形式。

以电子数据交换、电子邮件等方式能够有形地表现所载内容，并可以随时调取查用的数据电文，视为书面形式。

（对应原《中华人民共和国合同法》第十条　当事人订立合同，有书面形式、口头形式和其他形式。法律、行政法规规定采用书面形式的，应当采用书面形式。当事人约定采用书面形式的，应当采用书面形式。）

第四百九十条　当事人采用合同书形式订立合同的，自当事人均签名、盖章或者按指印时合同成立。在签名、盖章或者按指印之前，当事人一方已经履行主要义务，对方接受时，该合同成立。

法律、行政法规规定或者当事人约定合同应当采用书面形式订立，当事人未采用书面形式但是一方已经履行主要义务，对方接受时，该合同成立。

（对应原《中华人民共和国合同法》第三十六条　法律、行政法规规定或者当事人约定采用书面形式订立合同，当事人未采用书面形式但一方已经履行主要义务，对方接受的，该合同成立。第三十七条　采用合同书形式订立合同，在签字或者盖章之前，当事人一方已经履行主要义务，对方接受的，该合同成立。）

第五百一十条　合同生效后，当事人就质量、价款或者报酬、履行地点等内容没有约定或者约定不明确的，可以协议补充；不能达成补充协议的，按照合同相关条款或者交易习惯确定。

（对应原《中华人民共和国合同法》第六十一条　合同生效后，当事人就质量、价款或者报酬、履行地点等内容没有约定或者约定不明确的，可以协议补充；不能达成补充协议的，按照合同有关条款或者交易习惯确定。）

第五百一十一条 当事人就有关合同内容约定不明确，依据前条规定仍不能确定的，适用下列规定：

（一）质量要求不明确的，按照强制性国家标准履行；没有强制性国家标准的，按照推荐性国家标准履行；没有推荐性国家标准的，按照行业标准履行；没有国家标准、行业标准的，按照通常标准或者符合合同目的的特定标准履行。

（二）价款或者报酬不明确的，按照订立合同时履行地的市场价格履行；依法应当执行政府定价或者政府指导价的，依照规定履行。

（三）履行地点不明确，给付货币的，在接受货币一方所在地履行；交付不动产的，在不动产所在地履行；其他标的，在履行义务一方所在地履行。

（四）履行期限不明确的，债务人可以随时履行，债权人也可以随时请求履行，但是应当给对方必要的准备时间。

（五）履行方式不明确的，按照有利于实现合同目的的方式履行。

（六）履行费用的负担不明确的，由履行义务一方负担；因债权人原因增加的履行费用，由债权人负担。

［对应原《中华人民共和国合同法》第六十二条 当事人就有关合同内容约定不明确，依照本法第六十一条的规定仍不能确定的，适用下列规定：（一）质量要求不明确的，按照国家标准、行业标准履行；没有国家标准、行业标准的，按照通常标准或者符合合同目的的特定标准履行。（二）价款或者报酬不明确的，按照订立合同时履行地的市场价格履行；依法应当执行政府定价或者政府指导价的，按照规定履行。（三）履行地点不明确，给付货币的，在接受货币一方所在地履行；交付不动产的，在不动产所在地履行；其他标的，在履行义务一方所在地履行。（四）履行期限不明确的，债务人可以随时履行，债权人也可以随时要求履行，但应当给对方必要的准备时间。（五）履行方式不明确的，按照有利于实现合同目的的方式履行。（六）履行费用的负担不明确的，由履行义务一方负担。］

第四百九十五条 当事人约定在将来一定期限内订立合同的认购书、订购书、预订书等，构成预约合同。

当事人一方不履行预约合同约定的订立合同义务的，对方可以请求其承担预约合同的违约责任。

（对应原《最高人民法院关于审理买卖合同纠纷案件适用法律问题的解

释》第二条　当事人签订认购书、订购书、预订书、意向书、备忘录等预约合同，约定在将来一定期限内订立买卖合同，一方不履行订立买卖合同的义务，对方请求其承担预约合同违约责任或者要求解除预约合同并主张损害赔偿的，人民法院应予支持。)

07

合同履行的合规性审查

案例

　　国耀公司是一家专业生产饲料的公司，绿园公司是国耀公司的主要客户之一，两家公司已经建立了数年亲密合作关系。国耀公司与绿园公司所签订的合同中的约定结算方式一直为：国耀公司先行供货，绿园公司在确认收到饲料之后的 7 天内将饲料款付清。双方此前一直按照此种结算方式进行业务结算。但从今年开始，绿园公司开始逐渐拖长结算周期，在国耀公司询问时，绿园公司总以近期资金紧张为由答复。考虑到绿园公司的规模与此前双方良好的合作关系，国耀公司一直未重视此事，也从未追究过绿园公司的违约行为。直到绿园公司有数笔数额巨大的饲料款拖延了几个月都一直未支付，国耀公司警觉，方开始重视此事。国耀公司在委托专业律师调查后，才得知绿园公司存在数十件涉及数额巨大的诉讼案件，名下资产绝大部分已经抵押或被查封扣押，公司的经营存在巨大的风险。虽然国耀公司之后委托律师在最短的时间内采取了诉前财产保全措施，但因其他公司在之前已经同样采取了保全措施，国耀公司已经错过了最佳补救时间。最终国耀公司虽然胜诉，但绿园公司的资产已经所剩无几，不足以弥补国耀公司的损失，国耀公司在该年度的收入大幅度滑坡，损失巨大。

　　案例来源：《合同履行的合规性审查》，微信公众号"修谨律师"（有改动）。

律师解析

　　企业在运营中，总会与其他企业或个人签订各式各样的合同。而在合同的履行过程中，也总是会出现大大小小的违约行为。许多企业像上述案例中的国耀公司一样，考虑到良好的合作关系，考虑到人情面子，考虑到只是个无伤大雅的轻微违约行为，考虑着各式各样的因素，轻视或者不追究这些违约行为，直到最后发现问题巨大，却已经到了无法挽回的地步，给企业造成重大损失。

企业只有在合同的履行中，严格审查合同履行的合规性，在发现问题后，第一时间进行调查并采取必要措施，避免出现损失无法挽回的后果。合同履行中的合规性审查，包括但不限于以下四种方式。

（1）审查合同的履行方式，严格按照合同约定的方式履行合同义务，避免出现自身违约被对方追责的情形，同时，密切关注对方的履约方式是否合规。

（2）合同履行中发现合同未约定、约定不明或存在争议的事项时，应暂停履行并协商形成书面的补充协议，避免此后可能产生的纠纷。

（3）应适时关注对方的履行情况和财务情况，如对方以违约的方式履行义务时，应慎重评估后果并采取必要措施；如对方履行合同义务不稳定，应及时审查对方的财务情况及可能涉诉的情况；如对方存在无法继续履行合同的风险，应行使同时履行抗辩权、先履行抗辩权或不安抗辩权，要求对方同时履行义务、先行履行义务或因出现风险先行中止合同的履行，以免产生更大的损失。

（4）一旦对方违约，应当首先督促对方改正并承担违约责任，如可能存在进一步的风险，则应当在第一时间中止合同履行并委托律师采取诉讼措施维护合法权益，尽早保全对方财产，以免出现胜诉却无法挽回损失的情形。

法律依据

《中华人民共和国民法典》

第五百零九条　当事人应当按照约定全面履行自己的义务。

当事人应当遵循诚信原则，根据合同的性质、目的和交易习惯履行通知、协助、保密等义务。

当事人在履行合同过程中，应当避免浪费资源、污染环境和破坏生态。

（对应原《中华人民共和国合同法》第六条　当事人行使权利、履行义务应当遵循诚实信用原则。）

第五百一十条　合同生效后，当事人就质量、价款或者报酬、履行地点等内容没有约定或者约定不明确的，可以协议补充；不能达成补充协议的，按照合同相关条款或者交易习惯确定。

（对应原《中华人民共和国合同法》第六十一条　合同生效后，当事人就质量、价款或者报酬、履行地点等内容没有约定或者约定不明确的，可以协议补充；不能达成补充协议的，按照合同有关条款或者交易习惯确定。）

第五百一十一条　当事人就有关合同内容约定不明确，依据前条规定仍不能确定的，适用下列规定：

（一）质量要求不明确的，按照强制性国家标准履行；没有强制性国家标准的，按照推荐性国家标准履行；没有推荐性国家标准的，按照行业标准履行；没有国家标准、行业标准的，按照通常标准或者符合合同目的的特定标准履行。

（二）价款或者报酬不明确的，按照订立合同时履行地的市场价格履行；依法应当执行政府定价或者政府指导价的，依照规定履行。

（三）履行地点不明确，给付货币的，在接受货币一方所在地履行；交付不动产的，在不动产所在地履行；其他标的，在履行义务一方所在地履行。

（四）履行期限不明确的，债务人可以随时履行，债权人也可以随时请求履行，但是应当给对方必要的准备时间。

（五）履行方式不明确的，按照有利于实现合同目的的方式履行。

（六）履行费用的负担不明确的，由履行义务一方负担；因债权人原因增加的履行费用，由债权人负担。

［对应原《中华人民共和国合同法》第六十二条　当事人就有关合同内容约定不明确，依照本法第六十一条的规定仍不能确定的，适用下列规定：（一）质量要求不明确的，按照国家标准、行业标准履行；没有国家标准、行业标准的，按照通常标准或者符合合同目的的特定标准履行。（二）价款或者报酬不明确的，按照订立合同时履行地的市场价格履行；依法应当执行政府定价或者政府指导价的，按照规定履行。（三）履行地点不明确，给付货币的，在接受货币一方所在地履行；交付不动产的，在不动产所在地履行；其他标的，在履行义务一方所在地履行。（四）履行期限不明确的，债务人可以随时履行，债权人也可以随时要求履行，但应当给对方必要的准备时间。（五）履行方式不明确的，按照有利于实现合同目的的方式履行。（六）履行费用的负担不明确的，由履行义务一方负担。］

第五百二十五条　当事人互负债务，没有先后履行顺序的，应当同时履行。一方在对方履行之前有权拒绝其履行请求。一方在对方履行债务不符合约定时，有权拒绝其相应的履行请求。

（对应原《中华人民共和国合同法》第六十六条　当事人互负债务，没有先后履行顺序的，应当同时履行。一方在对方履行之前有权拒绝其履行要求。一方在对方履行债务不符合约定时，有权拒绝其相应的履行要求。）

第五百二十六条　当事人互负债务，有先后履行顺序，应当先履行债务一方未履行的，后履行一方有权拒绝其履行请求。先履行一方履行债务不符合约定的，后履行一方有权拒绝其相应的履行请求。

（对应原《中华人民共和国合同法》第六十七条　当事人互负债务，有先后履行顺序，先履行一方未履行的，后履行一方有权拒绝其履行请求。先履行一方履行债务不符合约定的，后履行一方有权拒绝其相应的履行请求。）

第五百二十七条　应当先履行债务的当事人，有确切证据证明对方有下列情形之一的，可以中止履行：

（一）经营状况严重恶化；

（二）转移财产、抽逃资金，以逃避债务；

（三）丧失商业信誉；

（四）有丧失或者可能丧失履行债务能力的其他情形。

当事人没有确切证据中止履行的，应当承担违约责任。

［对应原《中华人民共和国合同法》第六十八条　应当先履行债务的当事人，有确切证据证明对方有下列情形之一的，可以中止履行：（一）经营状况严重恶化；（二）转移财产、抽逃资金，以逃避债务；（三）丧失商业信誉；（四）有丧失或者可能丧失履行债务能力的其他情形。当事人没有确切证据中止履行的，应当承担违约责任。］

第五百二十八条　当事人依据前条规定中止履行的，应当及时通知对方。对方提供适当担保的，应当恢复履行。中止履行后，对方在合理期限内未恢复履行能力且未提供适当担保的，视为以自己的行为表明不履行主要债务，中止履行的一方可以解除合同并可以请求对方承担违约责任。

（对应原《中华人民共和国合同法》第六十九条　当事人依照本法第六十八条的规定中止履行的，应当及时通知对方。对方提供适当担保时，应当恢复履行。中止履行后，对方在合理期限内未恢复履行能力并且未提供适当担保的，视为以自己的行为表明不履行主要债务，中止履行的一方可以解除合同并可以请求对方承担违约责任。）

08

合同履行留痕保权益

案例

　　甲公司是内地一家从事海产品销售的企业，其货源来自沿海地区的乙公司，在长期的合作中，虽然没有固定的交货条件、结算时间和方式，但乙公司每一次供货的质量都没有问题，甲公司在几个批次的货物收货完毕后，也都会进行统一结算，双方以这种方式合作了4年时间，已经建立起了一定的信赖关系。2019年夏天，因乙公司所在的地区频繁出现台风，恶劣天气不断，当地的海产品数量大幅减少。甲公司在收到乙公司发来的海产品的时候，发现乙公司发来的三个批次的海产品，均存在部分解冻甚至是腐烂的情况。甲公司拒收这三个批次的海产品，但在和乙公司交涉的时候，乙公司称该批次海产品系从其他仓库调货，可能确实存在问题，但经过长时间的运输，再送回去将全部变质，请求甲公司就地代为变卖该批次货物，甲公司同意该方案。

　　变卖完毕后，甲公司要将变卖款项支付给乙公司时，乙公司称货物不存在质量问题，甲公司已经接受货物没有提出异议并已经全部售出，要求甲公司按照原价支付全部货款。双方产生争议，乙公司将甲公司起诉至法院，要求甲公司支付货款。在审理过程中，甲公司称产品存在质量问题，双方在本批次货物上并非买卖合同关系，而是委托代为出售合同关系，但因甲公司此前与乙公司交涉均为电话交流，没有录音，也不存在其他书面证据予以证明，故最终法院判决甲公司支付乙公司该三个批次的货款，甲公司损失惨重。

律师解析

　　在司法实务中，绝大部分纠纷当事人之所以败诉，关键的原因便是如上述案例中的甲公司，没有足够的证据甚至是没有任何证据证明自己的主张，最后只能自己吞下损失的苦果。企业之所以没有足够的证据，主要是因为在合同的履行中没有保存证据的意识，过于信赖对方，依赖交易习惯，没有考虑到之后可能产生纠纷。

经营者应当树立合同履行留痕意识，建立合同履行中证据保存的规则和体系。在此提醒，合同履行中，能够作为将来维护自身合法权益的证据，包括但不限于以下六种材料。

（1）书面主合同，作为认定双方合同关系存在及具体权利义务的依据，是最关键、最重要的证据，未签订或丢失，便有可能失去维护权益的基础。

（2）补充协议、变更协议、解除协议等对主合同内容补充或变更的合同，如发生主合同的变更事项但未形成书面协议确认该项变更，有可能产生重大风险，对其中一方甚至多方当事人造成严重影响。

（3）合同履行的材料，包括但不限于供货单、发货单、签收单、服务成果、服务记录、确认单、结算单、款项支付记录、发票以及相关的具有对方签字、签章认可的书面材料。

（4）对账确认函、对账单、债权确认书、结算确认单等双方在合同履行过程中或履行完毕之后形成的对双方债权债务及相关权利确认的函件。

（5）在合同履行过程中与对方沟通的函件、通话、微信、短信聊天记录。

（6）合同履行产生问题时留存的拍照、录音、录像记录、第三方证明材料、公证资料。

在合同履行的过程中，应当以书面交流为主，及时保存沟通记录。如已经产生争议或现有证据材料不利于己方企业的情况下，应当及时与律师沟通，采取事后措施固定证据或以律师函等适当措施形成有利于己方的证据，在此过程中，应当注意风险，避免给对方留下不利于己方的证据。

 法律依据

《中华人民共和国民事诉讼法》

第六十三条　证据包括：

（一）当事人的陈述；

（二）书证；

（三）物证；

（四）视听资料；

（五）电子数据；

（六）证人证言；

（七）鉴定意见；

（八）勘验笔录。

证据必须查证属实，才能作为认定事实的根据。

第六十四条　当事人对自己提出的主张，有责任提供证据。……人民法院应当按照法定程序，全面地、客观地审查核实证据。

第六十五条　当事人对自己提出的主张应当及时提供证据。

第六十八条　证据应当在法庭上出示，并由当事人互相质证。对涉及国家秘密、商业秘密和个人隐私的证据应当保密，需要在法庭出示的，不得在公开开庭时出示。

第七十条　书证应当提交原件。物证应当提交原物。

第七十五条　人民法院对当事人的陈述，应当结合本案的其他证据，审查确定能否作为认定事实的根据。

《最高人民法院关于民事诉讼证据的若干规定》

第一条　原告向人民法院起诉或者被告提出反诉，应当提供符合起诉条件的相应的证据。

09

合同解除的条件及后果

案例　　甲公司为扩大生产规模，需要租赁新的土地和厂房扩建工厂。经与多家公司接洽，甲公司最终决定与乙公司合作。双方签订土地和厂房租赁合同，约定乙公司将厂房和土地出租给甲公司使用。合同签订后，甲公司依约支付了200万元定金，乙公司将土地和厂房交给甲公司。甲公司在对厂房进行改造的过程中，发现厂房和相关配套设施存在严重的质量问题，无法满足建设新工厂的需要，故与乙公司交涉该问题，乙公司称甲公司可自行改造厂房，维修改造费用可以冲抵租金。甲公司同意后，对厂房进行了维修改造。在缴纳租金时，甲公司向乙公司支付了扣除维修改造费用后的剩余租金，但乙公司否认维修改造费用可以冲抵租金的承诺，并要求甲公司支付全额租金，甲公司以厂房质量问题拒绝缴纳全额租金。

几日后，甲公司收到乙公司发送的解除合同通知书，该通知书内容为：依照双方签订的租赁合同的约定，甲公司已经违约，双方签订的合同已经解除，甲公司如有异议，应在14日内行使异议权，14日内未行使，甲公司应当将土地和厂房返还乙公司，逾期未返还，甲公司应支付土地和厂房占用费。甲公司收到该通知书后与乙公司交涉，乙公司依然坚称从未同意过冲抵租金事宜，要求甲公司支付全额租金，双方未达成一致意见，甲公司对该通知书未再进行后续处理。

三个月后，甲公司收到法院传票，乙公司向法院起诉要求甲公司返还土地和厂房并支付占用费，甲公司称乙公司违约在先，不同意解除合同和返还土地、厂房。最终，法院认定甲公司在收到解除合同通知书后，未在合理期限内向法院或仲裁机关确认解除合同的效力，解除合同通知书已经生效，双方签订的土地和厂房租赁合同已经解除，甲公司应当返还土地和厂房，并向乙公司支付返还土地和厂房之前的占用费。

律师解析

已生效合同，不得单方面随意解除。合同解除常见的情形有三种：协商一致解除、约定解除和法定解除。

协商一致解除，即合同的各方达成一致意见，共同确认合同解除。在这种情况下，合同中的各方应当对合同解除前的履行情况进行确认，对合同解除的后续处理进行约定，将合同解除相关的事项一次性处理完毕，避免后续因合同解除事宜再出现纠纷。如出现合同无法履行、不能履行或继续履行会给公司造成重大损失等情形，应尽快与对方协商解除合同，以避免后续可能产生的损失。

约定解除，即在合同中约定一定的条件，在这些约定的条件成就时，合同自然解除，或合同方有权行使解除权将合同解除。在这种情况下，具有解除权的合同方，应当向合同相对方送达书面的确认函或通知函，告知对方合同已经解除。需要提醒各位企业家的是，如合同中约定了解除权的行使时间，应当在约定的时间内行使权利，超出约定的时间，解除权自然消灭，无权再行使。

法定解除，即双方虽然没有达成一致意见或约定解除条件，但满足了法律规定的合同解除条件（一般为《中华人民共和国民法典》第五百六十三条），守约方就具有了法律赋予的合同解除权。在这种情况下，要求解除合同的一方应当及时行使解除权，向其他合同方发送解除合同的通知，如对方未在合理的期限内向法院或仲裁机构确认解除合同的效力，在解除合同的通知达到对方时，合同解除，如对方在合理期限内向法院或仲裁机构确认解除合同的效力，则合同是否解除由法院或仲裁机构最终判定。

故，如果合同一方收到解除合同通知书，且认为不存在合同解除的情形或合同不应当被解除，应当在合同约定的时间内（如双方未约定，应当在3个月内）向法院或仲裁机构确认解除合同的效力，如超出期限未向法院或仲裁机构申请确认，解除合同的通知便具有效力。

在此，需要提醒各位企业家，在出现或发现合同问题时，不应回避或忽视，应当尽早与律师沟通，妥善应对，积极解决，避免产生损失。

 法律依据

《中华人民共和国民法典》

第五百零七条　合同不生效、无效、被撤销或者终止的，不影响合同中有关解决争议方法的条款的效力。

（对应原《中华人民共和国合同法》第五十七条　合同无效、被撤销或者终止的，不影响合同中独立存在的有关解决争议方法的条款的效力。）

第一百五十七条　民事法律行为无效、被撤销或者确定不发生效力后，行为人因该行为取得的财产，应当予以返还；不能返还或者没有必要返还的，应当折价补偿。有过错的一方应当赔偿对方由此所受到的损失；各方都有过错的，应当各自承担相应的责任。法律另有规定的，依照其规定。

（对应原《中华人民共和国合同法》第五十八条　合同无效或者被撤销

后，因该合同取得的财产，应当予以返还；不能返还或者没有必要返还的，应当折价补偿。有过错的一方应当赔偿对方因此所受到的损失，双方都有过错的，应当各自承担相应的责任。)

第五百六十二条　当事人协商一致，可以解除合同。

当事人可以约定一方解除合同的事由。解除合同的事由发生时，解除权人可以解除合同。

（对应原《中华人民共和国合同法》第九十三条　当事人协商一致，可以解除合同。当事人可以约定一方解除合同的条件。解除合同的条件成就时，解除权人可以解除合同。）

第五百六十三条　有下列情形之一的，当事人可以解除合同：

（一）因不可抗力致使不能实现合同目的；

（二）在履行期限届满前，当事人一方明确表示或者以自己的行为表明不履行主要债务；

（三）当事人一方迟延履行主要债务，经催告后在合理期限内仍未履行；

（四）当事人一方迟延履行债务或者有其他违约行为致使不能实现合同目的；

（五）法律规定的其他情形。

以持续履行的债务为内容的不定期合同，当事人可以随时解除合同，但是应当在合理期限之前通知对方。

[对应原《中华人民共和国合同法》第九十四条　有下列情形之一的，当事人可以解除合同：（一）因不可抗力致使不能实现合同目的；（二）在履行期限届满之前，当事人一方明确表示或者以自己的行为表明不履行主要债务；（三）当事人一方迟延履行主要债务，经催告后在合理期限内仍未履行；（四）当事人一方迟延履行债务或者有其他违约行为致使不能实现合同目的；（五）法律规定的其他情形。]

第五百六十四条　法律规定或者当事人约定解除权行使期限，期限届满当事人不行使的，该权利消灭。

法律没有规定或者当事人没有约定解除权行使期限，自解除权人知道或者应当知道解除事由之日起一年内不行使，或者经对方催告后在合理期限内不行使的，该权利消灭。

（对应原《中华人民共和国合同法》第九十五条　法律规定或者当事人约

定解除权行使期限，期限届满当事人不行使的，该权利消灭。法律没有规定或者当事人没有约定解除权行使期限，经对方催告后在合理期限内不行使的，该权利消灭。）

第五百六十五条 当事人一方依法主张解除合同的，应当通知对方。合同自通知到达对方时解除；通知载明债务人在一定期限内不履行债务则合同自动解除，债务人在该期限内未履行债务的，合同自通知载明的期限届满时解除。对方对解除合同有异议的，任何一方当事人均可以请求人民法院或者仲裁机构确认解除行为的效力。

当事人一方未通知对方，直接以提起诉讼或者申请仲裁的方式依法主张解除合同，人民法院或者仲裁机构确认该主张的，合同自起诉状副本或者仲裁申请书副本送达对方时解除。

（对应原《中华人民共和国合同法》第九十六条 当事人一方依照本法第九十三条第二款、第九十四条的规定主张解除合同的，应当通知对方。合同自通知到达对方时解除。对方有异议的，可以请求人民法院或者仲裁机构确认解除合同的效力。法律、行政法规规定解除合同应当办理批准、登记等手续的，依照其规定。）

第五百六十六条 合同解除后，尚未履行的，终止履行；已经履行的，根据履行情况和合同性质，当事人可以请求恢复原状或者采取其他补救措施，并有权请求赔偿损失。

合同因违约解除的，解除权人可以请求违约方承担违约责任，但是当事人另有约定的除外。

主合同解除后，担保人对债务人应当承担的民事责任仍应当承担担保责任，但是担保合同另有约定的除外。

（对应原《中华人民共和国合同法》第九十七条 合同解除后，尚未履行的，终止履行；已经履行的，根据履行情况和合同性质，当事人可以要求恢复原状、采取其他补救措施，并有权要求赔偿损失。）

10

律师代理费能否让对方承担？

案例

　　A 公司是一家专业提供劳务派遣服务的公司，B 公司与 C 公司均为 A 公司的客户。因 A 公司经营不当，公司连年亏损，派遣的员工因薪资问题不断地辞职，派遣的劳务人员数量很快就低于与客户公司签订合同所约定的人数。B 公司与 C 公司敏锐地察觉到了 A 公司的财务危机，两家公司几乎同时委托了律师起诉了 A 公司，在诉讼中均提出判令 A 公司承担律师代理费的诉讼请求，两案件由同一合议庭审理，劳务派遣合同的总金额和违约金的总金额也几乎一致，但对律师代理费承担的判决内容却大相径庭。

　　法院判令 A 公司应承担 B 公司支出的律师代理费，而 C 公司要求 A 公司承担律师代理费的诉讼请求却被驳回。C 公司不解，经与法官沟通后得知，两家公司与 A 公司签订的劳务派遣合同并不完全相同，B 公司的合同中明确约定律师代理费由违约方承担，而 C 公司的合同中没有此项约定，故 B 公司关于律师代理费的诉讼请求能够得到支持，而 C 公司的请求没有得到支持。

律师解析

　　在现存的争议解决机制中，律师代理费一般按照"谁聘请谁承担"的惯例，由聘请方支付。但在违约方的违约行为已经给守约方带来损失的情况下，再要求守约方自行承担律师代理费，毫无疑问是在加重守约方的损失，有失公平。律师代理费作为实现债权、维护权益的费用，理应由违约方或败诉方承担。但在司法实务中，对于侵权类案件及合同未约定律师代理费承担条款的，律师代理费是否应由败诉方承担存在争议，但如果合同明确约定由违约方或败诉方承担律师代理费，司法机关基本上形成了较为统一的处理意见：违约方或败诉方应当按照约定承担相应费用。因此，一份完善的合同需要明确约定律师代理费或其他债权实现费用的承担问题，包括律师代理费的承担条件和承担标准两个方面，合同中均要明确约定。

上述律师代理费承担规则只是一般性处理规则，在如著作权侵权、商标权侵权、专利侵权、债权人行使撤销权、担保权纠纷等特殊纠纷中，以及当事人存在滥用诉讼权利等明显不当行为时，即便合同中无律师代理费承担的约定，相关权利人也有权要求对方承担律师代理费，这是法律赋予当事人的特殊权利。

 法律依据

《最高人民法院关于进一步推进案件繁简分流优化司法资源配置的若干意见》

22. 引导当事人诚信理性诉讼。加大对虚假诉讼、恶意诉讼等非诚信诉讼行为的打击力度，充分发挥诉讼费用、律师费用调节当事人诉讼行为的杠杆作用，促使当事人选择适当方式解决纠纷。当事人存在滥用诉讼权利、拖延承担诉讼义务等明显不当行为，造成诉讼对方或第三人直接损失的，人民法院可以根据具体情况对无过错方依法提出的赔偿合理的律师费用等正当要求予以支持。

《中华人民共和国著作权法》

第四十九条 侵犯著作权或者与著作权有关的权利的，侵权人应当按照权利人的实际损失给予赔偿；实际损失难以计算的，可以按照侵权人的违法所得给予赔偿。赔偿数额还应当包括权利人为制止侵权行为所支付的合理开支。

《最高人民法院关于审理著作权民事纠纷案件适用法律若干问题的解释》

第二十六条 著作权法第四十九条 第一款规定的制止侵权行为所支付的合理开支，包括权利人或者委托代理人对侵权行为进行调查、取证的合理费用。

人民法院根据当事人的诉讼请求和具体案情，可以将符合国家有关部门规定的律师费用计算在赔偿范围内。

《最高人民法院关于审理商标民事纠纷案件适用法律若干问题的解释》

第十七条 商标法第六十三条第一款规定的制止侵权行为所支付的合理开支，包括权利人或者委托代理人对侵权行为进行调查、取证的合理费用。

人民法院根据当事人的诉讼请求和案件具体情况，可以将符合国家有关部门规定的律师费用计算在赔偿范围内。

《最高人民法院关于审理专利纠纷案件适用法律问题的若干规定》

第十六条 权利人主张其为制止侵权行为所支付合理开支的，人民法院可以在专利法第六十五条确定的赔偿数额之外另行计算。

《中华人民共和国民法典》

第四百六十五条 依法成立的合同，受法律保护。

依法成立的合同，仅对当事人具有法律约束力，但是法律另有规定的除外。

（对应原《中华人民共和国合同法》第八条 依法成立的合同，对当事人具有法律约束力。当事人应当按照约定履行自己的义务，不得擅自变更或者解除合同。依法成立的合同，受法律保护。）

第五百六十一条 债务人在履行主债务外还应当支付利息和实现债权的有关费用，其给付不足以清偿全部债务的，除当事人另有约定外，应当按照下列顺序履行：

（一）实现债权的有关费用；

（二）利息；

（三）主债务。

第六百九十一条 保证的范围包括主债权及其利息、违约金、损害赔偿金和实现债权的费用。当事人另有约定的，按照其约定。

（对应原《中华人民共和国担保法》第二十一条 保证担保的范围包括主债权及利息、违约金、损害赔偿及实现债权的费用。）

第五百四十条 撤销权的行使范围以债权人的债权为限。债权人行使撤销权的必要费用，由债务人负担。

（对应原《最高人民法院关于适用〈中华人民共和国合同法〉若干问题的解释（一）》第二十六条 债权人行使撤销权所支付的律师代理费、差旅费等必要费用，由债务人负担；第三人有过错的，应当适当分担。）

附：律师费由违约方承担的合同条款

合同各方均应遵守本协议的约定，一方因对方的违约行为造成损失而维护权益所实际发生的一切费用，包括但不限于诉讼费、仲裁费、财产保全费、差旅费、执行费、评估费、拍卖费、公证费、送达费、公告费、律师费等，均由违约方承担，承担各种费用的标准为国家规定标准、行业规定标准或参照市场公允的费用标准。

第十一章

担保常识

创业守业与股权激励

01

担保合同在哪些情况下无效？ 相应的法律后果是什么？

案例

2013 年 4 月 10 日，光山农村商业银行（以下简称光山农商行）与刘召云签订个人借款合同，向其借款 500 万元用于光山县紫水学校绿化工程。信阳豫通公司提供保证担保，同时以刘召云、陈新凤的三份林权证作为抵押担保。光山农商行与信阳豫通公司签订保证合同之后，500 万元贷款依据个人借款合同发放。

2018 年，光山县人民法院作出 (2018) 豫 1522 刑初 444 号刑事判决书，认定刘召云与他人签订的林地流转合同虚假，以骗取贷款罪判处刘召云等人刑事责任。

光山农商行作为原告起诉被告刘召云以及担保人信阳豫通公司偿还钱款并支付利息。法院判决刘召云偿还本息，但驳回了请求担保人偿还本息的要求。

案例来源：中国裁判文书网 (2018) 豫 1522 民初 3703 号民事判决书（有改动）。

律师解析

本案中因为借款人虚构贷款用途，以签订借款合同这一合法形式掩盖骗取银行贷款的非法目的，故该借款合同应当被认定为无效，而保证合同作为借款合同的从合同，主合同无效，保证合同也随之无效，本案中，也无证据证明担保人在签订合同时存在过错，因此免除担保人的保证责任。

那么究竟在哪些情况下担保合同会无效呢？无效的法律后果是什么？

首先，担保合同无效有多种情况。一是主体无效，即法律规定不得担任担保人的主体签订担保合同导致无效，例如，无民事行为能力人、限制民事行为能力人、国家机关、学校、幼儿园、医院等以公益为目的的事业单位和社会团体作为担保人的担保合同是无效的。二是担保合同形式不当导致的无效，我国法律规定，担保的形式只有保证、质押、抵押、留置和定金这五种，除此之外的担保形式会导致担保合同无效。三是担保合同标的物不符合法律规定，我国法律明确规定有些财产是禁止作为担保合同标的物的，例如，土地所有权，集体所有的土地使用权，以公益为目的的事业单位、社会团体的教育设施、医疗卫生设施和其他社会公益设施等，以这些财产为标的物会导致担保合同无效。四是主合同无效导致担保合同无效，即担保合同作为从合同时相对应的主合同无效，担保合同也当然无效。五是《中华人民共和国民法典》第一百四十四条、第一百四十六条、第一百五十三条、第一百五十四条规定的民事法律行为无效的情形。担保合同如果符合该条法律规定的情形，也是无效的。

担保合同无效的法律后果：担保合同被确认无效后，债务人、担保人、债权人有过错的，应当根据其过错各自承担相应的民事责任，担保人承担的责任最高不超过全部债务的 50%。如果因为主合同无效导致担保合同无效，担保人无过错的，担保人不承担民事责任；担保人有过错的，担保人承担民事责任的部分，不应超过债务人不能清偿部分的三分之一。

法律依据

《中华人民共和国民法典》

第一百四十四条　无民事行为能力人实施的民事法律行为无效。

第一百四十六条　行为人与相对人以虚假的意思表示实施的民事法律行为无效。

第一百五十三条　违反法律、行政法规的强制性规定的民事法律行为无效。但是，该强制性规定不导致该民事法律行为无效的除外。违背公序良俗的民事法律行为无效。

第一百五十四条　行为人与相对人恶意串通，损害他人合法权益的民事法律行为无效。

[上述四条法律条文对应原《中华人民共和国合同法》第五十二条　有下列情形之一的，合同无效：（一）一方以欺诈、胁迫的手段订立合同，损害国家利益；（二）恶意串通，损害国家、集体或者第三人利益；（三）以合法形式掩盖非法目的；（四）损害社会公共利益；（五）违反法律、行政法规的强制性规定。]

第六百八十二条　保证合同是主债权债务合同的从合同。主债权债务合同无效的，保证合同无效，但是法律另有规定的除外。

保证合同被确认无效后，债务人、保证人、债权人有过错的，应当根据其过错各自承担相应的民事责任。

（对应原《中华人民共和国担保法》第五条　担保合同是主合同的从合同，主合同无效，担保合同无效。担保合同另有约定的，按照约定。担保合同被确认无效后，债务人、担保人、债权人有过错的，应当根据其过错各自承担相应的民事责任。）

《最高人民法院关于适用〈中华人民共和国民法典〉有关担保制度的解释》

第十七条　主合同有效而第三人提供的担保合同无效，人民法院应当区分不同情形确定担保人的赔偿责任：

（一）债权人与担保人均有过错的，担保人承担的赔偿责任不应超过债务人不能清偿部分的二分之一；

（二）担保人有过错而债权人无过错的，担保人对债务人不能清偿的部分承担赔偿责任；

（三）债权人有过错而担保人无过错的，担保人不承担赔偿责任。

主合同无效导致第三人提供的担保合同无效，担保人无过错的，不承担赔偿责任；担保人有过错的，其承担的赔偿责任不应超过债务人不能清偿部分的三分之一。

（对应原《最高人民法院关于适用〈中华人民共和国担保法〉若干问题的解释》第七条　主合同有效而担保合同无效，债权人无过错的，担保人与债务人对主合同债权人的经济损失，承担连带赔偿责任；债权人、担保人有过错的，担保人承担民事责任的部分，不应超过债务人不能清偿部分的二分之一。第八条　主合同无效而导致担保合同无效，担保人无过错的，担保人不承担民事责任；担保人有过错的，担保人承担民事责任的部分，不应超过债务人不能清偿部分的三分之一。）

02

抵押与担保的区别

　　小王向小张借钱，小张根据新闻报道"借贷时，债权人应当要求债务人提供担保作为保障"的提示，要求小王提供担保，小王也很爽快，要把自己的一处房产抵押给小张，但小张不同意，认为抵押是抵押，担保是担保，只有小王提供"担保"才同意借钱给小王。

律师解析

　　小张的法律意识固然是值得称赞的，但他陷入了误区。抵押和担保有什么区别？抵押是担保的一种，但担保不一定是抵押。因为担保除抵押这种形式之外，还有保证、质押、留置和定金的形式。担保是总概念，抵押、保证、质押、留置、定金是担保的具体形式。抵押的具体概念是指，抵押人和债权人以书面形式订立约定，不转移抵押财产的占有，将该财产作为债权的担保。当债务人不履行债务时，债权人有权依法以该财产折价或者以拍卖、变卖该财产的价款优先受偿。

法律依据

《中华人民共和国民法典》

　　第三百八十七条　债权人在借贷、买卖等民事活动中，为保障实现其债权，需要担保的，可以依照本法和其他法律的规定设立担保物权。

　　第三人为债务人向债权人提供担保的，可以要求债务人提供反担保。反担保适用本法和其他法律的规定。

　　（对应原《中华人民共和国担保法》第二条　在借贷、买卖、货物运输、加工承揽等经济活动中，债权人需要以担保方式保障其债权实现的，可以依照本法规定设定担保。）

　　第三百九十四条　为担保债务的履行，债务人或者第三人不转移财产的占有，将该财产抵押给债权人的，债务人不履行到期债务或者发生当事人约定的实现抵押权的情形，债权人有权就该财产优先受偿。

前款规定的债务人或者第三人为抵押人，债权人为抵押权人，提供担保的财产为抵押财产。

（对应原《中华人民共和国担保法》第三十三条　本法所称抵押，是指债务人或者第三人不转移对本法第三十四条所列财产的占有，将该财产作为债权的担保。债务人不履行债务时，债权人有权依照本法规定以该财产折价或者以拍卖、变卖该财产的价款优先受偿。前款规定的债务人或者第三人为抵押人，债权人为抵押权人，提供担保的财产为抵押物。）

03

定金和订金的区别

案例

　　齐俊雷与山东耀华玻璃有限公司（以下简称耀华公司）签订了玻璃加工承揽合同后，买方齐俊雷未按合同支付合同余款，耀华公司将齐俊雷诉至法院。耀华公司主张适用定金罚则，要求齐俊雷赔偿全部货款的20%，共计9886.37元。但法院认为，合同中"交货时间"条款约定"收到订金后，15天发货"，"付款条件"条款约定"先付定金1.5万元"，这两处出现的"订金"与"定金"不一致，双方对定金（订金）无任何其他条款约定，根据合同的履行情况和签订情况，如果给付的意思不明确或依法不能认定具备定金条款的，宜推定为预付款，故对耀华公司主张适用定金罚则不予支持。但齐俊雷未按约定支付价款，综合考虑本案双方的实际履行情况、违约情况，法院酌定调整齐俊雷应当支付违约金5000元。

案例来源：天眼查（2019）鲁0112民初2335号民事判决书（有改动）。

律师解析

　　订金、定金，两个词一字之差，法律后果大不相同。首先，定金具有担保性质，付款方违约无权要求收款方返还定金，而收款方违约则要双倍返还定金给付款方。而订金属于预付款性质，如果合同无特别约定，无论双方谁违约，付款方都能要求收款方返还订金。因此，生意往来中，可以根据交易特点审慎选择"订金"还是"定金"，以保障自身利益最大化。

法律依据

《中华人民共和国民法典》

第五百八十六条　当事人可以约定一方向对方给付定金作为债权的担保。定金合同自实际交付定金时成立。

定金的数额由当事人约定；但是，不得超过主合同标的额的百分之二十，超过部分不产生定金的效力。实际交付的定金数额多于或者少于约定数额的，视为变更约定的定金数额。

第五百八十七条　债务人履行债务的，定金应当抵作价款或者收回。给付定金的一方不履行债务或者履行债务不符合约定，致使不能实现合同目的的，无权请求返还定金；收受定金的一方不履行债务或者履行债务不符合约定，致使不能实现合同目的的，应当双倍返还定金。

04

什么是留置权？

2015 年 10 月 18 日，丹阳市巨峰塑胶有限公司（以下简称巨峰公司）法定代表人许峰驾驶该公司所属的小轿车与王正云相撞，王正云负事故全部责任。镇江奥达汽车销售服务有限公司为许峰维修车辆花费 27 万元，王正云已向许峰支付了修车款，但许峰一直未向镇江奥达汽车销售服务有限公司支付该笔款项，因此镇江奥达汽车销售服务有限公司（以下简称奥达公司）拒绝许峰将维修的车辆开走。

案例来源：Alpha 法律数据库（2020）赣 1102 民初 1600 号民事判决书（有改动）。

律师解析

所谓留置，是指在保管合同、运输合同、加工承揽合同中，债权人依照合同约定占有债务人动产，债务人不按照合同约定的期限履行债务的，债权人有权依法留置该财产，以该财产折价或者以拍卖、变卖财产的价款优先受偿。本案中债权人奥达公司修理费用已经经法院生效判决确认，且巨峰公司未支付修理费给奥达公司，债权已届清偿期，债权人对动产的占有和该笔债权的发生（修理汽车产生了该笔债权）有牵连关系，原告可以合法留置该汽车。

留置分为普通留置和商事留置，该案例为普通留置。商事主体（主要指企业）之间的留置被称为商事留置，商事留置不需要同一法律关系，只需要合法占有对方财产即可。商事留置与普通留置的差别就是留置的动产与该笔债权的产生不是同一法律关系，可以是其他事情产生的债权。主要是基于商事主体对效率的需要，这里的企业做广义理解，包括营利法人、合伙企业、个人独资企业和个体工商户等。所谓合法占有，即通过合法商事行为占有的对方财产，例如买卖合同、保管合同、运输合同、加工承揽合同等。必要时，可依法行使留置权保护自己的合法权益。

法律依据

《中华人民共和国民法典》

第四百四十七条　债务人不履行到期债务，债权人可以留置已经合法占有的债务人的动产，并有权就该动产优先受偿。

前款规定的债权人为留置权人，占有的动产为留置财产。

第四百四十八条　债权人留置的动产，应当与债权属于同一法律关系，但是企业之间留置的除外。

第四百五十三条　留置权人与债务人应当约定留置财产后的债务履行期限；没有约定或者约定不明确的，留置权人应当给债务人六十日以上履行债务的期限，但是鲜活易腐等不易保管的动产除外。债务人逾期未履行的，留置权人可以与债务人协议以留置财产折价，也可以就拍卖、变卖留置财产所得的价款优先受偿。

留置财产折价或者变卖的，应当参照市场价格。

第四百五十四条　债务人可以请求留置权人在债务履行期限届满后行使

留置权；留置权人不行使的，债务人可以请求人民法院拍卖、变卖留置财产。

第四百五十五条　留置财产折价或者拍卖、变卖后，其价款超过债权数额的部分归债务人所有，不足部分由债务人清偿。

05

法人的分支机构或职能部门能否作为保证人？

案例

2019 年 8 月 26 日，彭剑向原告出具两张借条：借条一"今借到缪亮人民币 24 万元，彭剑承诺在 2019 年 12 月 31 日前付清"，该借条实质上是欠缪亮的销售佣金补贴；借条二"今借到缪亮人民币 2.8 万元，彭剑承诺在 2019 年 12 月 31 日前付清"。上述两张借条借款人均为彭剑，担保人均为江西锦裕机械制造有限公司（以下简称锦裕公司）西城项目部。彭剑系锦裕公司西城项目部负责人。因彭剑逾期不还款，缪亮将彭剑、锦裕公司西城项目部和锦裕公司诉至法院。

案例来源：Alpha 法律数据库（2017）苏 1191 民初 2195 号民事判决书（有改动）。

律师解析

本案的焦点为，锦裕公司西城项目部提供的担保是否有效。

关于 24 万元债务部分，该笔债务系锦裕公司西城项目部承诺给予原告的销售佣金补贴，并由彭剑以借条形式对债务确认，锦裕公司西城项目部作为担保方在借条上加盖印章，未增加锦裕公司西城项目部经营风险和负担，故其担保行为有效。

关于彭剑个人向缪亮借款的 2.8 万元，锦裕公司西城项目部作为担保方在借条上盖章的行为，未经锦裕公司的授权，根据法律规定，该担保是无效的。缪亮未审查担保是否获得锦裕公司授权便接受担保，未尽合理注意义务，对担保合同无效有一定过错。锦裕公司西城项目部未获得锦裕公司授权对外提供担保过错明显。锦裕公司对于锦裕公司西城项目部未尽到管理义务，对担保无效亦具有过错。

法院结合各方当事人的过错程度判决如下：彭剑支付原告缪亮销售佣金补贴24万元，归还原告缪亮借款本金2.8万元，并支付利息；锦裕公司西城项目部对销售佣金补贴24万元及相应利息承担连带清偿责任，锦裕公司西城项目部的财产不足以承担清偿责任的，由锦裕公司承担；锦裕公司西城项目部对2.8万元及其相应利息不能清偿部分承担50%的赔偿责任；锦裕公司西城项目部的财产不足以承担前述赔偿责任的，由锦裕公司承担。

该判决结果充分考虑了法律规定及各方责任，体现了司法公正为民的理念。

 法律依据

《中华人民共和国民法典》

第七十四条　法人可以依法设立分支机构。法律、行政法规规定分支机构应当登记的，依照其规定。

分支机构以自己的名义从事民事活动，产生的民事责任由法人承担；也可以先以该分支机构管理的财产承担，不足以承担的，由法人承担。

（对应原《中华人民共和国担保法》第十条　企业法人的分支机构、职能部门不得为保证人。第二十九条　企业法人的分支机构未经法人书面授权或者超出授权范围与债权人订立保证合同的，该合同无效或者超出授权范围的部分无效，债权人和企业法人有过错的，应当根据其过错各自承担相应的民事责任；债权人无过错的，由企业法人承担民事责任。）

《最高人民法院关于适用〈中华人民共和国民法典〉有关担保制度的解释》

第十七条　主合同有效而第三人提供的担保合同无效，人民法院应当区分不同情形确定担保人的赔偿责任：

（一）债权人与担保人均有过错的，担保人承担的赔偿责任不应超过债务人不能清偿部分的二分之一；

（二）担保人有过错而债权人无过错的，担保人对债务人不能清偿的部分承担赔偿责任；

（三）债权人有过错而担保人无过错的，担保人不承担赔偿责任。

主合同无效导致第三人提供的担保合同无效，担保人无过错的，不承担赔偿责任；担保人有过错的，其承担的赔偿责任不应超过债务人不能清偿部分的三分之一。

（对应原《最高人民法院关于适用〈中华人民共和国担保法〉若干问题的解释》第七条　主合同有效而担保合同无效，债权人无过错的，担保人与债务人对主合同债权人的经济损失，承担连带赔偿责任；债权人、担保人有过错的，担保人承担民事责任的部分，不应超过债务人不能清偿部分的二分之一。）

06

工程履约保证金适用定金罚则吗？

> **案例**　2015 年 1 月 25 日，原告杭州民盛建设工程有限公司（以下简称民盛公司）与被告四川亚君房地产开发有限公司（以下简称亚君公司）签订了一份亚君诗城国际二期建设工程施工合同，作为承包方的民盛公司按约定向发包方亚君公司支付了 200 万元履约保证金。民盛公司进场时，发现该工程已有其他公司施工，亚君公司承认违约，同意双倍返还履约保证金（400 万元），并赔偿民盛公司组织人员进场、材料损失费，共计 290.88 万元，亚君公司却迟迟不予支付。民盛公司对亚君公司提起诉讼，法院对亚君公司自愿双倍返还履约保证金不予认可，最终判决被告返还工程履约保证金 200 万元，并承担违约金 250.88 万元。

案例来源：中国裁判文书网（2016）川 0781 民初 1659 号民事判决书（有改动）。

 **律师解析**

履约保证金属于《中华人民共和国招标投标法》规定的一种特殊的担保方式。在招标文件中明确规定中标单位缴纳履约保证金的情况下，此项条款方为有效，如果在招标书中没有明确规定中标单位缴纳履约保证金，开标后不得追加。

履约保证金是合同双方确保履约的一种财力担保，不属于法律规定的担保方式。履约保证金的目的是促使承包方完全履行合同。履约保证金不同于定金，不适用双倍赔偿，若承包方违约，发包方前期收取的履约保证金不予退还，若实际损失多于履约保证金，违约方还应赔偿损失。因此，本案中，法院仅判决被告亚君公司返还了履约保证金，不支持双倍赔偿。

 法律依据

《中华人民共和国招标投标法》

第四十六条　招标人和中标人应当自中标通知书发出之日起三十日内，按照招标文件和中标人的投标文件订立书面合同。招标人和中标人不得再行订立背离合同实质性内容的其他协议。

招标文件要求中标人提交履约保证金的，中标人应当提交。

第六十条　中标人不履行与招标人订立的合同的，履约保证金不予退还，给招标人造成的损失超过履约保证金数额的，还应当对超过部分予以赔偿；没有提交履约保证金的，应当对招标人的损失承担赔偿责任。

中标人不按照与招标人订立的合同履行义务，情节严重的，取消其二年至五年内参加依法必须进行招标的项目的投标资格并予以公告，直至由工商行政管理机关吊销营业执照。

因不可抗力不能履行合同的，不适用前两款规定。

第十二章

税法常识

创业守业与股权激励

01

企业主要税种及相应的税率

目前，我国税收根据征税对象的不同可分为五大类，分别为流转税类、所得税类、财产税类、资源税类和行为税类，具体包含 18 个税种。其中，企业涉及的税种主要有以下几种。

1. 企业所得税

企业所得税是指对我国境内的企业和其他取得收入的组织的生产经营所得和其他所得征收的一种所得税，纳税年度按公历年计算，企业一般应在年度翌年的 5 月 31 日或之前完成纳税申报。

企业所得税的纳税人包括在中国境内设立的各类企业、事业单位、社会团体、民办非企业单位和从事经营活动的其他组织，其中个人独资企业、合伙企业不属于企业所得税纳税义务人。我国企业所得税管辖权采取收入来源地和居民管辖权相结合的形式，把企业分为居民企业和非居民企业，分别确定不同的纳税义务。企业所得税税率如表 12 - 1 所示。

表 12 - 1　　　　　　　　　　企业所得税税率

税目	税率
企业所得税税率	25%
符合条件的小型微利企业	20%
国家需要重点扶持的高新技术企业	15%
技术先进型服务企业	15%
线宽小于 0.25 微米的集成电路生产企业	15%
投资额超过 80 亿元的集成电路生产企业	15%
国家规划布局内的重点软件企业和集成电路设计企业	10%
从事污染防治的第三方企业	15%

税目	税率
非居民企业在中国境内未设立机构、场所的，或者虽设立机构、场所但取得的所得与其所设机构、场所没有实际联系的，应当就其来源于中国境内的所得缴纳企业所得税	20%

2. 增值税

增值税纳税人是指在中华人民共和国境内销售货物或者加工、修理修配劳务，销售服务、无形资产、不动产以及进口货物的单位和个人，分为一般纳税人和小规模纳税人两类。一般纳税人按照销项税额抵扣进项税额的办法计算缴纳应纳税额，小规模纳税人则实行简易办法计算缴纳应纳税额。2018 年 5 月 1 日起统一增值税小规模纳税人的年销售额标准为 500 万元。营业税改征增值税（以下简称营改增）试点前，我国增值税有两档税率，分别是标准税率 17% 和低税率 13%。营改增试点后，为确保新旧税制平稳转换，新增了 11% 和 6% 两档低税率。2019 年 4 月 1 日起，我国进一步深化增值税改革，将 16%、10%、6% 三档税率降至 13%、9%、6% 三档。一般纳税人增值税税率和小规模纳税人增值税征收率分别如表 12 - 2 和表 12 - 3 所示。

表 12 - 2　　　　　　　　　一般纳税人增值税税率

税目	税率
陆路运输服务	9%
水路运输服务	9%
航空运输服务	9%
管道运输服务	9%
邮政普遍服务	9%
邮政特殊服务	9%
其他邮政服务	9%
基础电信服务	9%
增值电信服务	6%

续 表

税目	税率
工程服务	9%
安装服务	9%
修缮服务	9%
装饰服务	9%
其他建筑服务	9%
贷款服务	6%
直接收费金融服务	6%
保险服务	6%
金融商品转让	6%
研发和技术服务	6%
信息技术服务	6%
文化创意服务	6%
物流辅助服务	6%
有形动产租赁服务	13%
不动产租赁服务	9%
鉴证咨询服务	6%
广播影视服务	6%
商务辅助服务	6%
其他现代服务	6%
文化体育服务	6%
教育医疗服务	6%
旅游娱乐服务	6%
餐饮住宿服务	6%
居民日常服务	6%
其他生活服务	6%

续 表

税目	税率
销售无形资产	6%
转让土地使用权	9%
销售不动产	9%
在境内载运旅客或者货物出境	0%
在境外载运旅客或者货物入境	0%
在境外载运旅客或者货物	0%
航天运输服务	0%
向境外单位提供的完全在境外消费的研发服务	0%
向境外单位提供的完全在境外消费的合同能源管理服务	0%
向境外单位提供的完全在境外消费的设计服务	0%
向境外单位提供的完全在境外消费的广播影视节目（作品）的制作和发行服务	0%
向境外单位提供的完全在境外消费的软件服务	0%
向境外单位提供的完全在境外消费的电路设计及测试服务	0%
向境外单位提供的完全在境外消费的信息系统服务	0%
向境外单位提供的完全在境外消费的业务流程管理服务	0%
向境外单位提供的完全在境外消费的离岸服务外包业务	0%
向境外单位提供的完全在境外消费的转让技术	0%
财政部和国家税务总局规定的其他服务	0%
销售或者进口货物	13%
粮食、食用植物油	9%
自来水、暖气、冷气、热水、煤气、石油液化气、天然气、沼气、居民用煤炭制品	9%
图书、报纸、杂志	9%
饲料、化肥、农药、农机、农膜	9%
农产品	9%
音像制品	9%
电子出版物	9%
二甲醚	9%
国务院规定的其他货物	9%
加工、修理修配劳务	13%
出口货物	0%

表 12 – 3　　　　　　　　　　小规模纳税人增值税征收率

税目	征收率
陆路运输服务	3%
水路运输服务	3%
航空运输服务	3%
管道运输服务	3%
邮政普遍服务	3%
邮政特殊服务	3%
其他邮政服务	3%
基础电信服务	3%
增值电信服务	3%
工程服务	3%
安装服务	3%
修缮服务	3%
装饰服务	3%
其他建筑服务	3%
贷款服务	3%
直接收费金融服务	3%
保险服务	3%
金融商品转让	3%
研发和技术服务	3%
信息技术服务	3%
文化创意服务	3%
物流辅助服务	3%
有形动产租赁服务	3%
不动产租赁服务	5%
鉴证咨询服务	3%
广播影视服务	3%
商务辅助服务	3%
其他现代服务	3%
文化体育服务	3%
教育医疗服务	3%
旅游娱乐服务	3%
餐饮住宿服务	3%
居民日常服务	3%

续　表

税目	征收率
其他生活服务	3%
销售无形资产	3%
转让土地使用权	5%
销售不动产	5%
销售或者进口货物	3%
粮食、食用植物油	3%
自来水、暖气、冷气、热水、煤气、石油液化气、天然气、沼气、居民用煤炭制品	3%
图书、报纸、杂志	3%
饲料、化肥、农药、农机、农膜	3%
农产品	3%
音像制品	3%
电子出版物	3%
二甲醚	3%
国务院规定的其他货物	3%
加工、修理修配劳务	3%
一般纳税人提供建筑服务选择适用简易计税办法的	3%
小规模纳税人转让其取得的不动产	5%
个人转让其购买的住房	5%
房地产开发企业中的一般纳税人，销售自行开发的房地产老项目，选择适用简易计税方法的	5%
房地产开发企业中的小规模纳税人，销售自行开发的房地产项目	5%
一般纳税人出租其2016年4月30日前取得的不动产，选择适用简易计税方法的	5%
单位和个体工商户出租不动产（个体工商户出租住房减按1.5%计算应纳税额）	5%
其他个人出租不动产（出租住房减按1.5%计算应纳税额）	5%
一般纳税人转让其2016年4月30日前取得的不动产，选择适用简易计税方法计税的	5%
车辆停放服务、高速公路以外的道路通行服务（包括过路费、过桥费、过闸费等）	5%

3. 消费税

消费税是国际上普遍采用的对特定的某些消费品和消费行为征收的一种间接税。消费税适用于生产和进口特定种类的商品，包括：烟、酒、高档化妆品、珠宝、鞭炮、焰火、汽油和柴油及相关产品、摩托车、小汽车、高尔夫球及球具、游艇、高档手表、木制一次性筷子、实木地板、电池和涂料。按商品的种类，消费税可根据商品的销售价格及/或销售量计算应缴的消费税，消费税税率如表 12-4 所示。

表 12-4 消费税税率

税目	税率
生产环节：甲类卷烟〔调拨价 70 元（不含增值税）/ 条以上（含 70 元）〕	56% 加 0.003 元/支
生产环节：乙类卷烟〔调拨价 70 元（不含增值税）/ 条以下〕	36% 加 0.003 元/支
商业批发环节：甲类卷烟〔调拨价 70 元（不含增值税）/ 条以上（含 70 元）〕	11% 加 0.005 元/支
雪茄	36%
烟丝	30%
白酒	20% 加 0.5 元/500 克（毫升）
黄酒	240 元/吨
甲类啤酒	250 元/吨
乙类啤酒	220 元/吨
其他酒	10%
高档化妆品	15%
金银首饰、铂金首饰和钻石及钻石饰品	5%
其他贵重首饰和珠宝玉石	10%
鞭炮、焰火	15%
汽油	1.52 元/升
柴油	1.20 元/升
航空煤油	1.20 元/升

续　表

税目	税率
石脑油	1.52 元/升
溶剂油	1.52 元/升
润滑油	1.52 元/升
燃料油	1.20 元/升
气缸容量 250 毫升（含 250 毫升）以下的摩托车	3%
气缸容量 250 毫升以上的摩托车	10%
气缸容量在 1.0 升（含 1.0 升）以下的乘用车	1%
气缸容量在 1.0 升以上至 1.5 升（含 1.5 升）的乘用车	3%
气缸容量在 1.5 升以上至 2.0 升（含 2.0 升）的乘用车	5%
气缸容量在 2.0 升以上至 2.5 升（含 2.5 升）的乘用车	9%
气缸容量在 2.5 升以上至 3.0 升（含 3.0 升）的乘用车	12%
气缸容量在 3.0 升以上至 4.0 升（含 4.0 升）的乘用车	25%
气缸容量在 4.0 升以上的乘用车	40%
中轻型商用客车	5%
高尔夫球及球具	10%
高档手表	20%
游艇	10%
木制一次性筷子	5%
实木地板	5%
电池	4%
涂料	4%
商业批发环节：乙类卷烟［调拨价 70 元（不含增值税）/条以下］	11%加 0.005 元/支

4. 城市维护建设税

城市维护建设税以纳税人实际缴纳的流转税（增值税及消费税）税额为计税依据，按照一定的税率进行计缴。凡缴纳流转税的单位和个人，都是城市维护建设税的纳税义务人。城市维护建设税税率根据地区的不同分为三档：纳税人所在地在市区的，税率为 7%；所在地在县城、镇的，税率为 5%；其他地区税率为 1%。

5. 教育费附加

教育费附加以纳税人实际缴纳的流转税（增值税及消费税）税额为计征依据，按3%的附加率征收。凡缴纳流转税的单位和个人，都是教育费附加的纳税义务人。另外，凡缴纳增值税、消费税的单位和个人，都应按规定缴纳地方教育费附加，具体附加率由各省市规定。

6. 土地增值税

土地增值税是对有偿转让或处置不动产取得的收入减去扣除项目后的增值收入按30%~60%的超率累进税率征收的税项。

土地增值税采用四级超率累进税率（见表12-5），即以增值额与扣除项目金额的比率（增值率）从低到高划分为四个级次：增值额未超过扣除项目金额50%的部分，税率为30%；增值额超过扣除项目金额50%、未超过100%的部分，税率为40%；增值额超过扣除项目金额100%、未超过200%的部分，税率为50%；增值额超过扣除项目金额200%的部分，税率为60%。

表 12-5　　　　　　　　四级超率累进税率

范围	规定税率
增值额未超过扣除项目金额50%的	30%
增值额超过扣除项目金额50%未超过100%的	40%
增值额超过扣除项目金额100%未超过200%的	50%
增值额超过扣除项目金额200%的	60%

7. 关税

中国对进口货物征收关税。关税由海关在进口环节执行征收。一般来说，关税采用从量税或从价税的形式征收。从量征收以货物的数量为计税依据，比如每单位或每千克人民币100元。从价征收以货物的海关完税价格为计税依据，其适用的税率一般根据货物的原产地来确定。

8. 印花税

所有书立、领受"应税凭证"的单位和个人都应缴纳印花税。印花税税率从借款合同金额的0.005%到财产租赁合同、财产保险合同金额的0.1%不等。对于营业执照、专利、商标以及其他权利许可证照按每本人民币5元征收印花税。印花税税目、范围、税率及纳税人如表12-6所示。

表 12-6 　　　　　印花税税目、范围、税率及纳税人

税目	范围	税率	纳税人	说明
购销合同	包括供应、预购、采购、购销、结合及协作、调剂、补偿、易货等合同	按购销金额0.3‰贴花	立合同人	
加工承揽合同	包括加工、定作、修缮、修理、印刷广告、测绘、测试等合同	按加工或承揽收入0.5‰贴花	立合同人	
建设工程勘察设计合同	包括勘察、设计合同	按收取费用0.5‰贴花	立合同人	
建筑安装工程承包合同	包括建筑、安装工程承包合同	按承包金额0.3‰贴花	立合同人	
财产租赁合同	包括租赁房屋、船舶、飞机、机动车辆、机械、器具、设备等合同	按租赁金额1‰贴花。税额不足1元，按1元贴花	立合同人	
货物运输合同	包括民用航空运输、铁路运输、海上运输、内河运输、公路运输和联运合同	按运输费用0.5‰贴花	立合同人	单据作为合同使用的，按合同贴花
仓储保管合同	包括仓储、保管合同	按仓储保管费用1‰贴花	立合同人	仓单或栈单作为合同使用的，按合同贴花
借款合同	银行及其他金融组织和借款人（不包括银行同业拆借）所签订的借款合同	按借款金额0.05‰贴花	立合同人	单据作为合同使用的，按合同贴花

续　表

税目	范围	税率	纳税人	说明
财产保险合同	包括财产、责任、保证、信用等保险合同	按保险费收入1‰贴花	立合同人	单据作为合同使用的,按合同贴花
技术合同	包括技术开发、转让、咨询、服务等合同	按所载金额0.3‰贴花	立合同人	
产权转移书据	包括财产所有权和版权、商标专用权、专利权、专有技术使用权等转移书据、土地使用权出让合同、土地使用权转让合同、商品房销售合同	按所载金额0.5‰贴花	立据人	
营业账簿	生产、经营用账册	记载资金的账簿,按实收资本和资本公积的合计金额0.5‰贴花,其他账簿按件贴花5元	立账簿人	自2018年5月1日起,减半征收。按件贴花五元的其他账簿免征印花税
权利、许可证照	包括政府部门发的房屋产权证、工商营业执照、商标注册证、专利证、土地使用证	按件贴花5元	领受人	

9. 车辆购置税

车辆购置税由车辆购置附加费"费改税"转化而来,属中央财政收入,主要用于国道、省道干线公路建设。在中华人民共和国境内购置(购买、进口、自产、受赠、获奖或者其他方式取得并自用应税车辆的行为)汽车、有轨电车、汽车挂车、排气量超过一百五十毫升的摩托车的单位和个人,为车辆购置税的纳税人，应当依法缴纳车辆购置税。车辆购置税实行一次性征收。购置已征车辆购置税的车辆，不再征收车辆购置税。车辆购置税的税率为百分之十。

📖 **法律依据**

《中华人民共和国企业所得税法》

第一条　在中华人民共和国境内，企业和其他取得收入的组织（以下统称企业）为企业所得税的纳税人，依照本法的规定缴纳企业所得税。

个人独资企业、合伙企业不适用本法。

第二条　企业分为居民企业和非居民企业。

本法所称居民企业，是指依法在中国境内成立，或者依照外国（地区）法律成立但实际管理机构在中国境内的企业。

本法所称非居民企业，是指依照外国（地区）法律成立且实际管理机构不在中国境内，但在中国境内设立机构、场所的，或者在中国境内未设立机构、场所，但有来源于中国境内所得的企业。

第三条　居民企业应当就其来源于中国境内、境外的所得缴纳企业所得税。

非居民企业在中国境内设立机构、场所的，应当就其所设机构、场所取得的来源于中国境内的所得，以及发生在中国境外但与其所设机构、场所有实际联系的所得，缴纳企业所得税。

非居民企业在中国境内未设立机构、场所的，或者虽设立机构、场所但取得的所得与其所设机构、场所没有实际联系的，应当就其来源于中国境内的所得缴纳企业所得税。

第四条　企业所得税的税率为25%。

非居民企业取得本法第三条第三款规定的所得，适用税率为20%。

第二十八条　符合条件的小型微利企业，减按20%的税率征收企业所得税。

国家需要重点扶持的高新技术企业，减按15%的税率征收企业所得税。

《中华人民共和国增值税暂行条例》

第一条　在中华人民共和国境内销售货物或者加工、修理修配劳务（以下简称劳务），销售服务、无形资产、不动产以及进口货物的单位和个人，为增值税的纳税人，应当依照本条例缴纳增值税。

第二条　增值税税率：

（一）纳税人销售货物、劳务、有形动产租赁服务或者进口货物，除本条第二项、第四项、第五项另有规定外，税率为17%。

（二）纳税人销售交通运输、邮政、基础电信、建筑、不动产租赁服务，销售不动产，转让土地使用权，销售或者进口下列货物，税率为11%：

1. 粮食等农产品、食用植物油、食用盐；

2. 自来水、暖气、冷气、热水、煤气、石油液化气、天然气、二甲醚、沼气、居民用煤炭制品；

3. 图书、报纸、杂志、音像制品、电子出版物；

4. 饲料、化肥、农药、农机、农膜；

5. 国务院规定的其他货物。

（三）纳税人销售服务、无形资产，除本条第一项、第二项、第五项另有规定外，税率为6%。

（四）纳税人出口货物，税率为零；但是，国务院另有规定的除外。

（五）境内单位和个人跨境销售国务院规定范围内的服务、无形资产，税率为零。

税率的调整，由国务院决定。

第十二条　小规模纳税人增值税征收率为3%，国务院另有规定的除外。

《中华人民共和国消费税暂行条例》

第二条　消费税的税目、税率，依照本条例所附的《消费税税目税率表》执行。

消费税税目、税率的调整，由国务院决定。

《中华人民共和国城市维护建设税暂行条例》

第二条　城市维护建设税，以纳税人实际缴纳的消费税、增值税、营业税税额为计税依据，分别与消费税、增值税、营业税同时缴纳。

第四条　城市维护建设税税率如下：

纳税人所在地在市区的，税率为7%；

纳税人所在地在县城、镇的，税率为5%；

纳税人所在地不在市区、县城或镇的，税率为1%。

《征收教育费附加的暂行规定》

第二条 凡缴纳消费税、增值税、营业税的单位和个人，除按照《国务院关于筹措农村学校办学经费的通知》（国发〔1984〕174号文）的规定，缴纳农村教育事业费附加的单位外，都应当依照本规定缴纳教育费附加。

第三条 教育费附加，以各单位和个人实际缴纳的增值税、营业税、消费税的税额为计征依据，教育费附加率为3%，分别与增值税、营业税、消费税同时缴纳。

除国务院另有规定者外，任何地区、部门不得擅自提高或者降低教育费附加率。

《中华人民共和国土地增值税暂行条例》

第七条 土地增值税实行四级超率累进税率。

增值额未超过扣除项目金额50%的部分，税率为30%。

增值额超过扣除项目金额50%、未超过扣除项目金额100%的部分，税率为40%。

增值额超过扣除项目金额100%、未超过扣除项目金额200%的部分，税率为50%。

增值额超过扣除项目金额200%的部分，税率为60%。

《中华人民共和国印花税暂行条例》

第一条 在中华人民共和国境内书立、领受本条例所列举凭证的单位和个人，都是印花税的纳税义务人（以下简称纳税人），应当按照本条例规定缴纳印花税。

第二条 下列凭证为应纳税凭证：

（一）购销、加工承揽、建设工程承包、财产租赁、货物运输、仓储保管、借款、财产保险、技术合同或者具有合同性质的凭证；

（二）产权转移书据；

（三）营业账簿；

（四）权利、许可证照；

（五）经财政部确定征税的其他凭证。

第三条 纳税人根据应纳税凭证的性质，分别按比例税率或者按件定额计算应纳税额。具体税率、税额的确定，依照本条例所附《印花税税目税率表》执行。

应纳税额不足 1 角的，免纳印花税。

应纳税额在 1 角以上的，其税额尾数不满 5 分的不计，满 5 分的按 1 角计算缴纳。

《中华人民共和国车辆购置税法》

第一条 在中华人民共和国境内购置汽车、有轨电车、汽车挂车、排气量超过一百五十毫升的摩托车（以下统称应税车辆）的单位和个人，为车辆购置税的纳税人，应当依照本法规定缴纳车辆购置税。

第三条 车辆购置税实行一次性征收。购置已征车辆购置税的车辆，不再征收车辆购置税。

第四条 车辆购置税的税率为百分之十。

02

个人所得税的范围及税率

个人所得税是国家对本国公民、居住在本国境内的个人的所得和境外个人来源于本国的所得征收的一种所得税。个人所得税的纳税义务人，既包括居民纳税义务人，也包括非居民纳税义务人。居民纳税义务人负有完全纳税的义务，必须就其来源于中国境内、境外的全部所得缴纳个人所得税；而非居民纳税义务人仅就其来源于中国境内的所得，缴纳个人所得税。关于个人所得税税率，我国根据不同的征税项目，分别规定了以下三种不同的税率。

（1）综合所得（工资、薪金所得，劳务报酬所得，稿酬所得，特许权使用费所得）。其适用 7 级超额累进税率，按月应纳税所得额计算征税。该税率按个人月工资、薪金应税所得额划分级距，最高一级为 45%，最低一级为 3%，共 7 级（见表 12 – 7）。

表 12 –7　　　　　　　　　　综合所得适用个人所得税税率

级数	全年应纳税所得额	税率	速算扣除数
1	不超过 36000 元的	3%	0
2	超过 36000 元至 144000 元的部分	10%	2520
3	超过 144000 元至 300000 元的部分	20%	16920
4	超过 300000 元至 420000 元的部分	25%	31920
5	超过 420000 元至 660000 元的部分	30%	52920
6	超过 660000 元至 960000 元的部分	35%	85920
7	超过 960000 元的部分	45%	181920

（2）经营所得。其适用 5 级超额累进税率，适用按年计算、分月预缴税款的个体工商户的生产、经营所得和对企事业单位的承包经营、承租经营的全年应纳税所得额，税率最低一级为 5%，最高一级为 35%，共 5 级（见表 12 –8）。

表 12 –8　　　　　　　　　　经营所得适用个人所得税税率

级数	全年应纳税所得额	税率	速算扣除数
1	不超过 30000 元的	5%	0
2	超过 30000 元至 90000 元的部分	10%	1500
3	超过 90000 元至 300000 元的部分	20%	10500
4	超过 300000 元至 500000 元的部分	30%	40500
5	超过 500000 元的部分	35%	65500

（3）个人的利息、股息、红利所得，财产租赁所得，财产转让所得和偶然所得。其适用比例税率，按次计算征收个人所得税，税率为 20%（见表 12 –9）。

表 12 – 9　　利息、股息、红利所得，财产租赁所得，财产转让所得和偶然所得
适用个人所得税税率

级数	预扣预缴应纳税所得额	预扣率	速算扣除数
1	不超过 20000 元的	20%	0
2	超过 20000 元至 50000 元的部分	30%	2000
3	超过 50000 元的部分	40%	7000

法律依据

《中华人民共和国个人所得税法》

第二条　下列各项个人所得，应当缴纳个人所得税：

（一）工资、薪金所得；

（二）劳务报酬所得；

（三）稿酬所得；

（四）特许权使用费所得；

（五）经营所得；

（六）利息、股息、红利所得；

（七）财产租赁所得；

（八）财产转让所得；

（九）偶然所得。

居民个人取得前款第一项至第四项所得（以下称综合所得），按纳税年度合并计算个人所得税；非居民个人取得前款第一项至第四项所得，按月或者按次分项计算个人所得税。纳税人取得前款第五项至第九项所得，依照本法规定分别计算个人所得税。

第三条　个人所得税的税率：

（一）综合所得，适用百分之三至百分之四十五的超额累进税率（税率表附后）；

（二）经营所得，适用百分之五至百分之三十五的超额累进税率（税率表附后）；

（三）利息、股息、红利所得，财产租赁所得，财产转让所得和偶然所得，适用比例税率，税率为百分之二十。

03

股权转让不申报个人所得税的风险

案例

大连市某混凝土制造有限公司成立于 2009 年 6 月 15 日，其性质为私营有限公司，注册资本为 300 万元，张某出资 210 万元，占注册资本的 70%，王某出资 90 万元，占注册资本的 30%，公司主要从事混凝土的制造、销售。2011 年 4 月 25 日，该公司原法定代表人张某与现法定代表人赵某在保留公司原名及资质不变的情况下，达成买卖协议，赵某按照该协议付清款项后，公司召开股东会，以转让自然人股权的方式，把公司股东张某和王某的股权，以平价方式转让给现公司股东赵某和李某，并签订了股权转让协议。2011 年 7 月 5 日，双方持股权转让协议在大连市工商行政管理部门办理了股东及法定代表人变更登记。

最终，税务部门查清该公司违法事实如下：第一，该公司 2011 年发生自然人股东股权变更，按照买卖协议取得的收益未按规定申报缴纳个人所得税；第二，该公司 2011 年发生自然人股东股权变更，签订股权转让协议，未按规定申报缴纳印花税。事实认定清楚以后，税务部门依法追缴了该公司 2011 年个人所得税 14.7 万元，责成该公司代扣，并处罚款。

律师解析

上述公司现法定代表人赵某与原法定代表人张某私下达成买卖协议，签订股权转让协议，赵某采取收购自然人股东股权的方式买下该公司，逃避缴纳税款义务。《股权转让所得个人所得税管理办法（试行）》规定，个人股权转让所得个人所得税，以股权转让方为纳税人，以受让方为扣缴义务人。受让方无论是企业还是个人，均应按《中华人民共和国个人所得税法》的规定认真履行扣缴税款义务。在股权转让协议已签订生效后，纳税人、扣缴义务人应在次月 15 日内向主管税务机关申报纳税。因此，不申报个人所得税的行为是违法行为，逃避纳税义务不仅会面临行政处罚，情节严重的还会受到刑事处罚。

 法律依据

《中华人民共和国税收征收管理法》

第六十八条　纳税人、扣缴义务人在规定期限内不缴或者少缴应纳或者应解缴的税款，经税务机关责令限期缴纳，逾期仍未缴纳的，税务机关除依照本法第四十条的规定采取强制执行措施追缴其不缴或者少缴的税款外，可以处不缴或者少缴的税款百分之五十以上五倍以下的罚款。

第六十九条　扣缴义务人应扣未扣、应收而不收税款的，由税务机关向纳税人追缴税款，对扣缴义务人处应扣未扣、应收未收税款百分之五十以上三倍以下的罚款。

第七十条　纳税人、扣缴义务人逃避、拒绝或者以其他方式阻挠税务机关检查的，由税务机关责令改正，可以处一万元以下的罚款；情节严重的，处一万元以上五万元以下的罚款。

《中华人民共和国个人所得税法》

第十二条　纳税人取得经营所得，按年计算个人所得税，由纳税人在月度或者季度终了后十五日内向税务机关报送纳税申报表，并预缴税款；在取得所得的次年三月三十一日前办理汇算清缴。

纳税人取得利息、股息、红利所得，财产租赁所得，财产转让所得和偶然所得，按月或者按次计算个人所得税，有扣缴义务人的，由扣缴义务人按月或者按次代扣代缴税款。

《股权转让所得个人所得税管理办法（试行）》

第五条　个人股权转让所得个人所得税，以股权转让方为纳税人，以受让方为扣缴义务人。

第十九条　个人股权转让所得个人所得税以被投资企业所在地税机关为主管税务机关。

第二十条　具有下列情形之一的，扣缴义务人、纳税人应当依法在次月15日内向主管税务机关申报纳税：

（一）受让方已支付或部分支付股权转让价款的；

（二）股权转让协议已签订生效的；

（三）受让方已经实际履行股东职责或者享受股东权益的；

（四）国家有关部门判决、登记或公告生效的；

（五）本办法第三条第四至第七项行为已完成的；

（六）税务机关认定的其他有证据表明股权已发生转移的情形。

第二十二条　被投资企业应当在董事会或股东会结束后 5 个工作日内，向主管税务机关报送与股权变动事项相关的董事会或股东会决议、会议纪要等资料。

被投资企业发生个人股东变动或者个人股东所持股权变动的，应当在次月 15 日内向主管税务机关报送含有股东变动信息的《个人所得税基础信息表（A 表）》及股东变更情况说明。

主管税务机关应当及时向被投资企业核实其股权变动情况，并确认相关转让所得，及时督促扣缴义务人和纳税人履行法定义务。

04

企业必须缴纳残疾保障金吗？

案例

　　南昌凯宏建材有限公司（以下简称凯宏公司）符合缴纳残疾人就业保障金（以下简称残保金）的条件，但未按时缴纳残保金，南昌市残疾人联合会于 2018 年 9 月 17 日作出第 18940675 号《南昌市残疾人就业保障金征收决定书》。被执行人凯宏公司逾期未履行行政征收决定，且在法定期限内未申请行政复议，未向人民法院提起诉讼。南昌市残疾人联合会于 2019 年 9 月 9 日向江西省南昌市东湖区人民法院申请执行，要求强制执行凯宏公司残保金 14807.70 元，以及自履行期满之日起按日加收 5‰ 的滞纳金 14511.55 元。法院最终裁定凯宏公司在 2019 年 10 月 21 日之前将残保金 14807.70 元及滞纳金 14511.55 元缴纳至南昌市东湖区人民法院。

案例来源：中国裁判文书网（2019）赣 0102 行审 810 号行政裁定书（有改动）。

律师解析

　　残保金，是由不按规定安排残疾人就业的机关、团体、企业、事业单位和民办非企业单位缴纳的资金。根据规定，用人单位安排残疾人就业的比例不得低于本单位在职职工总数的1.5%，具体比例由各省、自治区、直辖市人民政府根据本地区的实际情况规定。用人单位未按规定缴纳残保金的，按照《残疾人就业条例》第二十七条的规定，由财政部门予以警告，责令限期缴纳；逾期仍不缴纳的，除补缴欠缴数额外，还应当自欠缴之日起，按日加收5‰的滞纳金。滞纳金按照残保金入库预算级次缴入国库。

　　根据上述规定，凯宏公司未按规定缴纳残保金，法院裁定追缴并加收5‰的滞纳金是正确的。目前，国家对残保金有减征政策，根据《财政部关于调整残疾人就业保障金征收政策的公告》的规定，自2020年1月1日起至2022年12月31日，对残疾人就业保障金实行分档减缴政策。

法律依据

《残疾人就业条例》

　　第二十七条　违反本条例规定，用人单位未按照规定缴纳残疾人就业保障金的，由财政部门给予警告，责令限期缴纳；逾期仍不缴纳的，除补缴欠缴数额外，还应当自欠缴之日起，按日加收5‰的滞纳金。

《财政部、国家税务总局、中国残疾人联合会关于印发〈残疾人就业保障金征收使用管理办法〉的通知》

　　第六条　用人单位安排残疾人就业的比例不得低于本单位在职职工总数的1.5%，具体比例由各省、自治区、直辖市人民政府根据本地区的实际情况规定。

　　第二十六条　用人单位未按规定缴纳保障金的，按照《残疾人就业条例》第二十七条规定，由保障金征收机关提交财政部门，由财政部门予以警告，责令限期缴纳；逾期仍不缴纳的，除补缴欠缴数额外，还应当自欠缴之日起，按日加收5‰的滞纳金。滞纳金按照保障金入库预算级次缴入国库。

《国家税务总局河南省税务局 河南省财政厅 河南省残疾人联合会关于按比例安排残疾人就业审核和残疾人就业保障金征收有关事项的公告》

一、政策变化内容

（一）实行分档征收政策

自 2020 年 1 月 1 日至 2022 年 12 月 31 日，对残保金实行分档减缴政策。其中：用人单位安排残疾人就业比例达到 1%（含）以上，但低于我省规定比例 1.6% 的，按规定应缴费额的 50% 缴纳；用人单位安排残疾人就业比例在 1% 以下的，按规定应缴费额的 90% 缴纳。

（二）小微企业暂免征收政策

在职职工总数 30 人（含）以下的企业，暂免征收残保金。

（三）明确征收标准上限口径

残保金征收标准上限，按照当地社会平均工资的 2 倍执行。当地社会平均工资按照所在地城镇非私营单位就业人员平均工资和城镇私营单位就业人员平均工资加权计算。

（四）合理认定按比例安排残疾人就业形式

用人单位依法以劳务派遣方式接受残疾人在本单位就业的，各级残联所属的残疾人就业服务机构在审核时要相应计入并加强动态监控。派遣单位和接受单位在审核前要协商一致，将残疾人数计入其中一方的实际安排残疾人就业人数和在职职工人数，不得重复计算。2020 年 5 月底之前（以后每年为 1 月底之前），劳务派遣单位要到税务登记地的残疾人就业服务机构，申报本单位上年度派遣残疾职工情况。

（五）纳入社会信用评价体系

对未按比例安排残疾人就业且拒缴、少缴残保金的用人单位，将其失信行为录入全国信用信息共享平台。

《财政部关于调整残疾人就业保障金征收政策的公告》

三、自 2020 年 1 月 1 日起至 2022 年 12 月 31 日，对残疾人就业保障金实行分档减缴政策。其中：用人单位安排残疾人就业比例达到 1%（含）以上，但未达到所在地省、自治区、直辖市人民政府规定比例的，按规定应缴费额的 50% 缴纳残疾人就业保障金；用人单位安排残疾人就业比例在 1% 以下的，按规定应缴费额的 90% 缴纳残疾人就业保障金。

四、自 2020 年 1 月 1 日起至 2022 年 12 月 31 日，在职职工人数在 30 人（含）以下的企业，暂免征收残疾人就业保障金。

05

企业被违法征税如何进行救济？

案例

D 房地产开发有限公司（以下简称 D 公司）在 A 省 B 市 C 区从事房地产开发，C 区税务局在 2015 年 10 月到 2017 年 3 月本应按六等地域标准（6 元/平方米）征收 D 公司 325937.43 平方米的土地使用税 2383095.16 元，但 C 区税务局却依据 B 政办发〔2010〕98 号文件，按二等地域标准（18 元/平方米）征收 D 公司 325937.43 平方米的土地使用税 7149285.48 元，多征收 4766190.32 元土地使用税。D 公司不堪重负，从 2017 年 4 月到 2017 年 7 月没有缴纳城镇土地使用税，并向 C 区税务局反映征税依据违法，C 区税务局以有上级文件为由不予改正，D 公司遂提起行政复议维权。

律师解析

1. 相关规定

《中华人民共和国城镇土地使用税暂行条例》作为行政法规，授权市、县人民政府将本地区土地划分为若干等级，并在省、自治区、直辖市人民政府确定的税额幅度内，制定相应的适用税额标准。土地等级应与税额标准相对应，税额标准的唯一决定性因素是土地等级。但 B 政办发〔2010〕98 号文件却违反这一原则性规定，在六等地域针对某一类企业（房地产业）按照二等地域对应的税额征收税款，违反税收法定原则、公平原则和纳税人的信赖利益保护原则，C 区税务局征收税款行为违法。

2. D 公司的救济途径

首先，D 公司可以向 C 区税务局、B 市税务局、A 省税务局、国家税务总局反映 C 区税务局征税依据违法，要求 C 区税务局退还多缴的税款并加算银行同期存款利息。

其次，D 公司可以先依照 C 区税务局的纳税决定缴纳或者解缴税款及滞纳金或者提供相应的担保，然后可以向 B 市税务局依法申请行政复议，请求确认 C 区税务局征税行为违法，要求退还多缴的税款并加算银行同期存款利息，同时一并提出对 B 政办发〔2010〕98 号文件的审查申请。

最后，如果 B 市税务局的行政复议决定维持原行政行为的，可以在收到复议决定 15 日内，以 C 区税务局和 B 市税务局为共同被告依法向 C 区税务局或 B 市税务局所在地人民法院起诉，请求法院撤销复议决定，确认 C 区税务局征税行为违法，要求退还多缴的税款并加算银行同期存款利息，同时一并向法院提出对 B 政办发〔2010〕98 号文件的审查申请。

 法律依据

《中华人民共和国税收征收管理法》

第三条　任何机关、单位和个人不得违反法律、行政法规的规定，擅自作出税收开征、停征以及减税、免税、退税、补税和其他同税收法律、行政法规相抵触的决定。

第八条　纳税人依法享有申请减税、免税、退税的权利。纳税人、扣缴义务人对税务机关所作出的决定，享有陈述权、申辩权；依法享有申请行政复议、提起行政诉讼、请求国家赔偿等权利。纳税人、扣缴义务人有权控告和检举税务机关、税务人员的违法违纪行为。

第十三条　任何单位和个人都有权检举违反税收法律、行政法规的行为。

第五十一条　纳税人超过应纳税额缴纳的税款，税务机关发现后应当立即退还；纳税人自结算缴纳税款之日起三年内发现的，可以向税务机关要求退还多缴的税款并加算银行同期存款利息，税务机关及时查实后应当立即退还；涉及从国库中退库的，依照法律、行政法规有关国库管理的规定退还。

第八十八条　纳税人、扣缴义务人、纳税担保人同税务机关在纳税上发生争议时，必须先依照税务机关的纳税决定缴纳或者解缴税款及滞纳金或者提供相应的担保，然后可以依法申请行政复议；对行政复议决定不服的，可以依法向人民法院起诉。

《中华人民共和国税收征收管理法实施细则》

第三条　任何部门、单位和个人作出的与税收法律、行政法规相抵触的决定一律无效，税务机关不得执行，并应当向上级税务机关报告。

第一百条　税收征管法第八十八条规定的纳税争议，是指纳税人、扣缴义务人、纳税担保人对税务机关确定纳税主体、征税对象、征税范围、减税、免税及退税、适用税率、计税依据、纳税环节、纳税期限、纳税地点以及税款征收方式等具体行政行为有异议而发生的争议。

《中华人民共和国行政复议法》

第七条　公民、法人或者其他组织认为行政机关的具体行政行为所依据的下列规定不合法，在对具体行政行为申请行政复议时，可以一并向行政复议机关提出对该规定的审查申请：（一）国务院部门的规定；（二）县级以上地方各级人民政府及其工作部门的规定；（三）乡、镇人民政府的规定。

《税务行政复议规则》

第十六条　对各级税务局的具体行政行为不服的，向其上一级税务局申请行政复议。

《中华人民共和国行政诉讼法》

第十八条　行政案件由最初作出行政行为的行政机关所在地人民法院管辖。经复议的案件，也可以由复议机关所在地人民法院管辖。

第二十六条　经复议的案件，复议机关决定维持原行政行为的，作出原行政行为的行政机关和复议机关是共同被告；复议机关改变原行政行为的，复议机关是被告。

第四十四条　法律、法规规定应当先向行政机关申请复议，对复议决定不服再向人民法院提起诉讼的，依照法律、法规的规定。

第五十三条　公民、法人或者其他组织认为行政行为所依据的国务院部门和地方人民政府及其部门制定的规范性文件不合法，在对行政行为提起诉讼时，可以一并请求对该规范性文件进行审查。

《中华人民共和国城镇土地使用税暂行条例》

第五条　省、自治区、直辖市人民政府，应当在本条例第四条规定的税额幅度内，根据市政建设状况、经济繁荣程度等条件，确定所辖地区的适用税额幅度。

市、县人民政府应当根据实际情况，将本地区土地划分为若干等级，在省、自治区、直辖市人民政府确定的税额幅度内，制定相应的适用税额标准，报省、自治区、直辖市人民政府批准执行。

《财政部、国家税务总局关于贯彻落实国务院关于修改〈中华人民共和国城镇土地使用税暂行条例〉的决定的通知》

第一条　各市、县人民政府要结合本地经济发展水平、土地利用状况和地价水平等，合理划分本地区的土地等级，在省、自治区、直辖市人民政府确定的税额幅度内制定每一等级土地的具体适用税额标准，报省、自治区、直辖市人民政府批准执行。经济发达地区和城市中心区，原则上应按税额幅度的高限确定适用税额标准。经济发达地区如需突破税额幅度上限、进一步提高适用税额标准，须报经财政部、国家税务总局批准。

第 十 三 章

常见涉企罪名

创 业 守 业 与 股 权 激 励

01

非法吸收公众存款罪

案例

2003年1月8日，严甲、严乙等四人以上海某实业有限公司（以下简称某公司）的名义，以人民币3800万元的价格竞拍获得青浦工业园区B区一号地块。被告人方某某于2005年9月担任某公司副总经理，2006年2月起担任总经理。

2005年10月起，某公司为筹集建房资金和清退加盟户所需资金等，多次许诺通过支付利息的方式向社会公众借款以解决公司资金困难问题，并决定由被告人方某某具体负责借款事项。2005年10月至2008年10月，被告人方某某以某公司的名义先后在浙江省泰顺县等地区，承诺以3%～5%不等的月息作为回报，向370余名不特定的社会人员以借款形式变相吸收公众存款累计约3亿元，上述吸收的存款除归还部分本金、支付利息外，主要用于某公司工程款的支出、加盟户的清退等。至案发，尚有270余名出资人的钱款约1.4亿元尚未归还。

一审法院以非法吸收公众存款罪，判处被告某公司罚金人民币五十万元；判处方某某有期徒刑八年，并处罚金人民币三十万元；违法所得予以追缴。

方某某上诉后，被二审法院裁定驳回上诉，维持原判。

律师解析

非法吸收公众存款罪是指违反国家金融管理法规，非法吸收公众存款或变相吸收公众存款，扰乱金融秩序的行为。非法吸收公众存款，从表面看与民间借贷相似，也向受害人出具了借款合同，并按照一定的利率标准给付利息，但其与民间借贷又有着本质上的区别。该罪中所谓的"公众"即不特定的吸收存款对象，指社会上大多数人，人包括自然人、法人，且本罪只要求行为针对社会上大多数人，并不要求实际从社会上大多数人得到资金。根据

《最高人民检察院、公安部关于公安机关管辖的刑事案件立案追诉标准的规定（二）》的规定，个人非法吸收或者变相吸收公众存款三十户以上的，单位非法吸收或者变相吸收公众存款一百五十户以上的，即构成该罪。该罪的典型特征——没有金融经营牌照的人干了银行才能干的事情。

资金是企业经营中的血脉，一些缺少资金的企业无法通过正常渠道获得资金，铤而走险在社会中借贷集资，无异于饮鸩止渴。

📋 法律依据

《中华人民共和国刑法》

第一百七十六条　非法吸收公众存款或者变相吸收公众存款，扰乱金融秩序的，处三年以下有期徒刑或者拘役，并处或者单处二万元以上二十万元以下罚金；数额巨大或者有其他严重情节的，处三年以上十年以下有期徒刑，并处五万元以上五十万元以下罚金。

单位犯前款罪的，对单位判处罚金，并对其直接负责的主管人员和其他直接责任人员，依照前款的规定处罚。

《最高人民检察院、公安部关于公安机关管辖的刑事案件立案追诉标准的规定（二）》

第二十八条　非法吸收公众存款或者变相吸收公众存款，扰乱金融秩序，涉嫌下列情形之一的，应予立案追诉：

（一）个人非法吸收或者变相吸收公众存款数额在二十万元以上的，单位非法吸收或者变相吸收公众存款数额在一百万元以上的；

（二）个人非法吸收或者变相吸收公众存款三十户以上的，单位非法吸收或者变相吸收公众存款一百五十户以上的；

（三）个人非法吸收或者变相吸收公众存款给存款人造成直接经济损失数额在十万元以上的，单位非法吸收或者变相吸收公众存款给存款人造成直接经济损失数额在五十万元以上的；

（四）造成恶劣社会影响的；

（五）其他扰乱金融秩序情节严重的情形。

02

非国家工作人员受贿罪

案例

　　周某是腾讯科技（深圳）有限公司（以下简称腾讯公司）员工，华某让周某为其违规解封 QQ 空间，承诺每解封一个 QQ 空间就给予其约 500 元的好处费。2014 年 7 月开始，周某使用其工作账号异常解封 QQ 空间 330 个，使用其私设在腾讯服务器上的特殊代码解封 QQ 空间 128 个，并收受华某通过"陈磊"的支付宝账户转来的好处费共计 465510 元。2015 年 1 月 12 日，周某从腾讯公司离职，离开后利用之前在腾讯服务器上留的特殊代码继续为华某等人违规解封 QQ 空间 40 个，并收受华某等人通过"陈磊""张哲睿"的支付宝账户转来的好处费共计 38750 元。

　　案发后，法院判决周某犯非国家工作人员受贿罪，判处有期徒刑九个月；犯非法控制计算机信息系统罪，判处有期徒刑一年，并处罚金人民币一千元；数罪并罚，决定执行有期徒刑一年六个月，并处罚金人民币一千元。

案例来源：中国裁判文书网（2015）深南法刑初字第 1540 号刑事判决书（有改动）。

🔍 律师解析

　　本罪侵犯的客体是国家对公司、企业以及其他单位的工作人员职务活动的管理制度。在市场经济的运行机制中，公司、企业以及其他单位（如教育、科研、医疗、体育、出版）扮演着重要角色。因此，法律对这些单位的工作人员的职务活动作了规范。非国家工作人员受贿罪则是对这套管理制度的直接侵犯，从而产生公司、企业、其他单位管理层的腐败，既危害公司、企业、其他单位的利益，又破坏公平竞争的交易秩序。

　　本罪在客观方面表现为利用职务上的便利，索取他人财物或非法收受他人财物，为他人谋取利益，数额较大的行为。数额较大是指受贿金额在 5000 元以上。

　　本罪的犯罪主体是特殊主体，即公司、企业或者其他单位的工作人员。

在国有公司、企业、国有其他单位中从事公务的人员和国有公司、企业、国有其他单位委派到非国有公司、企业以及其他单位从事公务的人员利用职务上的便利受贿的，不构成本罪，而应依照《中华人民共和国刑法》第三百八十五条、第三百八十六条的规定按照受贿罪处罚。

 法律依据

《中华人民共和国刑法》

第一百六十三条　公司、企业或者其他单位的工作人员利用职务上的便利，索取他人财物或者非法收受他人财物，为他人谋取利益，数额较大的，处五年以下有期徒刑或者拘役；数额巨大的，处五年以上有期徒刑，可以并处没收财产。

公司、企业或者其他单位的工作人员在经济往来中，利用职务上的便利，违反国家规定，收受各种名义的回扣、手续费，归个人所有的，依照前款的规定处罚。

第三百八十五条　国家工作人员利用职务上的便利，索取他人财物的，或者非法收受他人财物，为他人谋取利益的，是受贿罪。

国家工作人员在经济往来中，违反国家规定，收受各种名义的回扣、手续费，归个人所有的，以受贿论处。

第三百八十六条　对犯受贿罪的，根据受贿所得数额及情节，依照本法第三百八十三条的规定处罚。索贿的从重处罚。

《最高人民检察院、公安部关于公安机关管辖的刑事案件立案追诉标准的规定（二）》

第十条　[非国家工作人员受贿案（刑法第一百六十三条）] 公司、企业或者其他单位的工作人员利用职务上的便利，索取他人财物或者非法收受他人财物，为他人谋取利益，或者在经济往来中，利用职务上的便利，违反国家规定，收受各种名义的回扣、手续费，归个人所有，数额在五千元以上的，应予立案追诉。

03

单位行贿罪

案例

被告人林某系贵州福泉市某有限公司法定代表人，因涉嫌行贿罪，于 2015 年 7 月 24 日被依法逮捕。

2012 年至 2014 年春节前，贵州福泉市某有限公司、贵州开阳某有限公司为获得包装袋供应机会，扩大包装袋销售量，由作为贵州福泉市某有限公司法定代表人、贵州开阳某有限公司实际控制人的被告人林某，分三次在贵阳市南明区甘肃某公司董事长高某家中，向高某行贿共计 35 万元，其中，2012 年春节前送 10 万元，2013 年春节前送 10 万元，2014 年春节前送 15 万元。法院判决贵州福泉市某有限公司犯单位行贿罪，判处罚金人民币 20 万元；贵州开阳某有限公司犯单位行贿罪，判处罚金人民币 20 万元；林某犯单位行贿罪，判处有期徒刑六个月。

 律师解析

单位行贿罪是指单位为谋取不正当利益而行贿，或者违反国家规定，给予国家工作人员以回扣、手续费，情节严重的行为。单位行贿罪往往会牵涉商业贿赂，此罪不仅会侵犯国家公务人员的廉洁性，也损害行政机关对公司、企业的监管。被告贵州福泉市某有限公司、贵州开阳某有限公司为谋取不正当利益，向国家工作人员行贿 35 万元，其行为均已构成单位行贿罪；被告人林某作为被告单位贵州福泉市某有限公司法定代表人、贵州开阳某有限公司实际控制人，应按单位行贿罪承担刑事责任。

📄 法律依据

《中华人民共和国刑法》

第三百九十三条　单位为谋取不正当利益而行贿，或者违反国家规定，给予国家工作人员以回扣、手续费，情节严重的，对单位判处罚金，并对其直接负责的主管人员和其他直接责任人员，处五年以下有期徒刑或者拘役。因行贿取得的违法所得归个人所有的，依照本法第三百八十九条、第三百九十条的规定定罪处罚。

《关于人民检察院直接受理立案侦查案件立案标准的规定（试行）》

（八）单位行贿案（第393条）

单位行贿罪是指公司、企业、事业单位、机关、团体为谋取不正当利益而行贿，或者违反国家规定，给予国家工作人员以回扣、手续费，情节严重的行为。

涉嫌下列情形之一的，应予以立案：

1. 单位行贿数额在20万元以上的；

2. 单位为谋取不正当利益而行贿，数额在10万元以上不满20万元，但具有下列情形之一的：

（1）为谋取非法利益而行贿的；

（2）向3人以上行贿的；

（3）向党政领导、司法工作人员、行政执法人员行贿的；

（4）致使国家或者社会利益遭受重大损失的。

因行贿取得的违法所得归个人所有的，依照本规定关于个人行贿的规定立案，追究其刑事责任。

04

职务侵占罪

> **案例**
>
> 被告人刘某与广西某农业服务有限公司于2018年1月1日签订劳动合同，合同期限为2018年1月1日至2020年12月31日，约定由刘某担任仓库管理员，主要职责包括保管货物的安全、进出货物的登记等。2019年春节前后，刘某多次将其保管的化肥私自出售，对所得价款非法占有和使用，造成广西某农业服务有限公司损失112292.5元。被告人刘某到案后能如实供述自己的罪行，愿意接受处罚，对其可以从轻处罚，法院认定被告人刘某犯职务侵占罪，判处有期徒刑一年六个月，并责令被告人刘某退赔被害单位广西某农业服务有限公司人民币112292.5元。

律师解析

职务侵占就是公司、企业或其他单位的人员，利用职务上的便利，将本单位财物非法占为己有的行为。职务侵占的犯罪主体比较广泛，只要是企业的员工，都可能成为本罪的犯罪主体。公司、企业或其他单位为防止损失，必须加强财物管理，从制度上扎紧篱笆，防范职务侵占行为的发生，既能保护企业的利益，又能挽救个别意志薄弱的员工。

职务侵占和盗窃的区别：职务侵占要求利用职务上的便利，所谓"利用职务上的便利"，是指行为人在实施犯罪时，利用自身的职权，或者利用自身因执行职务而获取的主管、管理、经手本单位财物的便利条件。这里的"主管"，是指行为人在一定范围内拥有调配、处置本单位财产的权力；所谓"管理"，是指行为人对本单位财物直接负有保管、处理、使用的职责，亦即对本单位财产具有一定的处分权；所谓"经手"，是指行为人虽然不负有主管或者管理本单位财物的职责，但因工作需要而在特定的时间、空间内实际控制本单位财物。因此，构成职务侵占罪，就必然要求行为人在非法占有本单位财产时，以其职务范围内的权限、职责为基础，利用其对本单位财产具有一定的主管、管理或者经手的职责，在实际支配、控制、处置本单位财物时实施非法占有行为。如果行为人仅仅是在自身工作中易于接触他人主管、管理、经手的本单位财物，或者熟悉作案环境，而非利用上述工作中形成的便利条件秘密窃取本单位的财产，则不属于"利用职务上的便利"，应依照《中华人民共和国刑法》第二百六十四条的规定，以盗窃罪定罪。

法律依据

《中华人民共和国刑法》

第二百七十一条　公司、企业或者其他单位的人员，利用职务上的便利，将本单位财物非法占为己有，数额较大的，处三年以下有期徒刑或者拘役，并处罚金；数额巨大的，处三年以上十年以下有期徒刑，并处罚金；数额特别巨大的，处十年以上有期徒刑或者无期徒刑，并处罚金。

国有公司、企业或者其他国有单位中从事公务的人员和国有公司、企业或者其他国有单位委派到非国有公司、企业以及其他单位从事公务的人员有前款行为的，依照本法第三百八十二条、第三百八十三条的规定定罪处罚。

第二百六十四条　盗窃公私财物，数额较大的，或者多次盗窃、入户盗窃、携带凶器盗窃、扒窃的，处三年以下有期徒刑、拘役或者管制，并处或者单处罚金；数额巨大或者有其他严重情节的，处三年以上十年以下有期徒刑，并处罚金；数额特别巨大或者有其他特别严重情节的，处十年以上有期徒刑或者无期徒刑，并处罚金或者没收财产。

《最高人民法院、最高人民检察院关于办理贪污贿赂刑事案件适用法律若干问题的解释》

第十一条　刑法第一百六十三条规定的非国家工作人员受贿罪、第二百七十一条规定的职务侵占罪中的"数额较大""数额巨大"的数额起点，按照本解释关于受贿罪、贪污罪相对应的数额标准规定的二倍、五倍执行。

第一条　贪污或者受贿数额在三万元以上不满二十万元的，应当认定为刑法第三百八十三条第一款规定的"数额较大"，依法判处三年以下有期徒刑或者拘役，并处罚金。

第二条　贪污或者受贿数额在二十万元以上不满三百万元的，应当认定为刑法第三百八十三条第一款规定的"数额巨大"，依法判处三年以上十年以下有期徒刑，并处罚金或者没收财产。

05

合同诈骗罪案例

案例

2015年10月11日，被告人郭志荣在任坚瑞永安安全系统工程有限公司（以下简称坚瑞公司）郑州分公司经理期间，虚构自己能承揽地铁消防工程，以寻求合作伙伴共同承揽工程为由，以坚瑞公司名义与被害人刘某签订工程合作协议，协议仅约定合作名称为消防工程项目，双方各出资50%，盈余分配和债务分担各占50%，但合同中具体合作的工程名称、合作期限均未明确约定。合同签订后，被告人在没有具体的合作项目的情况下，虚构投标消防工程急需缴纳保证金，要求被害人向其缴纳投标保证金。2015年10月13日，被害人刘某向郭志荣指定的个人账户转款50万元，郭志荣指使他人给被害人出具消防工程投标保证金的收据，并加盖坚瑞公司印章。同日，郭志荣指使他人将上述钱款全部转出并支配使用。2018 年 3 月 29 日，被告人郭志荣被北京市公安局房山分局巡警支队抓获。在郭志荣家属退赔被害人刘某损失后，被告人取得受害人谅解，法院判处郭志荣有期徒刑三年，并处罚金人民币 2 万元。

案例来源：中国裁判文书网（2018）豫 0191 刑初 557 号刑事判决书（有改动）。

律师解析

合同诈骗罪是以与受害方签订合同这一合法的形式，去掩盖诈骗者侵占他人财物的非法目的，犯罪嫌疑人往往先以较小的利益，引诱受害人落入圈套，或者以虚假身份、证明让受害人相信自己有履行合同的能力，让受害人放松警惕。不管是个人还是公司在签订合同前，都应对合同履行方进行必要的尽职调查以防止被骗。

法律依据

《中华人民共和国刑法》

第二百二十四条　有下列情形之一，以非法占有为目的，在签订、履行合同过程中，骗取对方当事人财物，数额较大的，处三年以下有期徒刑或者拘役，并处或者单处罚金；数额巨大或者有其他严重情节的，处三年以上十年以下有期徒刑，并处罚金；数额特别巨大或者有其他特别严重情节的，处十年以上有期徒刑或者无期徒刑，并处罚金或者没收财产：

（一）以虚构的单位或者冒用他人名义签订合同的；

（二）以伪造、变造、作废的票据或者其他虚假的产权证明作担保的；

（三）没有实际履行能力，以先履行小额合同或者部分履行合同的方法，诱骗对方当事人继续签订和履行合同的；

（四）收受对方当事人给付的货物、货款、预付款或者担保财产后逃匿的；

（五）以其他方法骗取对方当事人财物的。

《最高人民检察院、公安部关于公安机关管辖的刑事案件立案追诉标准的规定（二）》

第五十条［贷款诈骗案（刑法第一百九十三条）］以非法占有为目的，在签订、履行合同过程中，骗取对方当事人财物，数额在二万元以上的，应予立案追诉。

06

串通投标罪

> **案例**
>
> 2016年10月，北京市某区市政市容管理委员会对某非现场执法设施运行维护项目进行公开招投标，北京某科技发展有限公司（以下简称某科技公司）法定代表人高某（另案处理）得知消息后，因某科技公司不具有相应资质，遂借用某信息科技有限公司（以下简称某信息公司）资质投标。为获取该项目，高某授意被告人康某联系其他公司并按照其确定的报价及要求制作标书进行围标、串标。被告人康某联系北京某电子工程有限责任公司参与陪标，并通过该公司张某联系北京某A公司、北京某B公司参与陪标。2016年11月，某科技公司向围标公司支付了投标保证金。最终，某信息公司以人民币66149868元中标。后某信息公司将该项目分包给某科技公司，被告人康某作为项目经理负责该项目的管理工作。
>
> 被告人康某于2018年11月27日被民警查获。鉴于被告人康某在单位犯罪中接受指派具体实施犯罪，处于从属地位，起辅助作用，系从犯，且到案后如实供述自己的罪行，法院依法对其从轻处罚。康某犯串通投标罪，被判处有期徒刑十个月，缓刑一年，并处罚金人民币二万元。

律师解析

随着市场经济的不断发展完善，以招投标的方式选择供应商已成常态，特别是政府采购、建筑工程，都会通过招投标的方式确定供应商。招投标的根本目的，是选择质优价廉且综合实力较强的供应商，如果投标方相互串通就会让招投标成为过场，不仅损害招标单位和其他市场竞争主体的利益，也损害了国家市场经济体制的整体利益。因此，本案中康某被判处有期徒刑是其应受到的法律惩罚，另外，高某被抓获归案后，也必将受到法律的制裁。

法律依据

《中华人民共和国刑法》

第二百二十三条　投标人相互串通投标报价，损害招标人或者其他投标人利益，情节严重的，处三年以下有期徒刑或者拘役，并处或者单处罚金。

投标人与招标人串通投标，损害国家、集体、公民的合法利益的，依照前款的规定处罚。

第二百三十一条　单位犯本节第二百二十一条至第二百三十条规定之罪的，对单位判处罚金，并对其直接负责的主管人员和其他直接责任人员，依照本节各该条的规定处罚。

《最高人民检察院、公安部关于公安机关管辖的刑事案件立案追诉标准的规定（二）》

第七十六条　［串通投标案（刑法第二百二十三条）］投标人相互串通投标报价，或者投标人与招标人串通投标，涉嫌下列情形之一的，应予立案追诉：

（一）损害招标人、投标人或者国家、集体、公民的合法利益，造成直接经济损失数额在五十万元以上的；

（二）违法所得数额在十万元以上的；

（三）中标项目金额在二百万元以上的；

（四）采取威胁、欺骗或者贿赂等非法手段的；

（五）虽未达到上述数额标准，但两年内因串通投标，受过行政处罚二次以上，又串通投标的；

（六）其他情节严重的情形。

常见协议及项目流程

创 业 守 业 与 股 权 激 励

_____有限公司章程（仅适用于大股东）

第一章　总则

第一条　为了规范本公司的组织和行为，保护公司股东、债权人的合法权益，维护社会经济秩序，促进社会主义市场经济的发展，依据《中华人民共和国公司法》（以下简称《公司法》）及其他有关法律、行政法规的规定，制订本章程。

第二条　公司为有限责任公司，实行独立核算，自主经营，自负盈亏。股东以其认缴的出资额为限对公司承担责任，公司以其全部资产对公司的债务承担责任。

第三条　公司坚决遵守国家法律、法规及本章程，维护国家利益和社会利益，接受政府有关部门监督。

第四条　本公司章程对公司、股东、执行董事、监事、高级管理人员均具有约束力。

第二章　公司名称和住所

第五条　公司名称：_____。

第六条　公司住所：_____。

第三章　公司经营范围

第七条　公司经营范围：_____（以公司登记机关核定的内容为准）。

第四章　公司注册资本

第八条　公司注册资本：人民币_____万元。

第九条　公司增加或减少注册资本，须经代表三分之二以上表决权的股东通过并作出决议。公司减少注册资本，必须编制资产负债表及财产清单，还应当自作出决议之日起十日内通知债权人，并于三十日内在报纸上公告。公司变更注册资本应依法向登记机关办理变更登记手续。

第五章　股东的名称（姓名）、出资方式及其出资额和出资时间

第十条　股东的名称（姓名）、出资方式及其出资额和出资时间。

股东名称或姓名	认缴出资额（万元）	出资方式	持股比例	实际出资额（万元）	出资时间
股东 1					
股东 2					
合计	100		100%		

第十一条　各股东认缴的出资，按照认缴出资额实际缴付出资，第一期缴付出资的时间为_____年___月___日，缴付出资的金额为认缴出资额的_____％，今后各期缴付出资的时间及比例由股东会决议作出，但最迟应于_____年___月___日前缴纳完毕。

第十二条　股东未按照本章程或股东会决议履行或者全面履行出资义务的，公司或股东均有权要求其向公司足额缴纳出资，并且，该股东应当向已按期足额缴纳出资的股东承担违约责任，该违约责任的计算方法如下：每逾期一日，按照应履行出资金额的每日千分之一的标准支付违约金。该违约金由已按期足额缴纳出资的股东按照实际出资比例分享。

第六章　股东和股东会

第一节　股东

第十三条　公司股东为依法持有公司股权的<u>法人和自然人</u>。股东按其所持有的股权，享有股东权利，承担股东义务。

第十四条　公司股东享有下列权利：

（一）按照其所持有的出资比例获得股利和其他形式的利益分配；

（二）参加或者委派代理人参加股东会；

（三）依照其所持有的比例行使表决权；

（四）对公司的经营行为进行监督，提出建议或者质询；

（五）依照法律、行政法规及公司章程的规定转让、赠与或质押其所持有的股份；

（六）依照法律、行政法规及公司章程的规定查阅有关公司文件，获得公司有关信息；

（七）公司终止或清算时，按其所持有的出资比例参加公司剩余财产的分配；

（八）法律、行政法规及公司章程所赋予的其他权利。

第十五条 公司股东承担以下义务：

（一）遵守法律、法规和公司章程，不得滥用股东权利损害公司或者其他股东的利益，不得滥用公司法人独立地位和股东有限责任损害公司债权人的利益；

（二）依其所认购的出资额和公司章程规定的出资方式、出资时间，按期足额缴纳出资额；

（三）在公司成立后，不得抽逃出资或侵占出资；

（四）服从并执行股东会的决议；

（五）未经法律、公司章程、公司规章制度规定或未获得特别授权时，不得私自代表公司设立、变更、终止法律事实或行为；

（六）法律、行政法规及公司章程规定应当承担的其他义务。

第二节 股东会

第十六条 股东会由全体股东组成，是公司的权力机构，行使下列职权：

（一）决定公司的经营方针和投资计划；

（二）选举和更换非由职工代表担任的董事、监事；

（三）审议批准董事会或执行董事的报告；

（四）审议批准监事会或者监事的报告；

（五）审议批准公司的年度财务预算方案、决算方案；

（六）审议批准公司的利润分配方案和弥补亏损方案；

（七）对公司增加或者减少注册资本作出决议；

（八）对发行公司债券作出决议；

（九）对公司合并、分立、解散、清算或者变更公司形式作出决议；

（十）修改公司章程；

（十一）决定公司担保；

（十二）决定公司执行董事和法定代表人选任；

（十三）决定公司执行董事薪酬；

（十四）对股东能否经营或参与经营与公司业务相竞争的业务作出决议；

（十五）对公司与股东或股东的关联公司之间的交易作出决议；

（十六）公司章程规定的其他职权。

对前款所列事项股东以书面形式一致表示同意的，可以不召开股东会会议，直接作出决定，并由全体股东在决定文件上签名、签章。

第十七条　股东会会议由股东按照约定行使表决权，约定如下：_____享有____%的表决权；_____享有____%的表决权，以上表决权共计100%。

第十八条　股东会会议分为定期会议和临时会议，并应当于会议召开十日以前通知全体股东。股东会年会每年召开一次，并于上一会计年度完结之后的六个月之内举行。代表十分之一以上表决权的股东、监事提议召开临时会议的，应当召开临时会议。

第十九条　股东会会议由执行董事召集和主持。执行董事不能履行或者不履行召集股东会会议职责的，由监事召集和主持。

第二十条　股东会应当对所议事项的决定作出会议记录，出席会议的股东应当在会议记录上签名。

第二十一条　股东会会议通知包括以下内容：

（一）会议召开的时间、地点和会议期限；

（二）提交会议审议的事项。

全体股东均有权出席股东会会议，并可以委托代理人出席会议和参加表决，该代理人不必是公司的股东。

第二十二条　股东会会议只对通知中所列明的事项作出决议。

第二十三条　股东可以亲自出席股东会会议，也可以委托代理人代为出席和表决。

股东应当以书面形式委托代理人，委托人为法人的，委托书应当加盖法人印章并有该法人的法定代表人的签名。

第二十四条 法人股东应由法定代表人或法人股东委托的代理人出席会议。委托代理人出席会议的，代理人应出示法人股东依法出具的书面委托书。

第二十五条 股东出具的委托他人出席股东会会议的委托书应当载明下列内容：

（一）代理人的姓名；

（二）是否具有表决权；

（三）分别对列入股东会会议议程的每一审议事项投赞成、反对或弃权票的指示；

（四）对可能纳入股东会会议议程的临时提案是否有表决权，如果有表决权应行使何种表决权的具体指示；

（五）如果股东不作具体指示，代理人是否可以按自己的意思表决。

第二十六条 委托书至少应当在有关会议召开前二十四小时备置于公司住所或者召集会议的通知中指定的地方。

第二十七条 出席股东会会议人员的签名册由公司负责制作。签名册应载明参加会议人员的姓名（或单位名称）、身份证号码、住所、持有表决权的出资数额、被代理人姓名（或单位名称）等事项。

第二十八条 监事或者股东要求召开临时股东会会议的，应当按照下列程序办理。

（一）签署一份或者数份同样格式内容的书面要求，提请执行董事召集临时股东会，并阐明会议议题。执行董事在收到前述书面要求后，应当尽快发出召集临时股东会会议的通知。

（二）如果执行董事在收到前述书面要求后三十日内没有发出召集会议的通知，提出召集会议的监事或股东可在执行董事收到该要求后三个月内自行召集临时股东会会议。召集的程序应当尽可能与执行董事召集股东会会议的程序相同。

第二十九条 股东会召开会议的通知发出后，除有不可抗力或者其他意外事件等原因，股东会会议召集人不得变更股东会会议召开的时间。

第三节　股东会提案

第三十条 股东会提案应当符合下列条件：

（一）内容与法律、行政法规和章程规定不相抵触，并且属于公司经营范围和股东会职责范围；

（二）有明确议题和具体决议事项；

（三）以书面形式提交或送达股东会会议召集人。

第三十一条　股东会会议召集人决定不将股东会提案列入会议议程的，应当在该次股东会会议上进行解释和说明。

第三十二条　提出提案的股东对股东会会议召集人不将其提案列入股东会会议议程的决定持有异议的，可以按照本章程规定的程序要求召集临时股东会会议。

第四节　股东会决议

第三十三条　股东（包括股东代理人）以章程所约定的比例行使表决权。

第三十四条　股东会会议应对所议事项作出决议，必须经代表三分之二以上表决权的股东通过。

第三十五条　股东会会议采取记名方式投票表决。

第三十六条　会议主持人根据表决结果决定股东会的决议是否通过，并应当在会上宣布表决结果。决议的表决结果载入会议记录。

第三十七条　执行董事和监事应当对股东的质询和建议作出答复或说明。

第三十八条　股东会应有会议记录，会议记录记载以下内容：

（一）与会股东的表决权比例；

（二）召开会议的日期、地点；

（三）会议主持人姓名、会议议程；

（四）各发言人对每件审议事项的发言要点；

（五）每一表决事项的表决结果；

（六）股东的质询意见、建议及执行董事、监事的答复或说明等内容；

（七）股东会认为和公司章程规定应当载入会议记录的其他内容。

第三十九条　股东会应当将所议事项的决定制作成会议记录，主持人、出席会议的执行董事、监事和记录员应当在会议记录上签名，并作为公司档案由执行董事保存。

股东会会议记录的保管期限为二十年。

根据有关主管机关的规定或要求，公司应当将有关表决事项的表决结果制作成股东会决议，供有关主管机关登记或备案。该股东会决议由出席会议的执行董事签名。

第四十条 对股东到会人数、参会股东持有的出资额、授权委托书、每一表决事项结果、会议记录、会议程序的合法性等事项，可以进行公证或律师见证。

第五节　公司的股权转让

第四十一条 股东之间可以相互转让其全部或者部分股权。

第四十二条 股东向股东以外的人转让股权，应当经其他股东过半数同意。股东应就其股权转让事项书面通知其他股东，通知内容应包括：出让方、受让方、转让股权比例、交割时间、转让价格、付款时间、付款条件、附加条件等。其他股东自接到书面通知之日起满三十日未答复的，视为同意转让。其他股东半数以上不同意转让的，不同意的股东应当购买该转让的股权；未能在通知中的付款时间内按同等付款条件购买的，视为同意转让。

第四十三条 经股东同意转让的股权，在同等条件下，其他股东有优先购买权。两个以上股东主张行使优先购买权的，协商确定各自的购买比例；协商不成的，按照转让时各自的出资比例行使优先购买权。

第四十四条 转让股权后，公司应当注销原股东的出资证明书，向新股东签发出资证明书，并相应修改本章程和股东名册中有关股东及出资额的记载。对本章程的该项修改无须再由股东会表决。

第四十五条 有下列情形之一的，对股东会该项决议投反对票的股东可以请求公司按照合理的价格收购其股权：

（一）公司连续五年不向股东分配利润，而公司该五年连续盈利，并且符合《公司法》规定的分配利润条件的；

（二）公司合并、分立、转让主要财产的；

（三）公司章程规定的营业期限届满或者章程规定的其他解散事由出现，股东会会议通过决议修改章程使公司存续的。

行使异议股权回购权的股东不承担对股权价格的评估费用，评估费用由公司承担，评估机构由异议股东与公司共同协商确定，协商不成的，由双方各自选择两家合法的机构组成备选的评估机构，从备选的评估机构中随机选择其中一家作为评估机构。

第四十六条　股东未履行或者未全面履行出资义务或者抽逃出资，其利润分配请求权、新股优先认购权、剩余财产分配请求权按实际出资（抽逃后剩余出资）比例行使，未出资的，无权行使。

第四十七条　以下情况启动股东除名机制：

（一）股东未履行出资义务或者抽逃全部出资，经公司催告缴纳或者返还，其在合理期间内仍未缴纳或者返还出资的；

（二）经公司通知，在合理时间内不配合公司办理需股东配合的行政事项导致公司不能正常经营的；

（三）连续三次不参加股东会会议也不指派代表参加，对股东会事项不进行表决导致股东会无法形成有效决议的。

上述情形发生的，经除该行为股东之外的全体其他股东三分之二以上人数同意，该行为股东被解除公司股东资格（股东被除名），该股东被除名后又以各种形式"缴纳出资"的行为无效，不能恢复其股东资格。

股东被除名的，应当由出资比例最大的股东以该股东的出资额原价收购其全部股权；该股东不愿收购除名股东股权的，由全部股东按照出资比例以除名股东的出资额原价收购除名股东的全部股权；股东均不愿意收购除名股东股权的，由公司以除名股东的出资额原价回购其全部股权并启动公司减资程序。

第四十八条　自然人股东死亡后，其合法继承人是否可以继承股东资格，由股东会经二分之一以上表决权多数决议确定。

股东会决议不能继承股东资格的，其合法继承人可以依照本章程有关规定转让其股权。

其合法继承人不转让股权或者在成功转让该股权之前，仅享有该股权对应的部分财产权利（包括但不限于分红、转让、按出资比例优先增资、按出资比例分配公司清算的剩余财产等）及知情权，但该股权对应的表决权分配给其他股东，分配原则为其他股东按实际持有表决权的比例分享。

第四十九条　自然人股东离婚的，其配偶不因股权分割获得股东资格，其配偶可以依照本章程有关规定转让其股权。其配偶不转让股权或者在成功转让该股权之前，享有该股权对应的全部财产权利（包括但不限于分红、转让、按出资比例优先增资、按出资比例分配公司清算的剩余财产等）及知情权，但该股权对应的表决权分配给其他股东，分配原则同第四十八条的规定。

第七章　执行董事

第五十条　公司不设董事会，设执行董事一名，执行董事符合《公司法》规定的任职资格，由股东会决定产生，决定_____为执行董事。任期为_____年，可以连选连任。

第五十一条　执行董事对股东会负责，行使下列职权：

（一）召集股东会会议，并向股东会报告工作；

（二）执行股东会的决议；

（三）制订公司的经营计划、投资计划；

（四）制订公司的年度财务预算方案、决算方案；

（五）制订公司的利润分配方案和弥补亏损方案；

（六）制订公司增加或者减少注册资本的方案；

（七）制订公司重大收购或者合并、分立、变更公司形式、解散和清算方案；

（八）决定公司内部管理机构的设置；

（九）决定聘任或者解聘经理、监事和财务负责人及其报酬事项；

（十）制订公司的基本管理制度；

（十一）制订公司章程的修改方案；

（十二）管理公司信息披露事项；

（十三）决定为公司服务的律师事务所、会计师事务所、审计师事务所；

（十四）听取公司高级管理人员的工作汇报并检查公司高级管理人员的工作；

（十五）决定公司的融资计划；

（十六）法律、行政法规或公司章程规定，以及股东会授予的其他职权。

第五十二条　执行董事应当遵守法律、法规和公司章程的规定，忠实、勤勉地履行职责，维护公司利益。当其自身的利益与公司和股东的利益相冲突时，应当以公司和股东的最大利益为准则，并保证：

（一）在职责范围内行使权利，不得越权；

（二）除经公司章程规定或者股东会在知情的情况下批准，不得同本公司订立合同或者进行交易；

（三）不得利用内幕信息为自己或他人谋取利益；

（四）不得自营或为他人经营与公司同类的营业或者从事损害本公司利益的活动；

（五）不得利用职权收受贿赂或者其他非法收入，不得侵占公司财产；

（六）不得挪用资金或者将公司资金借贷给他人；

（七）不得利用职务便利为自己或他人侵占或者接受本应属于公司的商业机会；

（八）未经股东会在知情的情况下批准，不得接受与公司交易有关的佣金；

（九）不得将公司资产以其个人名义或者以其他个人名义开立账户储存；

（十）未经股东会同意，不得泄露任职期间所获得的涉及本公司的机密信息；但在下列情况下，可以向法院或者其他政府主管机关披露该信息：

1. 法律有规定；

2. 公众利益要求；

3. 执行董事本身的合法利益要求。

执行董事违反前款规定所得的收入应当归公司所有。

第五十三条 除公司章程规定职权外，执行董事不得以个人名义代表公司行事。

第五十四条 执行董事执行公司职务时违反法律、行政法规及本章程的规定，给公司造成损失的，应当承担赔偿责任。

第五十五条 本章有关执行董事义务的规定，适用公司监事、高级管理人员。

第八章　经理及其他高级管理人员

第五十六条 公司设经理一名，由执行董事聘任或者解聘。公司经理每届任期为三年，可以连聘连任。

第五十七条 本章程关于执行董事的禁止行为的规定，同样适用于经理及其他高级管理人员。

第五十八条 公司经理行使下列职权：

（一）主持公司的生产经营管理工作，组织实施执行董事决议；

（二）组织实施公司年度经营计划和投资方案；

（三）拟订公司内部管理机构设置方案；

（四）拟订公司的基本管理制度；

（五）制订公司的具体规章；

（六）提请执行董事聘任或者解聘公司副经理、财务负责人；

（七）决定聘任或者解聘除应由执行董事决定聘任或者解聘以外的负责管理人员；

（八）拟定公司职工的工资、福利、奖惩，决定公司职工的聘用和解聘；

（九）公司章程授予的其他职权。

第五十九条 公司经理应根据执行董事或者监事的要求，向执行董事或者监事报告公司重大合同的签订、执行情况、资金运用情况和盈亏情况，公司经理必须保证该报告的真实性。

第六十条 经理及其他高级管理人员应当遵守法律、行政法规、公司章程和管理制度的规定，忠实、勤勉地履行职责，维护公司利益。当其自身的利益与公司和股东的利益相冲突时，应当以公司和股东的最大利益为准则，并保证：

（一）在职责范围内行使权利，不得越权；

（二）除经公司章程规定或者股东会在知情的情况下批准，不得同本公司订立合同或者进行交易；

（三）不得利用内幕信息为自己或他人谋取利益；

（四）不得自营或为他人经营与公司同类的营业或者从事损害本公司利益的活动；

（五）不得利用职权收受贿赂或者其他非法收入，不得侵占公司财产；

（六）不得挪用资金或者将公司资金借贷给他人；

（七）不得利用职务便利为自己或他人侵占或者接受本应属于公司的商业机会；

（八）未经股东会在知情的情况下批准，不得接受与公司交易有关的佣金；

（九）不得将公司资产以其个人名义或者以其他个人名义开立账户储存；

（十）不得以公司资产为本公司的股东或者其他人提供担保；

（十一）未经股东会同意，不得泄露任职期间所获得的涉及本公司的机密信息；但在下列情况下，可以向法院或者其他政府主管机关披露该信息：

1. 法律有规定；

2. 公众利益要求；

3. 经理本身的合法利益要求。

经理违反前款规定所得的收入应当归公司所有。

第六十一条　除公司章程规定职权外，经理不得以个人名义代表公司行事。经理以其个人名义行事时，在第三方会合理地认为该经理在代表公司行事的情况下，该经理应当事先声明其立场和身份。

第六十二条　公司经理及其他高级管理人员可以在任期届满以前提出辞职。有关高级管理人员辞职的具体程序和办法由其与公司之间的聘用合同规定。

公司高级管理人员提出辞职或被解除职务后，公司应按有关审计制度对其进行离任审计工作，在审计完成前，提出辞职或被解除职务的人员不得离开公司。

第六十三条　公司经理及公司经营管理机构依法在其职权范围内独立履行其职责，其在职权范围内的经营活动不受干预。

第六十四条　公司经理及其他高级管理人员执行公司职务时违反本章程及法律法规的规定，给公司造成损失的，应当承担赔偿责任。

第九章　监事

第六十五条　公司不设监事会，设监事一名。监事符合《公司法》规定的任职资格，由股东会选举产生，决定_____为公司监事。监事每届任期为三年，可以连选连任。

第六十六条　监事行使下列职权：

（一）检查公司财务；

（二）对执行董事、高级管理人员执行公司职务的行为进行监督，对违反法律、行政法规、公司章程或者股东会决议的执行董事、高级管理人员提出罢免的建议；

（三）当执行董事、高级管理人员的行为损害公司的利益时，要求其予以纠正，必要时向股东会或国家有关主管机关报告；

（四）提议召开临时股东会会议，在执行董事不履行《公司法》规定的召集和主持股东会会议职责时召集和主持股东会会议；

（五）向股东会会议提出提案；

（六）依照《公司法》的相关规定，对执行董事、高级管理人员提起诉讼；

（七）公司章程规定或股东会授予的其他职权。

第六十七条 监事行使职权时，必要时可以聘请律师事务所、会计师事务所等专业性机构给予帮助，由此发生的费用由公司承担。

第六十八条 监事决议、记录作为公司档案保存。

监事决议、记录保管期限为二十年。

第六十九条 本章程关于执行董事的禁止行为的规定，同样适用于监事。

第七十条 监事应当遵守法律、行政法规和公司章程的规定，履行忠实和勤勉的义务。

第七十一条 公司执行董事、经理及其他高级管理人员应对监事正常履行其职责给予必要协助，并不得干扰或阻碍其履行上述职责。

第七十二条 监事负有以下义务：

（一）诚信、勤勉地履行监督职责，对公司股东会负责，维护公司及公司股东的合法权益；

（二）保证其有足够的时间、精力充分履行其职责；

（三）监事对公司检查结束后，应当及时向股东会作出报告，内容包括公司经营管理情况评价、公司存在问题的处理建议、监事认为需要报告的其他事项；

（四）保守公司商业秘密，不得对外泄露公司未公开的信息；

（五）法律法规、国家主管部门及公司章程规定的其他义务。

第七十三条 监事不得利用其关联关系损害公司利益，若给公司造成损失的，应当承担赔偿责任。

第七十四条 监事执行公司职务时违反法律法规或本章程的规定，给公司造成损失的，应当承担赔偿责任。

第十章 公司的法定代表人

第七十五条 公司法定代表人由执行董事（或经理）担任。公司法定代表人姓名为_____。

第十一章　执行董事、监事、高级管理人员的资格和义务

第七十六条　高级管理人员是指本公司的经理、副经理、财务负责人。

第七十七条　有下列情形之一的，不得担任公司的执行董事、监事、高级管理人员：

（一）无民事行为能力或者限制民事行为能力；

（二）因贪污、贿赂、侵占财产、挪用财产或者破坏社会主义市场经济秩序，被判处刑罚，执行期满未逾五年，或者因犯罪被剥夺政治权利，执行期满未逾五年；

（三）担任破产清算的公司、企业的董事或者厂长、经理，对该公司、企业的破产负有个人责任的，自该公司、企业破产清算完结之日起未逾三年；

（四）担任因违法被吊销营业执照、责令关闭的公司、企业的法定代表人，并负有个人责任的，自该公司、企业被吊销营业执照之日起未逾三年；

（五）个人所负数额较大的债务（100万元以上）到期未清偿。

公司违反前款规定选举、委派执行董事、监事或者聘任高级管理人员的，该选举、委派或者聘任无效。

执行董事、监事、高级管理人员在任职期间出现本条第一款所列情形的，公司应当解除其职务。

第七十八条　执行董事、监事、高级管理人员应当遵守法律、行政法规和公司章程，对公司负有忠实义务和勤勉义务。

执行董事、监事、高级管理人员不得利用职权收受贿赂或者其他非法收入，不得侵占公司的财产。

第七十九条　执行董事、监事、高级管理人员不得有下列行为：

（一）挪用公司资金或者向公司借款；

（二）将公司资金以其个人名义或者以其他个人名义开立账户存储；

（三）未经股东会同意，将公司资金借贷给他人或者以公司财产为他人提供担保；

（四）未经股东会同意，与本公司订立合同或者进行交易；

（五）未经股东会同意，利用职务便利为自己或者他人谋取属于公司的商业机会，自营或者为他人经营与所任职公司同类的业务；

（六）接受与公司交易有关的佣金；

（七）擅自披露公司秘密；

（八）违反对公司忠实义务的其他行为。

执行董事、监事、高级管理人员违反前款规定所得的收入应当归公司所有。

第八十条 执行董事、监事、高级管理人员执行公司职务时违反法律、行政法规或者公司章程的规定，给公司造成损失的，应当承担赔偿责任。

第八十一条 股东会要求执行董事、监事、高级管理人员列席会议的，执行董事、监事、高级管理人员应当列席并接受股东的质询。

第八十二条 执行董事、高级管理人员应当如实向监事提供有关资料，不得妨碍监事行使职权。

执行董事、高级管理人员有本章程规定的违反对公司忠实义务的行为的，股东可以书面请求监事向人民法院提起诉讼；监事有本章程规定的违反对公司忠实义务的行为的，股东可以书面请求执行董事向人民法院提起诉讼。

监事或执行董事收到股东书面请求后拒绝提起诉讼，或者自收到请求之日起三十日内未提起诉讼，或者情况紧急，不立即提起诉讼将会使公司利益受到难以弥补的损害的，股东有权为了公司的利益以自己的名义直接向人民法院提起诉讼。他人侵犯公司合法权益，给公司造成损失的，股东可以依照前述规定向人民法院提起诉讼。

第八十三条 执行董事、高级管理人员违反法律、行政法规或者公司章程的规定，损害股东利益的，股东可以向人民法院提起诉讼。

第十二章　财务会计制度、利润分配和审计

第一节　财务会计制度

第八十四条 公司应当依照法律、行政法规和国务院财政部门的规定建立本公司的财务会计制度。公司财务负责人由经理提名，并由执行董事决定聘任，负责公司的财务管理、内部审计以及融资等工作。

第八十五条 公司在每一会计年度终结时编制公司年度财务报告，并依法经会计师事务所审计。

第八十六条 公司年度财务报告包括下列内容：

（一）资产负债表；

（二）利润表；

（三）利润分配表；

（四）财务状况变动表；

（五）会计报表附注。

年度财务报告按照有关法律、行政法规和国务院财政部门的规定制作。

年度财务报告应当在召开股东会会议的十五日前置备于公司，供股东查阅。

第八十七条　公司除法定的会计账册外，不另立会计账册。公司的资产不以任何个人名义开立账户存储。

<h2 style="text-align:center">第二节　公司利润分配</h2>

第八十八条　每个自然年度终结后的三个月内，由公司财务公布上年度的财务会计报告和利润情况。

第八十九条　每年按税后利润的百分之十提取法定公积金，当法定公积金已达到公司注册资本的百分之五十时，不再提取；公司是否提取任意公积金，须经股东会表决通过。

第九十条　每个自然年度终结后的六个月内，公司应当召开股东大会对利润分配方案作出决议。

<h2 style="text-align:center">第三节　会计师事务所的聘任、审计</h2>

第九十一条　公司聘用会计师事务所进行会计报表审计、净资产验证及其他相关的咨询服务，聘期为一年，可以连聘。

第九十二条　公司聘用、解聘为公司审计业务的会计师事务所，由股东会授权执行董事决定。

第九十三条　经公司聘用的会计师事务所享有以下权利：

（一）查阅公司财务报表、记录和凭证，并有权要求公司的执行董事、经理或者其他高级管理人员提供有关的资料和说明；

（二）要求公司提供会计师事务所履行职务所必需的子公司的资料和说明；

（三）列席股东会会议，获得股东会会议的通知或者与股东会有关的其他信息，在股东会会议上就涉及其作为公司聘用的会计师事务所的事宜发言。

第十三章　通知和送达

第九十四条　公司的通知以下列形式之一发出：

（一）以专人方式；

（二）以邮件方式；

（三）公告方式；

（四）公司章程规定的其他形式；

（五）以专人或邮件方式无法送达的，方才使用公告方式；

（六）以电子邮箱形式送达。

第九十五条　公司发出的通知，以公告方式进行的，一经公告，视为所有相关人员收到通知。

第九十六条　公司通知以专人送出的，由被送达人在送达回执上签名（或盖章），被送达人签收日期为送达日期。

第九十七条　公司通知以邮件方式送出的，以邮件签收（拒签）之日为送达日期；公司通知以公告方式发出的，以第一次公告刊登日为送达日期；公司通知以电子邮件方式送出的，以电子邮件发送日期为送达日期。

第九十八条　被通知人按期参加有关会议的，将被合理地视为其已接到会议通知。

第九十九条　因意外遗漏未向某有权得到通知的人送出会议通知或者该人没有收到会议通知，会议及会议作出的决议并不因此无效。

第一百条　为保障送达的合法性和及时性，股东指定以下特殊联系方式。

股东 1 指定联系人：＿＿＿＿＿＿，电话：＿＿＿＿＿＿＿＿＿，电子邮箱：＿＿＿＿＿＿＿＿＿＿，地址：＿＿＿＿＿＿＿＿＿＿＿＿＿。

股东 2 指定联系人：＿＿＿＿＿＿，电话：＿＿＿＿＿＿＿＿＿，电子邮箱：＿＿＿＿＿＿＿＿＿＿，地址：＿＿＿＿＿＿＿＿＿＿＿＿＿。

股东变更上述联系方式时，应当三日内书面通知公司执行董事，执行董事收到该通知后，应当及时在公司备案。

第一百零一条　公司可在公开发行的报纸上刊登公司公告和其他需要披露的信息。

第十四章　解散和清算

第一百零二条　有下列情形之一的，公司应当解散并依法进行清算：

（一）公司章程规定的营业期限届满或者公司章程规定的其他解散事由出现；

（二）股东会决议解散；

（三）因公司合并或者分立需要解散；

（四）公司依法被宣告破产；

（五）依法被吊销营业执照、责令关闭或者撤销；

（六）人民法院依照《公司法》的相关规定予以解散。

第一百零三条　公司因前条第（一）、（二）、（五）项情形而解散的，应当在解散事由出现之日起十五日内成立清算组，开始清算。清算组人员由股东会以普通决议的方式选定。

公司因前条第（三）项情形而解散的，清算工作由合并或者分立方当事人依照合并或者分立时签订的协议办理。

公司因前条第（四）、（六）项情形而解散的，由人民法院依照有关法律的规定，组织股东、有关机关及专业人员成立清算组进行清算。

公司有前条第（一）项情形的，可以通过修改公司章程而存续。

第一百零四条　清算组成立后，执行董事、高级管理人员的职权立即停止。清算期间，公司不得开展新的经营活动。

第一百零五条　清算组在清算期间行使下列职权：

（一）通知、公告债权人；

（二）清理公司财产，分别编制资产负债表和财产清单；

（三）处理与清算有关的公司未了结的业务；

（四）清缴所欠税款以及清算过程中产生的税款；

（五）清理债权、债务；

（六）处理公司清偿债务后的剩余财产；

（七）代表公司参与民事诉讼活动。

第一百零六条　清算组应当自成立之日起十日内通知债权人，并于六十日内在报纸上公告。

第一百零七条　清算组应当对债权人申报的债权进行登记。

第一百零八条 清算组在清理公司财产、编制资产负债表和财产清单后，应当制订清算方案，并报股东会或者有关主管机关确认。

第一百零九条 公司财产按照下列顺序清偿和分配：

（一）支付清算费用；

（二）支付职工的工资、社会保险费用和法定补偿金；

（三）缴纳所欠税款；

（四）清偿公司债务；

（五）按照股东持有的股份比例分配财产。

第一百一十条 清算组在清理公司财产、编制资产负债表和财产清单后，发现公司财产不足清偿债务的，应当依法向人民法院申请宣告破产。公司经人民法院裁定宣告破产后，清算组应当将清算事务移交给人民法院。

第一百一十一条 公司清算结束后，清算组应当制作清算报告以及清算期间收支报告和财务账册，报股东会或者有关主管机关确认。

清算组应当自股东会或者有关主管机关对清算报告确认之日起三十日内，依法到公司登记机关办理公司注销登记，并公告公司终止。

第一百一十二条 清算组成员应当忠于职守，依法履行清算义务，不得利用职权收受贿赂或者其他非法收入，不得侵占公司财产。

清算组成员因故意或者重大过失给公司或者债权人造成损失的，应当承担赔偿责任。

第十五章 修改公司章程

第一百一十三条 有下列情况之一的，公司应当修改章程：

（一）《公司法》或有关法律、行政法规修改后，章程规定的事项与修改后的法律、行政法规相抵触；

（二）公司的情况发生变化，与章程记载的事项不一致；

（三）股东会决定修改章程。

第一百一十四条 股东会决议通过的章程修改涉及公司登记事项变化的，应当依法办理变更登记。不涉及登记事项变化的，应当将修改后的章程报送公司登记机关备案。

第十六章 股东会会议认为需要规定的其他事项

第一百一十五条 公司的营业期限为长期。

第十七章 附则

第一百一十六条 本章程以中文书写，其他任何语种不同版本的章程与本章程有歧义时，以在公司登记机关最近一次登记或备案后的中文版章程为准。

第一百一十七条 本章程所称"以上""以下"都包含本数；"过半数""以外"不含本数。

第一百一十八条 本章程由公司股东会负责解释。

第一百一十九条 本章程经各股东共同修订，自公司登记机关备案之日起开始执行，原公司章程终止执行。

第一百二十条 本章程一式四份，股东各留存一份，其余供公司存档或报送有关政府部门审批、登记之用，各份具有同等的法律效力。

全体股东签名、盖章：

_____ _____

有限公司

年 月 日

股权代持协议

甲方：_____。身份证号码：_____。

地址：_____。

乙方：_____。身份证号码：_____。

地址：_____。

甲、乙双方本着平等互利的原则，经友好协商，就甲方委托乙方代为持股事宜达成协议如下，以兹共同遵照执行。

第一条　委托内容

甲方自愿委托乙方作为自己对_____有限公司（以下简称"公司"）人民币￥_____万元（_____万元整）出资（该等出资占公司注册资本的____%，以下简称"代持股权"）的名义持有人，并代为行使相关股东权利，乙方愿意接受甲方的委托并代为行使该相关股东权利。

第二条　委托权限

甲方委托乙方代为行使的权利包括：由乙方以自己的名义将受托行使的代持股权在_____公司股东登记名册上具名、在工商机关予以登记、以股东身份参与相应活动、代为收取股息或红利、出席股东会并行使表决权、代领或代付相关利润款项和投资款项、对外以股东名义签署相关法律文件、行使《中华人民共和国公司法》与公司章程授予股东的其他权利。

第三条　甲方的权利与义务

1. 甲方作为代持股权的实际出资者，对_____公司享有实际的股东权利并有权获得相应的投资收益；乙方仅以自身名义代甲方持有该代持股权所形成的股东权益，而对该等出资所形成的股东权益不享有任何收益权或处置权（包括但不限于股东权益的转让、质押等处置行为）。

2. 在委托持股期限内，根据_____公司出资协议约定，甲方所拥有的股权两年内不允许转让。甲方在两年后拟转让代持股权时，应事先征得乙方书面同意，且乙方在同等条件下优先受偿。由此所产生的一切税费，由甲方负责。

3. 甲方作为代持股权的实际所有人，有权依据本协议对乙方不适当的受托行为进行监督与纠正，但甲方不能随意干预乙方的正常经营活动。

4. 乙方按照委托权限行使股东权利的各项行为所产生的利益和风险均由甲方享有或承担。

第四条　乙方的权利与义务

1. 未经甲方事先书面同意，乙方不得转委托第三方持有上述代持股权及其股东权益。

2. 作为＿＿＿＿＿公司的名义股东，乙方承诺其所持有的股权受到本协议内容的限制。乙方不得故意实施损害甲方利益的行为。

3. 乙方承诺将其未来收到的因代持股权所产生的投资收益的＿＿％转交给甲方，并承诺将在获得该等投资收益后7日内将该等投资收益划入甲方指定的银行账户，剩余＿＿＿＿％的因代持股权所产生的投资收益作为甲方代持股权并参与公司管理的报酬。

第五条　委托持股期间

甲方委托乙方代持股权的期间自本协议生效时起，至双方协议解除委托时止。

第六条　联系和送达

1. 甲方对本合同签订及履行事宜的指定联系人：＿＿＿＿＿＿＿＿＿。
乙方对本合同签订及履行事宜的指定联系人：＿＿＿＿＿＿＿＿＿。

2. 甲方的联系电话：＿＿＿＿＿＿＿＿＿＿＿＿＿＿＿＿＿。
乙方的联系电话：＿＿＿＿＿＿＿＿＿＿＿＿＿＿＿＿＿。

3. 甲方的电子邮箱：＿＿＿＿＿＿＿＿＿＿＿＿＿＿＿＿＿。
乙方的电子邮箱：＿＿＿＿＿＿＿＿＿＿＿＿＿＿＿＿＿。

4. 甲方的地址：＿＿＿＿＿＿＿＿＿＿＿＿＿＿＿＿＿＿＿。
乙方的地址：＿＿＿＿＿＿＿＿＿＿＿＿＿＿＿＿＿＿＿。

如须变更以上联系内容，应当及时通知到对方，否则，相关责任由私自变更方承担。

根据本合同需要一方向另一方发出的全部通知以及双方的文件往来及与本合同有关的通知和要求等，双方均有权利选择电子邮箱、邮递（包括特快专递、挂号邮寄）方式将文书按照上述约定送达于对方。采用电子邮箱方式联系或送达的，以电子邮件发出之日为送达日；采用邮递方式送达的，以对方指定联系人或其工作人员签收日为送达日，对方拒收或对方联系方式变更等原因导致未签收的，以邮件上载明的退回日为送达日。

如在本合同履行过程中发生纠纷，由第三方（包括但不限于法院、仲裁机构）处理双方纠纷，合同各方均认可第三方按照本条规定的联系内容（电话、地址、联系人）向合同各方送达法律文书，因联系内容变动导致无法送达的或拒收的，第三方无须公告送达，因此所产生的法律后果和其他责任由私自变更方或拒收方承担。

第七条　保密条款

协议双方对本协议履行过程中所接触或获知的对方的任何商业信息均有保密义务，除非有明显的证据证明该等信息属于公知信息或者事先得到对方的书面授权。该等保密义务在本协议终止后仍然继续有效。任何一方因违反该等义务而给对方造成损失的，均应当赔偿对方的相应损失。

第八条　违约责任

1. 除本协议另有约定外，任何一方违反本协议给另一方造成损失，均应承担相应的赔偿责任。

2. 一方违约导致他方损失的，受损失方维权产生的费用包含但不限于律师费、差旅费、取证费等由违约方承担。

第九条　争议的解决

凡因履行本协议所发生的争议，甲、乙双方应友好协商解决，协商不成的，交由公司所在地人民法院诉讼解决。

第十条　其他事项

1. 本协议一式两份，协议双方各持一份，具有同等法律效力。

2. 本协议未尽事宜，可由双方以附件或补充协议的形式约定，附件或补充协议与本协议具有同等法律效力。

3. 本协议及相关法律关系，由中华人民共和国的有关法律来解释，并受其管辖。

4. 本协议自甲、乙双方签署后生效。

（以下无正文）

甲方（签名）：　　　　　　　　乙方（签名）：

　年　月　日　　　　　　　　　　年　月　日

＿＿＿＿＿＿有限公司股权转让协议书

本协议由下列各方于＿＿＿年＿＿月＿＿日在＿＿＿＿＿＿＿＿＿签订。

转让方：＿＿＿＿＿＿＿＿＿＿＿＿＿＿＿＿＿＿＿＿＿＿＿＿＿。
身份证号码：＿＿＿＿＿＿＿＿＿＿＿＿＿＿＿＿＿＿＿＿＿。
法定住所：＿＿＿＿＿＿＿＿＿＿＿＿＿＿＿＿＿＿＿＿＿＿。

受让方：＿＿＿＿＿＿＿＿＿＿＿＿＿＿＿＿＿＿＿＿＿＿＿＿。
身份证号码：＿＿＿＿＿＿＿＿＿＿＿＿＿＿＿＿＿＿＿＿＿。
法定住所：＿＿＿＿＿＿＿＿＿＿＿＿＿＿＿＿＿＿＿＿＿＿。

鉴于：

1. ＿＿＿＿＿＿＿有限公司（以下简称"目标公司"）系在＿＿＿＿工商行政管理局注册成立的有限责任公司，注册资本为人民币＿＿＿万元，注册号为＿＿＿＿＿＿＿；

2. 截至本协议签署之日，转让方持有目标公司的＿＿＿%的股权；

3. 转让方有意将其持有的目标公司＿＿＿%的股权全部转让给受让方，受让方有意根据本协议约定的条件受让该等股权。

为此，根据《中华人民共和国公司法》及其他相关法律法规的规定，本着平等互利、友好协商的原则，转让方与受让方就股权转让等事宜达成如下协议，以资共同信守。

第一条　定义

1.1　除非本协议另有约定，下列词语表述如下含义。

"目标股权"指第二条所规定的，现由转让方所持有，并按照本协议的约定转让给受让方的目标公司＿＿＿%的股权及其所附带之所有权益。

"股权转让基准日"指＿＿＿＿年＿＿＿月＿＿＿日。

"股权转让完成之日"指目标公司在转让方及受让方配合下获得由登记机关基于本协议项下股权转让新签发的企业法人营业执照之日。

"过渡期间"指股权转让基准日至股权转让完成之日的期间。

1.2 本协议条、款、项的标题仅为方便参考，不应视为对本协议内容的解释。

1.3 本协议引用有关条款时，除非另有规定，该等条款应指本协议的相应条款。

第二条 股权转让

2.1 根据本协议，转让方同意将其持有的目标公司的____％的股权即目标股权转让给受让方，受让方同意受让该目标股权，该股权所附属的相关股东权益、义务也一并转让。

2.2 自本协议项下股权转让完成之日起，受让方即持有目标公司的____％的股权，转让方不再持有目标公司的股权并不再享有相应的股东权益。

第三条 股权转让价款及支付时间

3.1 双方理解并同意，以_____年____月____日为股权转让基准日，转让方向受让方转让目标股权的股权转让价格为_____万元人民币（大写：人民币_____万元整）。

3.2 股权转让款的支付时间：

本次股权转让完成之日起____个工作日内，受让方向转让方一次性支付全部的股权转让款。

第四条 股权转让的前提条件

4.1 受让方履行本协议第三条规定的股权转让款支付义务有如下前提条件。

4.1.1 目标公司是依据中国法律合法设立和存续的公司，拥有完全的民事行为能力和权利能力。

4.1.2 转让方已就本协议项下股权转让取得了其共有人同意本协议项下转让目标股权的有效书面文件或决议。

4.1.3 转让方已经取得目标公司其他股东的书面声明，其他股东同意转让方本次股权转让并放弃对转让方所转让目标股权的优先受让权。

4.1.4 目标公司股东会或董事会依据中国法律、目标公司章程的规定就本次股权转让作出了一致同意转让方向受让方转让目标股权的决议。

4.1.5 受让方同意就上述 4.1.3 项和 4.1.4 项事宜，已与目标公司其他股东协商一致，如其他股东不同意本次目标股权转让则视为转让方违约。

4.1.6　转让方承诺向受让方提供的目标公司的全部资料（包括但不限于营业执照、财务报表等所有财务资料、相关资质证明）是真实、全面的，不存在任何隐瞒、欺骗和虚假。

4.1.7　转让方在本协议第五条中所作出的声明、承诺与保证依然真实、完整和准确，未出现违反该等承诺与保证的情形。

4.1.8　目标公司已向受让方全面、真实地披露了所有与目标公司有关的、现有的及有证据证明将可能发生的诉讼、仲裁、纠纷、行政处罚。

第五条　声明、承诺与保证

5.1　转让方特作下述声明、承诺与保证，确认下列各项声明、承诺和保证是真实、完整和准确的，并愿承担由此产生的一切法律责任。

5.1.1　转让方系目标公司____%股权的合法投资主体，转让方履行本协议项下义务，并不违反现行适用的法律、法规、规章、条例、判决。

5.1.2　转让方转让其在目标公司的股权后，受让方能有效登记为目标公司的股东，转让方已向权力机关取得了一切所需取得的批准、授权及承诺，其转让股权的行为已不存在任何法律障碍。

5.1.3　本协议进行的该股权转让行为不会抵触或导致违反目标公司的现有公司章程、组织文件或目标公司业已签订的有约束力的其他协议或文件，也不违反目标公司现行适用的相关的法律、法规、规章、条例、判决。

5.1.4　转让方向受让方提供的有关目标公司的文件、会计账册、相关证照、投资状况、营业及资产负债状况的报表和资料，均是准确的、真实的、完整的。

5.1.5　本协议项下转让方转让给受让方的该股权不存在任何留置权、抵押权或优先购买权，不附有任何第三方权益的限制或影响，转让方对该转让的股权拥有独立的、排他的处置权。

5.1.6　除已向受让方披露的情况外，至本合同签署时止，目标公司不存在隐瞒在任何法院、仲裁部门尚未了结的诉讼和仲裁案件的情形。

上述转让方的声明、承诺与保证在受让方完成目标股权转让后继续并持续有效。

5.2　受让方特作下述声明、承诺与保证，确认下列各项声明、承诺和保证是真实、完整和准确的，并愿承担由此产生的一切法律责任。

5.2.1　受让方具有签订本协议、参与本协议所涉股权交易的完全的法律权利、能力和内部授权。本协议构成受让方合法、有效、有法律约束力的义务。

5.2.2　受让方支付转让方的该股权转让价款来源合法，不存在此款项被政府有关部门或任何第三方收缴、追索等法律风险。

上述受让方的声明、承诺与保证在受让方完成目标股权转让后继续并持续有效。

第六条　转让方的其他义务

除本协议其他条款规定的义务外，转让方还对受让方承担下列义务。

6.1　自本协议签订之日起至股权转让完成之日止，转让方不得直接进行或同意、要求目标公司进行下列行为，除非得到股权转让协议书许可或受让方事先书面同意。

6.1.1　为目标公司设定、延展任何抵押、质押或其他担保（但现有的抵押、其他担保到期后因主债务未能清偿而经原被担保人同意再以相同条件续期者除外）或限制权利，或增加任何已有的担保负担，包括但不限于增加担保金额。

6.1.2　在未得到受让方事先书面同意的情况下，采取非正常的经营方式或进行不正常的交易，导致与本协议签订之时相比，目标公司的财务状况、经营状况出现实质性恶化；或从事任何可能导致其财务状况发生重大不利变化的活动。

6.1.3　签订任何可能对目标公司经营及财务状况造成重大不利影响的合同或作出任何该等性质的资金、资产或财务安排。

6.1.4　除根据本协议规定签署同意股权转让的相关决议外，未经受让方事先书面同意，签署任何公司组织性文件。

6.1.5　安排目标公司在正常业务经营之外购买或处置任何资产。

6.1.6　除非正常业务运作需要，出售、转让、出租、许可、赠与、出让或低价处理目标公司的任何业务、股份或债券、财产或资产的全部或任何部分。

6.1.7　导致目标公司故意违反其任何重大合同义务或法律法规。

6.1.8　就有关目标公司的任何重大诉讼、索赔、债权等权利请求或争议作出妥协、和解、免除、撤销、终止或权利放弃。

6.1.9　向任何目标公司股东以任何方式宣派、派付任何红利。

6.1.10　变更目标公司的经营范围及性质，或变更已向受让方披露过的目标公司的业务或业务程序，除非该等变更系因法律要求而必须进行。

6.1.11　与任何人士订立任何聘用或顾问协议，修改对其员工或顾问的现有聘用条件。

6.1.12　修改目标公司应付给其董事的酬劳或奖金的规定，或新订立任何有关董事的服务协议或变更任何有关董事的服务协议。

6.1.13　修改任何借贷文件或借贷安排。

6.1.14　部分或全部免除、放弃、解除或削减其任何债权或者权利，但其正常经营过程中发生者除外。

6.2　本协议签署后，转让方应协助受让方完成股权转让的工商变更登记手续，包括但不限于促成目标公司董事会改组，原在目标公司董事会成员中由转让方委派人员担任的董事应全体立即向目标公司提出辞职申请。

第七条　债权债务的承担

7.1　双方同意，本协议签署前目标公司的负债及或有负债以附件中所列明的目标公司的债务为准。在该等债务之外，目标公司无任何负债及或有债务（包括但不限于对外担保、欠款、连带责任、违约责任、政府部门的罚款等）。若目标公司存在附件之外的债务及或有债务，该等债务应由转让方负责偿还。转让方不及时偿还相关债务的，除须继续偿还该等债务外，若造成受让方损失的，转让方应对受让方的损失承担赔偿责任。

第八条　违约责任

8.1　本协议签署后的任何时候，如出现以下任何一项或多项情况：（1）本协议项下转让方之声明、承诺与保证发生实质性变化，且该变化不为受让方所接受；（2）转让方不履行本协议项下转让方义务；（3）转让方将标的股权部分或全部转让给第三方，则受让方可以作出如下选择。

8.1.1　直接书面通知转让方解除本协议，在此情形下，转让方应当向受让方支付违约金人民币_____万元。

8.1.2　要求转让方继续履行本协议，在此情形下，转让方应赔偿受让方因此而遭受的一切损失。如受让方已向转让方支付全部或部分股权转让价款或其他款项的，转让方应就受让方已付款项按每日万分之五的比例，就自该等款项支付转让方之日起至前述情况得到纠正之日止的期间，向受让方支付违约金；如受让方所受损失超出违约金数额的，则转让方还应赔偿受让方超出部分的损失。

8.2 本协议生效之后，受让方未能根据本协议的约定支付股权转让价款的，应就迟延支付部分按照每日万分之五的比例向转让方支付违约金。受让方迟延支付全部或部分价款超过 60 日的，转让方可以作出如下选择。

8.2.1 直接书面通知受让方解除本协议，在此情形下，受让方应当向转让方支付违约金人民币_____万元。

8.2.2 要求受让方继续履行本协议，在此情形下，受让方未能根据本协议的约定支付股权转让价款的，应就迟延支付部分按照每日万分之五的比例向转让方支付违约金。如转让方所受之损失超出违约金数额的，则受让方还应赔偿转让方超出部分的损失。

第九条 不可抗力

9.1 地震、台风、水灾、火灾、战争以及其他不能预见并且对其发生和后果不能防止或避免的不可抗力事故，直接影响协议的履行或者致使不能按约定的条件履行时，遇有上述不可抗力事故的一方，应立即将事故情况电报通知对方，并应在十五日内，提供事故详情及协议不能履行，或者部分不能履行，或者需要延期履行的理由的有效证明文件，此项证明文件应由事故发生地区的公证机构出具。按照事故对履行协议影响的程度，由各方协商决定是否解除协议，或者部分免除履行协议的责任，或者延期履行。

第十条 保密条款

10.1 本协议签署后，除非事先得到另一方的书面同意，本协议任何一方不得向非本协议签署方披露本协议以及本协议项下事宜以及与此等事宜有关的任何文件、资料和信息，但为了本协议而向有关中介机构、金融机构及相关政府机构披露有关项目资料则不受此限制。

10.2 本条款在本协议终止后仍然有效。

第十一条 争议的解决

11.1 如发生与本协议有关的争议，各方首先应通过友好协商解决该争议。如果该争议自协商开始之日起三十日内无法解决，任何一方均有权将争议提交各自住所地的法院管辖。

第十二条 税收及费用

12.1 本协议双方因本协议项下股权转让而应向相关政府部门支付的相关税赋或费用，应由各方依法各自承担。

第十三条　协议生效及其他

13.1　本协议由各方授权代表于本协议文首载明日期签字（任何一方为公司的须加盖公章）后生效。

13.2　本协议或附件中的任何条款无效，且其无效对本协议及附件的履行不产生根本性影响时，该等条款的无效不影响本协议其他条款的效力。

13.3　本协议及附件代表了本协议双方全部的合意，它取代了双方当事人签署本协议之前一切书面及口头协商、约定、承诺及保证。

13.4　任何一方未能行使或迟延行使其在本协议项下之任何权利，并不构成对该等权利的放弃；任何一方未能追究或迟延追究另一方当事人在本协议项下的责任并不构成对该等责任的豁免。

13.5　本协议一式四份，双方各执两份；自双方签字之日起生效。

转让方：　　　　　　　　受让方：

签字：　　　　　　　　　签字：

关于同意股权转让并放弃优先受让权的承诺函

致＿＿＿＿＿＿＿＿：

　　鉴于贵方作为受让方与＿＿＿＿＿＿作为转让方于＿＿＿＿年＿＿月＿＿日签订了《＿＿＿＿＿＿有限公司股权转让协议书》。

　　为此，我方特向贵方承诺：

　　我方作为＿＿＿＿＿＿有限公司的股东，同意转让方本次股权转让并放弃对转让方所转让目标股权的优先受让权。

承诺人：＿＿＿＿＿＿＿＿＿

（签字或盖章）

日期：　　　年　　月　　日

合伙协议

本合伙协议（以下简称"本协议"）由本协议附件一所列出的各位合伙人依据《中华人民共和国合伙企业法》及其他相关法律、行政法规、规章（以下简称"适用法律"），于＿＿＿＿年＿＿月＿＿日签订。

第一条　总则

1.1　名称。

本合伙企业的名称为＿＿＿＿＿＿（有限合伙），具体名称以工商核定的内容为准。

1.2　主要经营场所。

本合伙企业的主要经营场所为＿＿＿＿＿＿＿＿。

1.3　合伙目的。

本合伙企业的目的是＿＿＿＿＿＿＿＿。

1.4　经营范围。

本合伙企业的经营范围为＿＿＿＿＿＿＿＿＿＿＿＿＿＿，具体以企业登记机关核定的范围为准。

1.5　合伙企业的成立与合伙期限。

1.5.1　本合伙企业的营业执照签发之日，为本合伙企业的成立日期（以下简称"成立日"）。

1.5.2　本合伙企业的合伙期限为自本合伙企业成立日起＿＿＿年。本合伙企业应当自合伙期限终止日开始停止营业，清算活动除外。

1.6　合伙企业财产。

1.6.1　合伙企业存续期间，合伙人的出资和所有以合伙企业名义取得的收益均为合伙企业的财产。

1.6.2　在依照本协议规定对本合伙企业财产进行分配前，本合伙企业财产不属于任何合伙人。在合伙企业依法清算前，任何合伙人不得请求分割合伙企业的财产，适用法律另有强制性规定的除外。本合伙企业以其全部财产对其债务承担责任。

1.7 合伙人责任承担。

本合伙企业合伙人由普通合伙人和有限合伙人组成，普通合伙人对合伙企业债务承担无限连带责任，有限合伙人以其认缴的出资额为限对合伙企业债务承担责任。

第二条 合伙人名录、出资方式、数额及期限

本合伙企业设置合伙人名录（见附件一），用以记载全体合伙人名称或姓名、住所、出资方式、实缴出资额、认缴出资额、缴付期限等信息，该信息发生任何变更的，应当自作出变更决定或者发生变更事由之日起 15 日内，向企业登记机关申请变更登记。

第三条 合伙企业事务执行

3.1 本合伙企业由_____担任执行事务合伙人。

执行事务合伙人对外代表本合伙企业，并执行合伙事务；其他合伙人不再执行本合伙企业事务，不得对外代表本合伙企业。

有限合伙人不执行合伙事务，不得对外代表本合伙企业。

3.2 执行事务合伙人_____应当定期向有限合伙人报告合伙事务执行情况以及本合伙企业的经营和财务状况，其执行合伙事务所产生的收益归本合伙企业所有，所产生的费用和亏损由本合伙企业承担。其他合伙人为了解本合伙企业的经营状况和财务状况，有权查阅本合伙企业会计账簿等财务资料。

3.3 执行事务合伙人执行事务的报酬及报酬提取方式由全体合伙人另行商定。

3.4 本合伙企业的执行事务合伙人应具备以下条件：_____。

3.5 本合伙企业的执行事务合伙人的权限如下：_____。

3.6 如本合伙企业的执行事务合伙人违反法律规定以及本协议的约定执行合伙事务的，给合伙企业或其他合伙人造成损失的，应当承担相应赔偿责任。

3.7 如有限合伙人未经授权以本合伙企业名义与他人交易，给本合伙企业或其他合伙人造成损失的，该有限合伙人应当承担赔偿责任。

第四条 利润分配与亏损分担

4.1 利润分配。

本合伙企业的利润分配方式如下：_____。

4.2　亏损分担。

本合伙企业的亏损分担方式如下：_____。

第五条　合伙企业财产份额的质押与转让

5.1　财产份额质押。

普通合伙人将其对本合伙企业的出资或在本合伙企业的财产份额进行质押或设定其他担保义务的，须经其他合伙人的<u>一致</u>同意。

有限合伙人可以将其对本合伙企业的出资或在本合伙企业的财产份额进行出质，但须经全体合伙人<u>一致</u>同意。

5.2　财产份额转让。

5.2.1　合伙人之间可以转让在合伙企业中的全部或部分财产份额，但应当通知其他合伙人。但普通合伙人与有限合伙人之间财产份额的转让，导致其合伙人身份变化的，应当适用本协议第七条的约定。

5.2.2　有限合伙人可以向合伙人以外的人转让其在本合伙企业中的财产份额，但应当提前三十天通知其他合伙人。

5.2.3　普通合伙人向合伙人以外的人转让其在本合伙企业中的财产份额，应取得全体合伙人的<u>一致</u>同意。

第六条　入伙与退伙

6.1　有限合伙人、普通合伙人之入伙都应当经<u>全体合伙人书面</u>同意。新入伙的有限合伙人对入伙前本合伙企业的债务，以其认缴的出资额为限承担责任；新入伙的普通合伙人对入伙前本合伙企业的债务承担无限连带责任。

6.2　在合伙企业存续期间，有以下情形之一的，合伙人可以退伙。

6.2.1　经全体合伙人<u>一致</u>同意。

6.2.2　发生合伙人难以继续参加合伙的事由。

6.2.3　其他合伙人严重违反合伙协议约定的义务。

6.3　在本合伙企业存续期间，普通合伙人有下列情形之一的，当然退伙。

6.3.1　作为合伙人的自然人死亡或被依法宣告死亡。

6.3.2　个人丧失偿债能力。

6.3.3　作为合伙人的法人或者其他组织依法被吊销营业执照、责令关闭、撤销，或者被宣告破产。

6.3.4　法律规定或本协议约定合伙人必须具备相关资格而丧失该资格。

6.3.5　合伙人在本合伙企业中的全部财产份额被人民法院强制执行。

6.4 在本合伙企业存续期间，有限合伙人有下列情形之一的，当然退伙。

6.4.1 作为合伙人的自然人死亡或被依法宣告死亡。

6.4.2 作为合伙人的法人或者其他组织依法被吊销营业执照、责令关闭、撤销，或者被宣告破产。

6.4.3 法律规定或本协议约定合伙人必须具备相关资格而丧失该资格。

6.4.4 合伙人在本合伙企业中的全部财产份额被人民法院强制执行。

6.5 如合伙人有以下情形之一的，经其他合伙人一致同意，可以决议将其除名。

6.5.1 未履行出资义务。

6.5.2 因故意或者重大过失给本合伙企业造成损失。

6.5.3 执行合伙事务时有不当行为。

6.5.4 合伙协议约定的其他事由。

6.6 对合伙人的除名决议应当书面通知被除名人，被除名人接到除名通知之日，除名生效，被除名人退伙。

6.7 如果执行事务合伙人依法以及本协议的规定被除名的，全体合伙人可以在执行事务合伙人被除名后书面选举新普通合伙人作为执行事务合伙人。

6.8 退伙的具体程序由全体合伙人另行约定。

6.9 普通合伙人对基于其退伙前的原因发生的合伙企业债务，承担无限连带责任。合伙人退伙时，合伙企业财产少于合伙企业债务的，退伙人应当依照本协议第四条的规定分担亏损。

6.10 有限合伙人退伙后，对基于其退伙前的原因发生的本合伙企业债务，以其退伙时从本合伙企业取回的财产承担责任。

第七条 有限合伙人和普通合伙人相互转变

7.1 普通合伙人转变为有限合伙人，或者有限合伙人转变为普通合伙人，应当经全体合伙人一致同意。

7.2 有限合伙人转变为普通合伙人的，对其作为有限合伙人期间本合伙企业发生的债务承担无限连带责任；普通合伙人转变为有限合伙人的，对其作为普通合伙人期间本合伙企业发生的债务承担无限连带责任。

第八条 合伙企业的解散与清算

8.1 在下列任何解散情形发生之日起十五日内，经全体合伙人过半数同意，任命一个或几个合伙人，或者委托第三人担任清算人依法解散本合伙企业和清算资产。

8.1.1　合伙期限届满，合伙人决定不再经营。

8.1.2　合伙人已不具备法定人数满三十日。

8.1.3　合伙协议约定的合伙目的已经实现或者无法实现。

8.1.4　本合伙企业依法被吊销营业执照、责令关闭或撤销。

8.1.5　因为任何其他原因全体合伙人决定解散。

8.1.6　仅剩下有限合伙人。

8.1.7　适用法律规定的其他原因。

8.2　清算人应当自被确定之日起十日内，将清算人成员名单向企业登记机关备案。

8.3　清算人在清算期间执行下列事务。

8.3.1　处理本合伙企业财产，分别编制资产负债表和财产清单。

8.3.2　处理与清算有关的本合伙企业的未了结事务。

8.3.3　清缴所欠税款。

8.3.4　清理债权、债务。

8.3.5　处理本合伙企业清偿债务后的剩余财产。

8.3.6　代表本合伙企业参加诉讼或者仲裁活动。

清算期间，本合伙企业存续，但不得开展与清算无关的经营活动。

8.4　清算人自被确定之日起十日内将本合伙企业解散事件通知债权人，并于六十日内在报纸上公告。

8.5　合伙企业财产在支付清算费用和职工工资、社会保险费用、法定补偿金以及缴纳所欠税款、清偿债务后的剩余财产，依照本协议第四条的约定进行分配。

8.6　清算人应在清算结束后编制清算报告，经全体合伙人签名、盖章后，在十五日内向登记管理机关报送该清算报告，申请办理注销登记。

8.7　本合伙企业注销后，原普通合伙人对本合伙企业债务仍应承担无限连带责任。

第九条　财务、会计与劳动管理

9.1　本合伙企业的财务和会计制度应依照相关中国法律、企业的具体情况及国际普遍接受的会计准则制订。企业的账册和报表按照中国会计标准要求编制。

9.2　本合伙企业采用人民币作为记账货币单位。如果实际收支的货币不是人民币，应按照企业财务与会计制度换算成人民币。同时，应说明涉及的原始货币和金额。

9.3 本合伙企业应聘请独立审计师对年度财务报告进行审计。该独立审计师由合伙人一致认可的会计师事务所担任。

9.4 本合伙企业应该按照有关税法纳税。本合伙企业员工应按照中国税法的有关规定缴纳个人所得税。

第十条 违约责任

10.1 除因不可抗力外，任何一方未按本协议规定的缴纳期限足额缴纳认缴出资的，每逾期一日，违约方应当向守约方支付其应认缴资本的千分之一作为违约金。上述违约金由守约方按照其出资的比例分配。

10.2 本协议生效后，任何一方不能按本协议的规定履行其义务或违反其承诺，均被视为违约。除本协议另有约定外，违约方应赔偿因其违约行为而给其他方造成的损失。

10.3 任何一方因违反本协议的规定而应承担违约责任，不因本协议履行完毕而解除。

第十一条 争议解决

11.1 本协议的签订、解释及其在履行过程中出现的，或与本协议有关的纠纷之解决，受中华人民共和国现行有效的法律约束。

11.2 因本协议引起的或与本协议有关的任何争议，由协议各方协商解决，也可由有关部门调解。协商或调解不成的，依法向_____所在地有管辖权的人民法院起诉。

第十二条 附则

12.1 本议一式____份，协议各方各执一份。各份协议文本具有同等法律效力。

12.2 本协议经全体合伙人签字、盖章后生效，对全体合伙人具有约束力。

12.3 本协议任何条款的修订须经全体合伙人的书面同意。

（以下无正文，为合同签署页）

全体合伙人（签字或盖章）

签署时间： 年 月 日

附件一：合伙人名录

普通合伙人名录：

合伙人名称或姓名	住所	证件名称及号码	出资方式	实缴出资额	认缴出资额	缴付期限	承担责任方式

有限合伙人名录：

合伙人名称或姓名	住所	证件名称及号码	出资方式	实缴出资额	认缴出资额	缴付期限	承担责任方式

股权激励项目流程

1. 访谈企业决策者

    1.1   明确企业实际控制人

    1.2   了解实施股权激励的动因和目的

2. 准备服务方案、签约

    2.1   总结股权激励的动因和目的

    2.2   制订股权激励的初步设想和方案

    2.3   研究、确定服务流程与团队

    2.4   服务报价

    2.5   提交书面的服务方案

    2.6   签订股权激励专项服务协议

3. 调研诊断企业整体情况

    3.1   确定企业对接人员

    3.2   发送调查清单

    3.3   现场调研诊断

    3.4   调研后内部总结会议

4. 调研报告

    4.1   撰写调研报告

    4.2   发送调研报告

    4.3   讲解调研报告

5. 协助完善配套机制

    5.1   制订配套机制完善意见书

    5.2   确认已经完善的配套机制

6. 设计股权激励方案

    6.1   拟订初步股权激励方案

    6.2   提交方案并修改、完善

7. 实施股权激励方案

    7.1   股权激励方案决议